Einspruch

Einspruch.

Schriftenreihe der Friedrich-Wolf-Gesellschaft

„Was bleibt und was lohnt!"
Friedrich Wolf zum 125. Geburts- und 60. Todestag

Tectum

Einspruch.
Schriftenreihe der Friedrich-Wolf-Gesellschaft, Bd. 3
hrsg. von Hermann Haarmann und Christoph Hesse

Sitz der Redaktion:
Institut für Kommunikationsgeschichte und
angewandte Kulturwissenschaften (IKK)
Freie Universität Berlin, Garystr. 55, 14195 Berlin
Redaktion: Christoph Rosenthal
ikk@zedat.fu-berlin.de

Satz und Titelentwurf: Christoph Rosenthal, Berlin
Druck und Bindung: Schaltungsdienst Lange, Berlin
ISBN 978-3-8288-3357-9
ISSN 2190-3514
Printed in Germany

Inhalt

Vorbemerkung

Das vergangene Jahr war für die Friedrich-Wolf-Gesellschaft, ihre Mitglieder und besonders für die Wolf-Familie ein ganz besonderes Jahr. Denn es galt, an Friedrich Wolfs 125. Geburtstag und seinen 60. Todestag zu erinnern. Aus diesem Anlaß habe ich als ehemaliger Vorsitzender der Gesellschaft – sozusagen als Abschiedsgeschenk – im November 2013 eine kleine Arbeitstagung in de Räumen der Akademie der Künste im Berliner Hansaviertel abgehalten unter dem Titel *Was bleibt und was lohnt!* Die dort vorgetragenen und teilweise sehr kontrovers diskutierten Referate sollten, so war es von mir geplant, das Kernstück des letzten *Einspruchs* sein, den Christoph Hesse und ich herausgeben. So ist es nun mit einiger Verspätung gekommen. Die Tagung und Satz bzw. Druck des *Einspruchs* konnten aus Drittmitteln meines Instituts finanziert werden.

Damit nicht genug der Gedenktage, denn Emmi Wolf, die langjährige Leiterin des Friedrich Wolf-Archivs in Lehnitz, konnte ebenfalls im Jahr 2013 ihren 90. Geburtstag begehen. Grund genug, eine Auswahl von Interviews abzudrucken, die sie vor Jahren mit sowjetischen Offizieren und Freunden, die Friedrich Wolf während seines Moskauer Exils erlebt haben, aufzeichnete. Zusätzlich wurden ein bislang unbekannter Text von Friedrich Wolf *Moskau 1941*, den Christoph Hesse in Moskauer Archiven fand, ein Abstract von John Littlejohn aus seiner Dissertation, ein Brief von Asja Lacis, ein Aufsatz von mir und zum Schluß die Rubrik *Rezensionen* aufgenommen.

Berlin, im Februar 2014 *Hermann Haarmann*

Friedrich Wolf

Moskau – Oktober 1941

Die Bäume der Moskauer Boulevards schütteln ihr gelbes Laub zur Erde. Drunten aber pflanzen die Gärtnerinnen neue Astern und Chrysanthemen. Man achtet nicht mehr darauf, wenn die Geschütze nach vereinzelten feindlichen Fliegern über der Stadt schießen. Die Straßenbahnen und Autos fahren wie immer. Nur sind die Chauffeure Frauen und Mädchen. Die Fabriken arbeiten in 3 Schichten. Morgens und abends sieht man Arbeiter, Studenten, Schauspieler, Beamte auf den Moskauer Plätzen am Maschinengewehr[1] und Minenwerfer ihre Vorführung für die Armee vollziehen. Das ganze Land ist heute ein Volk in Waffen, eine einzige Festung.

Dabei geht das Leben seinen Gang. Neben den Männern, die mit dem Bajonett und Maschinengewehr ihre Übung verrichten stehen die Blumenverkäuferinnen mit ihren Rosen und Asternsträußen, stehen die Eisverkäuferinnen, stehen die Bücherverkäufer mit alten, schönen „Wälzern" (dicken Büchern) und mit den neuen, schmalen Bändchen der letzten Kriegsliteratur. Hier sammeln sich ständig viele Interessenten. Es werden bei diesen „fliegenden Buchhändlern" erstaunlich viel Bücher gekauft. An den Litfaßsäulen sieht man Plakate der Konzerte der Philharmonie, die meist ausverkauft sind (wie Tschostakovitsch[2] berichtet, auch in Leningrad). Neben den russischen, polnischen, tschechischen Meistern

[1] Im Ts: am Gewehr am Maschinengewehr.
[2] Dmitri Dmitrijewitsch Schostakowitsch (1906–1975), russischer Komponist.

sind angezeigt sie Messen von Bach, die Symphonien von Beethoven, die Klaviersonaten von Mozart. Tschostakovitsch wird die ersten drei Teile seiner neuen, in Leningrad komponierten 7. Symphonie in diesen Tagen hier spielen lassen. Die bekannten Klaviervirtuosen Gillels, Neuhaus, Sak[3] konzertieren vor vollen Sälen.

Auch die Theater spielen. Die Dekorationen sind bescheidener, viele Bühnenarbeiter und Schauspieler sind vorn an der Front. Aber es wird gespielt. Es gibt da das alte klassische Programm, es gibt zeitgenössische Premieren. In Leningrad spielt man neben Shakespeare und Ostrowski[4] auch „Kabale und Liebe“ des deutschen Dichters Schiller, während die Flieger der Nazis ihre Bomben auf die Stadt werfen. In Moskau zeigt man neben den Stücken Ostrowskis, Tolstois, Gorkis, Tschechows, Shakespeares, Goldonis[5], Lope de Vega's, Ibsens die neuen Dramen Pogodins[6], Korneitschuks[7], Iwanows[8], Lipskerows[9], einen Einakter Brechts, Gergeli's „Der Sohn“, Wolfs „Bauer Baetz“[10] und „Professor Mamlock“. Das Tairofftheater[11] bereitet des deutschen antifaschistischen Bauernschriftstellers Adam Scharrers[12] neues Drama „Schuld und Schuldige“ vor; der Wiener frühere Reinhard regisseur und Schriftsteller Bernhard Reich[13] hat ein neues Stück

3 Die russischen Pianisten Emil Grigorjewitsch Gilels (1916–1985), Heinrich Felix Neuhaus (Genrich Gustawowitsch Nejgaus, 1888–1964) und Jakow Israilewitsch Sak (1913–1976).

4 Alexander Nikolajewitsch Ostrowski (1823–1886), russischer Dramatiker.

5 Carlo Goldoni (1707–1793), italienischer Komödiendichter.

6 Nikolaj Fjodorowitsch Pogodin (1900–1962), russischer Dramatiker.

7 Alexander Ewdokimowitsch Kornejtschuk (1905–1972), ukrainischer Dramatiker.

8 Wsewolod Wjatscheslawowitsch Iwanow (1895–1963), russischer Schriftsteller.

9 Konstantin Abramowitsch Lipskerow (1889–1954), russischer Schriftsteller und Künstler.

10 Bauer Baetz. Arbeiternot ist Bauerntod. Ein Schauspiel vom deutschen Bauern anno 1932. – Unter diesem Titel erscheint das Stück zuerst 1932 in einer vom Spieltrupp Südwest besorgten Ausgabe in Stuttgart.

11 Das von dem Regisseur Alexander Jakowlewitsch Tairow (1885–1950) geleitete Moskauer Kammertheater.

12 Der Schriftsteller Adam Scharrer (1889–1948) kommt 1934 über die Tschechoslowakei in die UdSSR. Mitarbeiter der „Internationalen Literatur“ und der „Deutschen Zentral-Zeitung“. Das genannte Drama ist anscheinend auf deutsch nie erschienen.

13 Der österreichische Schriftsteller und Regisseur Bernhard Reich (1894–1972), in den frühen 1920er Jahren unter Max Reinhardt am Deutschen Theater in Berlin tätig, übersiedelt schon 1925 in die UdSSR. 1938 wird er verhaftet, nach baldiger Freilassung 1943 erneut inhaftiert und in ein Lager deportiert. Nach seiner Entlassung 1951 lebt er in Lettland. – Das erwähnte Stück konnte nicht ermittelt werden.

über den Kampf der holländischen Patrioten gegen die faschistischen Okkupanten beendet. Jean Richard Bloch, der bekannte Pariser Publizist und frühere Direktor von „Ce Soir“[14] hat im Auftrage des Moskauer Künstlertheaters ein Drama über den Zusammenbruch Frankreichs 1940 geschrieben.[15] Des ungarisch-deutschen Dramatikers Julius Hay neues Stück „Begegnung“ wird zur Zeit an einer Moskauer Bühne geprobt.

Obschon alle Schriftsteller hier eine angespannte Arbeit im Radio, in den Clubs und in den verschiedensten Organisationen leisten, obschon die Schriftsteller wie jeder Moskauer Bürger während der Luftbombardements Wachtdienst und Feuerwehrdienst auf den Däche[r]n und in den Straßen machen geht ihre schöpferische Arbeit dennoch weiter. Johannes Becher hat 2 neue Gedichtbände herausgegeben, deren letzter „Der heilige Krieg“ den großen Abwehrkampf der Sowjetunion behandelt. Von Willi Bredel, dem Autor der „Prüfung“[16], erscheint grade ein neuer Roman „Verwandte und Bekannte“[17], die Geschichte einer Hamburger Arbeiterfamilie, ebenso ein Bändchen „Der Kommissar am Rhein“[18], Erzählungen aus der Zeit der französischen Revolution. Theodor Plivier lässt seinem Roman „Im letzten Winkel der Erde“[19], der in Arbeiter- Seemanns- und Hochstaplerkreisen Chile's spielt, seinen neuen Roman „Haifische“[20] folgen, die ein ähnliches Sujet behandeln. Seine antifaschistische Erzählung „Nichts als eine Episode“[21] erscheint demnächst. Von Adam Scharrer sind im Druck die Romane „Familie Schuhmann“[22] und „Der Hirt von Rauhweiler“[23],

14 Von der Kommunistischen Partei Frankreichs herausgegebene Tageszeitung, die von 1937 bis 1953 erscheint. Der französische Schriftsteller Jean-Richard Bloch (1884–1947) ist an der Gründung beteiligt.

15 Möglicherweise meint Wolf das erst 1948 publizierte Stück „Une perquisition à Paris en 1940“. Bloch hält sich von 1941 bis 1945 in Moskau auf.

16 Malik-Verlag, London 1935.

17 Romantrilogie. Der erste Teil „Die Väter“ erscheint 1941 beim Verlag für fremdsprachige Literatur in Moskau.

18 Meshdunarodnaja kniga (Das internationale Buch), Moskau 1940.

19 Meshdunarodnaja kniga, Moskau 1941.

20 Kiepenheuer, Weimar 1946.

21 Meshdunarodnaja kniga, Moskau 1941. Neuausgabe unter dem Titel „Eine deutsche Novelle“ bei Kiepenheuer in Weimar, 1947.

22 Meshdunarodnaja kniga, Moskau 1939.

23 Meshdunarodnaja kniga, Moskau 1942.

die zum Thema haben das Leben einer kleinbürgerlichen Berliner Familie und die Schicksale der deutschen Hirten. Friedrich Wolf hat ein Scenario beendet „Die unsichtbare Brigade"[24] über das Leben der ehemaligen Spanischen Interbrigadisten; er arbeitet an einem Roman „Gaston Gilbert"[25], der das Schicksal eines französischen Tankoffiziers behandelt. Ein Novellenbändchen „KZ Vernet"[26] über das bekannte französische Konzentrationslager ist grade erschienen ebenso sein letztes Drama „Beaumarchais oder die Geburt des Figaro".[27]

Es wäre unsinnig zu sagen, daß unser Leben als Schriftsteller zur Zeit leicht ist. Unser Leben ist mehr denn je ein harter Kampf, in dem es um das Letzte geht. Wir sind sehr nahe am Leben und nahe am Tode. Wir wissen nicht, wieviel wir noch schreiben werden. Aber das, was wir bisher schrieben, haben wir aus tiefster Ueberzeugung geschrieben aus heißem Herzen. Wir sind überzeugt, dass wir für die beste Sache der Welt kämpfen, für eine wahrhaft menschliche Sache, deren Fahne in der Sowjetunion trotz des mörderischsten Kampfes hochgehalten wird. Vor wenigen Wochen sprachen wir Schriftsteller auf einem großen Meeting im Moskauer Kulturpark. Hunderte Moskauer Bürger, Arbeiter, Rotarmisten standen über 2 Stunden vor der Freilichtbühne und lauschten unseren Worten. Als ich meine kurze Ansprache geendet hatte, kam der italienische Schriftsteller Germanetto[28], der Autor von „Genosse Kupferbart", auf mich zu, umarmte mich und rief: „Es lebe das befreite deutsche Volk![“] Hunderte stimmten begeistert in diesen Ruf ein. Viele riefen sogar: „Es lebe das deutsche Volk![“] Und dies mitten im unerbittlichen Krieg mit Hitlerdeutschland! Kein Zeichen der Schwäche! Nein, ein Zeichen dafür, dass das

24 Der Film kommt nicht zustande. Das Szenarium erscheint postum in F.W.: Filmerzählungen (= Gesammelte Werke, Band 8), S. 179–220.

25 Die Erzählung „Gaston", siehe F.W.: Erzählungen 1941–1953 (= Gesammelte Werke, Band 13), S. 7–40.

26 Meshdunarodnaja kniga, Moskau 1941. Enthält die Erzählungen „Jules" und „Kiki".

27 Im Ts: Figero. Das Stück erscheint zuerst bei Meshdunarodnaja kniga, Moskau 1941.

28 Giovanni Germanetto (1885–1959), italienischer Politiker und Schriftsteller, seit Ende der zwanziger Jahre bis zum Ende des zweiten Weltkriegs im Exil in der Sowjetunion. Sein Stück „Memorie di un barbiere" erscheint 1930 in Frankreich, noch im selben Jahr auch die deutsche Übersetzung „Genosse Kupferbart".

gesunde Denken und die Menschlichkeit hier weiterleben. Ihr Freunde, drüben, vereint Eure Kräfte mit den unsern, daß nicht der Wahnsinn und die Barbarei noch immer weiter endlose Opfer fordern[29], daß endlich die menschliche Vernunft und die Freundschaft der Menschen die Zukunft regieren[30], daß das kleine Wort „Glück", menschliches Glück, wieder Bedeutung gewinnt! Auch dafür wollen wir kämpfen, grade als antifaschistische Schriftsteller.

Friedrich Wolf.

Das Typoskript befindet sich im Russischen Staatsarchiv für Literatur und Kunst, Moskau (RGALI), Bestand 1397, Verzeichnis 1, Mappe 223, Bl. 46–49. Typoskriptbedingte Schreibweisen (ss statt ß, Ue statt Ü usw.) wurden stillschweigend angepaßt.

Anmerkungen: Christoph Hesse

[29] Im Ts: fordert.
[30] Im Ts: regiert.

Wer war Wolf?

Erinnerungen von Angehörigen des sowjetischen Militärs an Friedrich Wolf im Exil. Interviews, geführt von Emmi Wolf

Emmi Wolf zum 90. Geburtstag

Interview mit dem ehemaligen Instrukteur der politischen Abteilung 51 der Armee, Gardisten-Major E. A. Neumann

Dem Schriftteller Friedrich Wolf bin ich an der Südfront begegnet, im Kampf um die Stadt Melitopol im Oktober 1943.

Wie bekannt, waren die Kämpfe um Melitopol besonders schwer und erbittert. Hier hatte das Hitler-Kommando eine gewaltige Verteidigungslinie aufgebaut. Es war die Fortsetzung der Dnjepr-Verteidigungslinie, die den Zugang zum Nikopoler Manganerz, zum Erz von Kriwoi Rog und zur Krim versperren sollte. Das Verteidigungungssystem hatte eine Tiefe von 18 bis 20 km. Die Verteidigung am Flußlauf der Molocznaja vom Melitopol hat das Hitlerkommando als „Wotan-Linie", der germanische Gott des Krieges, bezeichnet und versprochen, daß für die Verteidigung dieser Linie jeder Offizier den dreifachen Sold und jeder Soldat der 6. Deutschen Armee (die nach der Niederlage der 6. Armee von Paulus neu aufgestellt wurde) mit dem Eisernen Kreuz ausgezeichnet wird. Es ist uns nicht gelungen, Melitopol im Sturmangriff einzunehmen, die Abwehr war zu stark, die

Kämpfe zogen sich hin. Um einen neuen Angriff vorzubereiten, brauchten wir Zeit und umfassende Vorbereitungen auf allen Gebieten. Mit der schwierigen Situation ist auch zu erklären, daß die politische Hauptverwaltung der Roten Armee und des Nationalkomitees Freies Deutschland an unseren Frontabschnitt den hervorragenden Propagandisten und Schriftsteller Friedrich Wolf geschickt hatte. Über seine Ankunft informierte uns Oberst S.J. Tjulpanow und wir warteten gespannt auf sein Eintreffen.

Den Schriftsteller Friedrich Wolf kannte jeder Offizier und die meisten Soldaten durch das Theaterstück und den Film „Professor Mamlock“. Sie dienten ihm als Passierschein und sicherten den herzlichen Empfang für den Schriftsteller in jeder militärischen Einheit, in die er kam.

Wir, die Gegenpropagandisten, wußten auch, daß Friedrich Wolf eine große propagandistische Arbeit unter deutschen Kriegsgefangenen geleistet hat, Flugblätter geschrieben hat, darunter auch das am meisten bekannte Flugblatt, daß die deutschen Soldaten aufklärte, wie man bestimmte Krankheiten simulieren und sich damit den Kampfhandlungen entziehen kann.

An einem Oktobertag traf der Schriftsteller bei uns ein. Er hatte eine ziemlich abgetragene sowjetische Militäruniform ohne Gürtel an. Er trug die Jacke am liebsten nur umgehängt, sah darin auch nicht militärisch aus, eher wie ein durch und durch ziviler Mensch.

Seine Augen strahlten Wißbegier und Scharfsinn aus, er machte den Eindruck eines sehr gutmütigen, aufmerksamen und sachkundigen Menschen. Nach der Begrüßung fragte er gleich, ob bei uns deutsche Kreisgefangene seien, ob wir erbeutete Dokumente und Briefe hätten und erkundigte sich, wo er sich mit den Kriegsgefangenen unterhalten könne. Er hat auch gefragt, welche Propagandamittel wir haben.

Neugierig waren wir auch auf den Nachfahren von Bismarck, Graf von Einsiedel, der als Vertreter des „Nationalkomitees Freies Deutschland“ mit Friedrich Wolf eingetroffen war. Im Unterschied zum Schriftsteller hatte er eine neue deutsche Uniform an. Er gab sich als Demokrat aus, gab als erster die Hand (auch den Frauen) und hatte schon das Wort „Towarischtsch“ gelernt.

Ich muß zugeben, daß er unter der Anleitung von Friedrich Wolf eine große propagandistische Arbeit geleistet hat.

Ich hatte den Auftrag, bei den Gesprächen Friedrich Wolfs mit den Kriegsgefangenen dabei zu sein. Es ist nämlich vorgekommen, daß Kriegsgefangene nicht mehr antworteten, sobald sie mitbekommen hatten, daß sie es mit deutschen Antifaschisten zu tun hatten. Die Gespräche des Schriftstellers glichen nicht einem Verhör, sondern waren vertrauensvoll und die Gefangenen antworteten ihn gern. Ich fand mein Dabeisein überflüssig und verließ leise den Raum.

Nach den Gesprächen mit den Gefangenen machte sich Friedrich Wolf an einen Text für eine Radio-Übertragung, redigierte ein Flugblatt, das von unserem Major Chowanow verfaßt worden war, zusammen mit dem Vertreter des Komitees „Freies Deutschland", Leutnant Wagner.

Wir haben uns bemüht für Friedrich Wolf das beste Zimmer einzurichten, haben aber bald mitbekommen, daß er ziemlich anspruchslos und gleichgültig gegenüber äußerem Komfort war.

Während seines Aufenthalts an der Front ist Friedrich Wolf mehrfach in Radio-Sendungen aufgetreten, hat sich über die MGU (Lautsprecherwagen) an die deutschen Soldaten gewandt, Flugblätter geschrieben, mit Gefangenen gesprochen und einige von ihnen vorbereitet, an Sendungen über die Frontlinie hinweg teilzunehmen, in denen er die Soldaten aufforderte, dem Blutvergießen ein Ende zu bereiten und sich in Gefangenschaft zu begeben.

Oft fuhr ich mit dem Schriftsteller und der MGU hinaus, um unmittelbar an der Frontlinie zu sein. Wir übertrugen unsere Ansprachen in den Orten Udacznoje, Terpenije und während der Straßenkämpfe in Melitopol. Die Kämpfe waren, wie gesagt, sehr hart und blutig. Mehrfach haben die faschistischen Truppen Gegenangriffe unternommen. Auch die MGU wurde mit Granatfeuer, aber auch mit Bomben beschossen.

Unter diesen Bedingungen konnte ich sehen, wie unerschütterlich, mutig und willensstark Friedrich Wolf war. Das war er nicht zufällig, er hatte viel Lebenserfahrung, die revolutionäre Schulung eines Kommunisten, eines Kämpfers, eines Internationalisten. Seine Ansprachen waren überzeugend, emotional, man spürte seinen starken Glauben an die Rechtmäßigkeit der Sache, der er sein ganzes Leben gewidmet hat.

Am 23. Oktober kam über den Rundfunk der Befehl des obersten Kommandos, in dem mitgeteilt wurde, daß nach schweren Kämpfen die sowjetischen Truppen die Stadt Melitopol vollständig befreit haben, die ein wichtiger strategischer Knotenpunkt der deutschen Abwehr im Süden war, der den Zugang zur Krim und dem unteren Dnjepr versperrte.

Zu diesem Sieg hat auch Friedrich Wolf, der antifaschistische Schriftsteller, seinen Beitrag geleistet.

In den Pausen zwischen den Übertragungen hat Friedrich Wolf mich und die Besatzung der MGU über unsere Familien ausgefragt, über das Leben vor dem Krieg und dann im Krieg. Er war ein sehr wißbegieriger und aufmerksamer Mensch.

Mich sprach er weder mit dem Dienstgrad noch mit der Dienststellung an, sondern einfach mit „junger Mann“ (ich war damals 20 Jahre alt) oder „neuer Mann“ (wahrscheinlich von meinen Namen Neumann abgeleitet.) Ergriffen folgte ich seinen Erzählungen über Deutschland, den Faschismus, die Konzentrationslager, über die Länder, in denen er war. Vieles von diesen Erzählungen habe ich vergessen (es sind auch 35 Jahre vergangen), in mein Gedächtnis brannte sich für mein ganzes Leben der Bericht über eine französische Stadt ein, in der die Faschisten angeordnet hatten, daß an jedem Haus, in dem Juden wohnten, ein Schild mit der Aufschrift „Jude“ angebracht werden mußte. Alle Einwohner, auch alle Franzosen, haben solche Schilder angebracht. Diese Handlung war für mich ein Symbol der stärksten Solidarität, des Internationalismus.

Viel später habe ich erfahren, daß Friedrich Wolf darüber eine Erzählung geschrieben hat.

Der Kommandeur der 51. Armee, ein Held der Sowjetunion, Generalleutnant J.G. Kraiser, dem berichtet worden ist, daß Friedrich Wolf in unserer Abteilung ist, äußerte den Wunsch, ihn zu sprechen. Die Begegnung hat stattgefunden. Anwesend waren außer dem Befehlshaber und dem Schriftsteller der Leiter der Politischen Abteilung der Armee, General-Major N.T. Sjablitzin[1], N.W. Chudjakow, der Leiter unserer Abteilung, und ich als Dolmetscher. Wie alle Begegnungen im Krieg, war sie kurz, aber sehr herzlich. Der General dankte dem Schriftsteller für seine Arbeit an der Front und wünschte ihm weitere Erfolge.

Ob mit den Generälen oder Soldaten, Friedrich Wolf blieb immer er selbst, hielt sich würdig und einfach. Unsere Abteilung, wie auch die ganze Sowjet-Armee, war multinational. Ihr gehörten Russen, Georgier, Moldauer, Letten, Juden, deutsche Antifaschisten an. Uns alle einte ein Bestreben und ein Wunsch – schnell den Faschismus zu besiegen, den Sieg herbeizuführen und dann – sich lieber der Poesie zu widmen.

An arbeitsfreien Tagen veranstalteten wir Poesie-Abende. Die Seele dieses Vorhabens, wie unserer Abteilung überhaupt, war Maria Fedorowna Arkharowa, unsere Sekretärin und vor dem Krieg Schriftstellerin mit großen Kenntnissen der russischen sowjetischen Poesie. Zu unserer Runde gesellten sich auch an diesen Abenden der Balkare Kasyn Kuliew und der Kabardiner Alim Keschokow – heute bekannte sowjetische Dichter.

Vor kurzem hat mich Maria Fedorowna daran erinnert, daß an einem dieser Abende auch Friedrich Wolf teilgenommen hat. Mit großem Interesse hörte er die Gedichte von S. Jesenin, W. Majakowski, Marina Zwetajewa und K. Simonow. Maria Fedorowna sagte, daß Friedrich Wolf besonders das Gedicht von Julia Selwinskij „Das habe ich gesehen“ gefallen hat und daß ihn die Weisheit von Omar Chajam beeindruckte. Er bat, ihm noch einmal folgende Zeilen zu wiederholen und zu übersetzen:

Um weise durchs Leben zu gehen, muß man vieles wissen:
Zwei wichtige Regeln merk Dir vorerst:
Hungre lieber, als irgendwas zu essen,
und bleibe lieber allein, als mit irgend jemandem zusammen zu sein.

Friedrich Wolf selbst erzählte aus seinem Roman „Der Russenpelz“.

Nach der Befreiung von Melitopol ist Friedrich Wolf nach Moskau zurückgekehrt. Wir haben ihn herzlich verabschiedet.

[1] Name wurde handschriftlich eingefügt.

Im Januar – Februar 1945 war ich auf einem Lehrgang zur Vorbereitung auf die Arbeit in Nachkriegsdeutschland. Die Vorlesungen wurden von bedeutenden Mitarbeitern der KPD und der Internationalen Kommunistischen Bewegung, Wilhelm Pieck, Johannes Koplenig, Walter Ulbricht, den Schriftstellern Alfred Kurella und Johannes Becher, gehalten. Ich entsinne mich, daß Friedrich Wolf auch zweimal dort war. Seine Vorlesungen waren sehr interessant, in den Pausen wurde er von den Zuhörern umringt und viele Fragen wurden ihm gestellt. Mir war es ein bißchen unangenehm, zum Schriftsteller zu gehen und ihn zu fragen, ob er sich an mich erinnert, aber er selbst hat mich bemerkt und mich zuerst angesprochen. Mein Prestige bei den Zuhörern ist sofort gestiegen. Beim Abschied hat mir Friedrich Wolf gesagt: „Auf ein Wiedersehen in Deutschland."

Anfang 1946 kam er zu uns in die Zensurabteilung der SMAD[2], wo ich die Zensurarbeit über die Zeitschriften, aber auch das Theater und Kino geleitet habe. Ich erinnere mich an seine Worte, als wäre es heute: „Junger Mann, Sie sind da"[3]. Friedrich Wolf bat um die Lizenzen für das Theater und um die Erlaubnis, Theaterstücke zeigen zu können. Für uns russische Offiziere war sein Wunsch ein Befehl. Wir wußten, daß wenn Fridrich Wolf sagt, daß das Theaterstück gut sei und keine Zensur nötig sei, daß dann dieses Stück für das deutsche Volk unbedingt notwendig ist und zur Überwindung des Faschismus dienen und dazu beitragen wird, ein neues sozialistisches Deutschland aufzubauen.

Die Begegnungen mit dem herausragenden deutschen Schriftsteller Friedrich Wolf waren sehr kurz, aber sie haben eine bedeutende Spur in meinem Leben hinterlassen. In furchtbaren Kriegsjahren, in denen ich alle meine Verwandten verloren habe, habe ich meinen Glauben an Menschlichkeit, Humanismus, proletarische Solidarität und Internationalismus behalten. Und das ist ein Verdienst von solchen Menschen wie Friedrich Wolf.

8. Mai 1979

2 Sowjetische Militäradministration in Deutschland
3 Im Original auf deutsch.

Interview mit Friedrich Wolfs Dolmetscherin und Übersetzerin, Lewina Maria Karlowna

Lewina: „Immer in der ersten Reihe" – so würde ich die ganze Tätigkeit, das ganze Wesen dieses immer sich nach vorn richtenden Schriftstellers Friedrich Wolf beschreiben.

Ich habe immer Interesse an westlichem Theater gehabt. Als ich mal deutsche Zeitungen las, die „Berliner Zeitung" war auch dabei, wenn ich mich nicht irre, es ist schon so lange her, habe ich die unterschiedlichen Rezensionen über Friedrich Wolfs „Cyankali" gesehen. Abhängig von ihren politischen Überzeugungen, lobten oder beschimpften die Kritiker das Stück.

E. W.: Meinen Sie, daß Ihre erste Begegnung nicht persönlich war, sondern indirekt über die Zeitungen?

Lewina: Zuerst habe ich ihn als Schriftsteller durch seine Werke kennengelernt.

E. W.: Und die erste persönliche Begegnung?

Lewina: Na ja, Ich habe sein Stück „Cyankali" für ein kleines Theater in Moskau „Sanproswet" übersetzt.

E. W.: Was bedeutet „Sanproswet"?

Lewina: „Sanitarnoje proswijaschenie". Das Theater hatte ein festes Publikum und hat viel außerhalb Moskaus gespielt. Dessen Aufführung von „Cyankali" war die allererste in der Sowjetunion.

Als Wolf ankam, wurde das Stück schon an zwei Theatern in meiner Übersetzung gespielt, in „Sanproswet" und im „KORSH".

Die Aufführung war ein Ereignis. Dieses Theaterstück über ein Thema, das gesellschaftlich wichtig, aber im sowjetischen Rußland nicht mehr aktuell war und von einem Arzt geschrieben wurde, hat das Interesse des Publikums geweckt.

Dem Theater ist es gelungen, nicht nur das Problem der Abtreibung darzustellen, sondern auf die Probleme einer ganzen Gesellschaft hinzuweisen, die ein solches Vorgehen erlaubt. Für ein kleines Theater war es sehr wichtig, ein solches Theaterstück zu spielen.

Persönlich habe ich Friedrich Wolf 1934 kennengelernt, glaube ich. Er kam aus dem Ausland. Uns hat der Direktor und Leiter des bekannten „Moskau Profsojuz Theater", Lyubimow-Lanskoi, vorgestellt.

E. W.: Können Sie sich vielleicht erinnern, wie das genau gewesen ist?

Lewina: Ich kam zu Wolf mit der Übersetzung. Die Wohnung war sehr klein. Es waren drei kleine Kinder dort: zwei Jungs und ein Mädchen. „Meine Tochter aus der Schweiz", sagte Wolf. Seine Frau Nelly, ich glaube so war ihr Name, habe ich auch dort kennengelernt. Wolf hat mir sein neues Stück „Professor Mamlock", das er hier aufführen wollte, gegeben: „Lesen Sie das. Falls etwas unklar ist, kommen Sie zu mir und wir reden darüber."

Das Stück habe ich buchstäblich in ein paar Stunden gelesen, weil ich einfach nicht aufhören konnte, so interessant und ungewöhnlich schien mir das zu sein. Es war etwas absolut anderes, als das, womit ich bisher gearbeitet hatte. Das einzige, was mir kritisch auffiel, war, daß das Stück gekürzt werden mußte, es war einfach zu lang für eine Aufführung im Theater. Wir haben in unserem Theater stets versucht, die Stücke kurz zu halten. Wir haben eine andere Art des Spielens, nicht wie die im Westen. Die Pausen sind bei uns sehr viel wichtiger als im westlichen Theater. Alles läuft viel schneller auf der Bühne ab, der Dialog ist wichtig.

Als Friedrich Wolf weggefahren ist, begann meine Arbeit mit dem Regisseur.

E. W.: Erinnern Sie sich, wohin er weggefahren ist? Wieder nach Deutschland?

Lewina: Irgendwo in Richtung Powolschje. Das Stück habe ich zusammen mit Margoliz, dem Regisseur, gekürzt und unserer Theatertruppe vorgelesen. Der Truppe gefiel das Stück sehr. Nachdem wir mit den Proben begonnen haben, merkten wir, daß es viele Unklarheiten in den Beziehungen zwischen den Charakteren gab. Zu diesem Zeitpunkt kam Wolf zurück und wir baten ihn, das Stück zu vervollständigen, damit man nicht nur die politische Aussage, sondern auch ein Gefühl für Liebe und Freundschaft im Stück bekommt. Zusammen mit Wolf und der Schauspielerin Ingrid haben wir viel am Stück geändert. Das wunderschöne Bühnenbild wurde von Juri Pimonow gestaltet, das war seine erste Arbeit für das Theater. Ich kann mich entsinnen, daß die Aufführung uns viele Schwierigkeiten bereitet hat. Da das Stück eine medizinische Thematik hat, mußte Wolf uns zur Hand gehen und sich nicht nur als Dramatiker zeigen, sondern auch als Arzt: Er erklärte uns, wie ein kranker Mensch liegt, wie er eine Narkose bekommt, was die Ärzte anhaben. Wolf hat alles mit wahnsinnigem Temperament gemacht, das Ganze hat ihn unglaublich interessiert, da sein anderer Beruf zum Vorschein kam.

E. W.: Gab es dabei irgendwelche Probleme? Ich glaube, keiner wollte Faschisten spielen.

Lewina: Jetzt ist es so. Damals waren wir weit entfernt davon, vor allem die Schauspieler. Sie wußten nicht, was los war, es war für sie alles fremd. Und Wolf hat tatsächlich viel erzählt, hat viel mit Lanskoi geredet, der die Rolle von Professor Mamlock übernommen hat. Die beiden haben sich sehr oft getroffen. Lanskoi konnte Deutsch, deswegen haben sie meine Hilfe nicht gebraucht. Wolf hat Lanskoi irgendwelche Bücher gegeben, irgendwelche Zeitungsausschnitte, hat vieles aus eigener Erfahrung erzählt. Bei der Uraufführung war Wolf nicht dabei. Da war er schon in Ausland. Ich glaube in Amerika. Es war 1935. Seine Familie war dabei, die Kinder Mischa und Kolya und […] die teilgenommen hat […] dieses Stück.

Etwas gefiel ihr, etwas nicht. Sie sagte: „Wenn Wolf zurück kommt, werden wir nochmal darüber reden." Aber beim Publikum ist das Stück sehr gut angekommen, es war sehr interessant. „Professor Mamlock" war etwas absolut neues für die Menschen, ich habe das sogar für mich aufgeschrieben. Sie kannten es noch nicht und haben auch nicht verstanden, was Hitlers Herrschaft bedeutet: Der Anfang der Tragödie Deutschlands und der des deutschen Volkes. Ich kann mich erinnern, daß ich einmal gehört habe, (ich habe oft die Aufführungen besucht und in den letzten Reihen gesessen, mich hat die Meinung des Publikum interessiert) wie eine Frau sagte: „Es ist unmöglich! Kann so was überhaupt passieren, daß man einen Arzt auf diese Weise behandelt? Furchtbar!“ Das war eine politische Enthüllung, die Wolf im Stück gezeigt hat.

Nach dem Erfolg in Moskau wurde das Stück in Leningrad am LPSPS Theater aufgeführt. Regie – Zitnjerowitsch. Zitnjerowitsch und Wolf haben sich sehr angefreundet. Zitnjerowitsch konnte nur sehr schlecht Deutsch und Wolf konnte damals auch fast kein Russisch, aber die beiden fanden eine Möglichkeit, einander zu verstehen.

E. W.: Und wie ist es hier in Moskau mit der Kommunikation gelaufen?

Lewina: Hier in Moskau war ich immer dabei. Ich habe alles für ihn übersetzt.

E. W.: Bei den Proben haben Sie immer übersetzt?

Lewina: Ja, bei den Proben habe ich alles übersetzt, was Wolf sagte, wissen Sie.

E. W.: Also dann war es für ihn bestimmt viel schwieriger in Leningrad?

Lewina: Viel schwieriger. Er ist nach Leningrad gefahren und war von der Aufführung sehr begeistert, ihm hat der Stil von Zitnjerowitsch sehr gefallen. Zitnjerowitsch war damals ein sehr junger Regisseur, Meyerholds Schüler. Lanskoi war doch alt, gehörte zur alten Schule. Verstehen Sie, es war gut, hochwertig, aber dennoch alte Schule. Zitnjerowitsch hatte dagegen neue Ideen, die Wolf sehr gut gefallen haben. So hat eine neue Freundschaft begonnen. Zitnjerowitsch hat Wolf oft besucht und ich weiß, daß Wolf ihm seine Pläne anvertraut hat.

E. W.: Wann haben Sie Wolf wiedergetroffen?

Lewina: Na, als er zurückkam aus Amerika, haben wir uns wiedergesehen. Da hat er mich gebeten, „Floridsdorf“ zu übersetzen. Hauptschlich hat er mit Wischnewski an dem Stück gearbeitet, mein Anteil war eher klein, ich habe nur übersetzt. Überarbeitet hat das Stück Wischnewski. Danach ist Wolf wieder weggefahren.

E. W.: Wie haben die beiden zusammengearbeitet?

Lewina: Wie genau sie zusammen gearbeitet haben, weiß ich nicht. Wischnewskis Deutsch war sehr schlecht, aber sie haben eine gemeinsame Sprache gefunden, außerdem hatten sie das gleiche Temperament. „Floridsdorf" von Friedrich Wolf in der Bearbeitung von Wsewolod Wischnewski war für die Aufführung am Wachtangow Theater geplant.

Ich bin beim Vorlesen des Stücks dabei gewesen. Vorgelesen wurde es vom Wischnewski mit seinem besonderen künstlerischen Pathos, das ihn nie verlassen hat. Er hat buchstäblich das Stück gespielt, nicht vorgelesen. Ständig hat er irgendwelche deutschen Worte hinzugefügt, er gestikulierte. Es war ein Schauspiel, das alle Schauspieler beeindruckt hat. Wolf war nicht dabei.

Einmal hat Wischnewski mich gebeten, ihn anzurufen. Ich habe auch mit der Mansurowa telefoniert, sie sagte, sie hat das Stück gelesen und hat dort gar nichts von dem, was Wischnewski beim Vorlesen präsentiert hat, wiedergefunden. Die Proben gingen weiter, ich hatte aber damit nichts mehr zu tun. Bei der Uraufführung wurde mein Name nicht erwähnt.

E. W.: Waren Sie dabei? Wie wurde das Stück vom Publikum aufgenommen?

Lewina: Ich war dabei. Das Stück ist gut angekommen, aber nicht so grandios, wie es hätte sein sollen. Ich glaube, das Thema war noch zu unverständlich für uns. Faschismus, Österreich.

E. W.: Das ist besonders interessant. Wischnewski hat das Stück überarbeitet, um es dem sowjetischen Publikum verständlicher zu machen. Ist es ihm gelungen?

Lewina: Ich kann mich nicht mehr daran erinnern und zum weiteren Schicksal des Stücks kann ich auch nichts sagen. Ich war zu der Zeit mit etwas anderem beschäftigt.

E. W.: Und gab es eine weitere Zusammenarbeit mit Wolf?

Lewina: Ja, die Arbeit am Stück „Das trojanische Pferd".

E. W.: „Das trojanische Pferd" hat er im Auftrag geschrieben?

Lewina: Ja, im Auftrag des Ministeriums. Damals hieß es Kultur-Komitee.

E. W.: Für ein bestimmtes Theater?

Lewina: Für ein Kindertheater. Und er wollte, daß es von Zitnjerowitsch auf die Bühne gebracht wird. In diesem Stück, wie auch in „Professor Mamlock", ging es um den Alltag junger österreichischer Arbeiter.

Nein, es waren Deutsche. Genau, es war in Berlin. Für unsere Schauspieler war das sehr weit weg gewesen. Wolf hat damals ziemlich viel im Theater mitgearbeitet. Zitnjerowitsch hat das Stück sehr stark gekürzt. Er war halt so ein Mensch, er hat aus einem Stück nur irgendwelche Teile genommen und daraus ein Meisterwerk gemacht. Alles andere hat er weggelassen. Verstehen Sie, er wählte nur das aus, was ihn interessierte, auf seine eigene Art und Weise, ohne den Rest zu beachten.
Und einmal bei der Probe, ich kann mich sehr gut daran erinnern, bemerkte Wolf, daß ein von ihm geschriebenes Fragment fehlt. Er sagte mir, daß ich Zitnjerowitsch fragen soll, wo dieses Fragment geblieben ist.
Natürlich haben sie sich auch ohne mich perfekt verstanden, aber er wollte wahrscheinlich eine offizielle Antwort. Zitnjerowitsch antwortete, daß es später geprobt wird. Wolf sprang auf die Bühne und fing an, den Schauspielern zu erzählen, was sie verpaßt haben. Was genau für ein Fragment das war, daran kann ich mich nicht genau erinnern, es war ja 1935. Die Schauspieler standen nur da und wußten nicht [...]
Wolf war sehr beleidigt, sagte mir: „Sagen Sie Zitnjerowitsch, er ist ein Schurke!“ Ich habe das etwas milder übersetzt. Er meinte: „Sie übersetzen nicht richtig. Es steht Ihnen ins Gesicht geschrieben. Sagen Sie ihm, es ist eine Gemeinheit.“
Zitnjerowitsch verstand alles, drehte sich um und verließ den Saal. Die Probe war zu Ende. Wir sind mit Wolf aus dem Theater rausgegangen. Er war sehr bedrückt: „Wir konnte ich so reagieren? Aber auf der anderen Seite, das ist mein Kind. Meinem Kind hat man die Beine und die Hände amputiert. Wie kann es weiterleben? Es muß ja weiterleben, arbeiten. Arbeiten für andere, für uns.“
Zwei Tage später ruft mich Zitnjerowitsch an und fragt, ob Wolf zu Hause ist. Ich antwortete, daß ich es nicht wisse und überhaupt säße ich hier und arbeite an anderen Sachen. Keine Ahnung wie es weiter ging. Zitnjerowitsch ging zu Wolf und am nächsten Tag waren die beiden wieder die besten Freunde. Sie haben einen Kompromiß gefunden. Das fehlende Fragment des Stücks, das Wolf so gerne haben wollte,

hat Zitnjerowitsch eingefügt. Das Stück hatte riesigen Erfolg. Es gibt kein emotionaleres Publikum als Kinder. Sie haben jedem applaudiert. Die Schauspieler haben sehr gut gespielt. Pieck hat das Stück auch gesehen, (das weiß ich.). Ein Junge hat einen Faschisten gespielt. Und jedesmal, wenn dieser Schauspieler auf die Bühne kam, haben die Kinder geschrien: „Geh weg! Du bist ein Faschist! Wir haben dir nicht applaudiert! Geh weg! Geh weg!“ Wir haben schon langsam angefangen zu begreifen, was alles in Deutschland los ist, deswegen wurde dieses Stück politisch leichter akzeptiert als „Professor Mamlock“.

E. W.: Maria Karlowna, Sie haben doch Wolf sehr gut gekannt, wußten auch viel Persönliches über ihn. Können Sie noch etwas Interessantes erzählen?

Lewina: In seiner kleinen Wohnung hat das Leben immer sehr früh angefangen. Er war immer sehr früh wach. Nach der Gymnastik, die er für sehr wichtig gehalten hat, hat er sich sofort an die Schreibmaschine gesetzt. Er hat stets gearbeitet. Es gab keine Pausen zwischen den Stücken, weil ständig auch an anderen Sachen gearbeitet wurde: Erinnerungen, Notizen, Artikel... Friedrich Wolf und seine Schreibmaschine – das war eine Einheit. Seine Frau hat ihm auch sehr viel geholfen: bereitete Materialien für ihn vor, hat vieles getippt. Das Telefon hat ständig geklingelt. Oft war es Bernhardt Reich. Mich hat er auch ständig angerufen: „Was machen Sie? Woran arbeiten Sie?“

Wolf hat mich andauernd angetrieben, wenn ich etwas für ihn erledigen mußte. Er hat es gern gehabt, wenn die Menschen diszipliniert und genau arbeiteten. Er selber war tatsächlich sehr diszipliniert, trotz seiner Emotionalität und ständigen Stimmungswechsel. Ich entsinne mich, daß wir einmal bis spät in die Nacht gearbeitet haben. Danach sind wir in das Zimmer gegangen, in dem Kolya geschlafen hat. Kolya hat auf dem Boden geschlafen, zwei Kuscheltiere, einen Affen und einen Bären in den Händen. „Sehen Sie sich das an, Kolya will unbedingt mit Tieren zu tun haben. Er liebt die Tiere mehr als die Menschen.“

In Wolfs Familie hat man auf die Ernährung geachtet. Nelly hat vegetarisch gekocht und Wolf hat alles so mitgemacht. Aber einmal nach dem Mittagessen bei ihm zu Hause sind wir spazieren gegangen. Wir gingen am Restaurant „Aragwi“ vorbei und er sagte: „Es wäre jetzt doch sehr schön Schaschlik zu essen, oder?“ Und wir sind hineingegangen, um das Mittagessen zu Ende zu bringen.

Friedrich Wolf war die ganze Zeit mit seiner Arbeit und neuen Plänen beschäftigt. Er konnte keinen einzigen Tag ohne irgendwelche neuen Pläne oder neuen Gedanken verbringen. Das hat seine ganze Zeit gekostet, sein ganzes Leben. Seine Frau Nelly hat sich um den Alltag gekümmert: die Kinder großziehen, die ganzen „alltäglichen“ Probleme halt… Sie war nicht nur einfach eine Frau für ihn, sondern auch seine Freundin und Kameradin, hat Wolf nicht nur geholfen, wo sie konnte, sie hat ihn auch von anderen üblichen Pflichten befreit. Es gab bei ihnen eher ein Matriarchat als ein Patriarchat.

Wolf hatte etwas Besonderes, das gewisse Etwas, womit er die Menschen leicht gewinnen konnte.

Unser Schriftsteller-Milieu hat ihn gemocht. Seine Lebhaftigkeit, seine Fähigkeit mit Menschen umzugehen … Dieser Mensch mit seinem sehr schweren Leben hat uns alle sehr interessiert.

Er erlebte mehrmals unmenschliche Gefahren, konnte sich aber die Fähigkeit, das Leben zu bewundern erhalten. Vieles hat ihn begeistert: Kunst, Bilder, Theater, und vor allem die Menschen.

E. W.: Maria Karlowna, Sie haben Wolf so oft getroffen. Können Sie etwas über seinen Charakter sagen?

Lewina: Wolf war sehr widersprüchlich: sehr lieb, aber auch sehr jähzornig. Mal sehr fröhlich, mal sehr melancholisch. Seine Traurigkeit habe ich immer damit erklärt, daß er von Zuhause so weit weg war … Er dachte oft an seine Kameraden …

E. W.: Maria Karlowna, wie zeigte sich denn sein Charakter während der Arbeit?

Lewina: Die Arbeit mit ihm war interessant und kompliziert zugleich. Während des Übersetzens seiner Stücke haben wir ständig diskutiert. Ich habe nie einfach übersetzt.

Es gab viele Fragen zu Charakteren in den Stücken. Oft wollte Wolf meine Meinung hören: „Bitte sagen Sie mir, was Sie darüber denken." Überall, auch in seinen Büchern, hat er mich als Co-Autorin erwähnt: „meine Mit-Autorin". Ich war für ihn eine Kameradin, die viel helfen konnte und ihren bescheidenen Beitrag zu seiner großen Arbeit leistete. Natürlich hatten wir oft Konflikte. Manchmal wollte er nichts ändern, egal wie man ihn zu überzeugen versucht hat.
Ich erinnere mich an die Arbeit zu „Professor Mamlock" [...] in Bezug auf Rolf und [...]
Manchmal war Wolf einfach nur unsensibel. Einmal während einer Auseinandersetzung sagte er:
„Ich weiß es nicht! Anders kann ich es nicht schreiben! Vielleicht sollte das jemand anderes machen!" Und ist einfach weggegangen. Nach zwei Stunden hat er aber angerufen: „Wissen Sie, vielleicht haben Sie Recht." Und hat dann das Fragment überarbeitet. Obwohl er sehr ehrgeizig war, hat er auf die Meinungen von anderen gehört. Es hat nur etwas gedauert, bis er ihre Ideen mit eigenen Worten ausgesprochen hat. Zum Beispiel war er mit der Uraufführung des Stücks „Professor Mamlock" in Moskau nicht sehr zufrieden. „Es ist irgendwie altmodisch, es fehlt das nötige Temperament!" sagte er.
Das, was er später in Leningrad im Theater gefunden hat [...]
Wolf liebte alles Russische: die russische Natur, die Birken... und die russischen Menschen. Die Russen, die er irgendwie zufällig kennengelernt hat, haben ihn sehr begeistert. Ich weiß noch, als er einmal aus einem Sanatorium zurückkam (er hatte Radikulitis), hat er von einer Begegnung mit einem alten, einfachen Arbeiter erzählt. Wie interessant es gewesen war, mit ihm zu reden. Wolf hat sich bestimmt mit Hilfe eines Übersetzers mit ihm unterhalten. Keine Ahnung, wie es ohne ginge.
Zugleich hat sich Wolf nach Deutschland gesehnt. Er war sehr deutsch: er liebte Disziplin und Genauigkeit. Wenn einer, egal ob ein Regisseur, ein Redakteur oder ein Verleger, unordentlich war, hat dieser Mensch

für ihn nicht mehr existiert. Da konnte dieser Mensch den ganzen Zorn von Wolf zu spüren bekommen.

Wolf war vielseitig. Ihn hat einfach alles im Leben interessiert: neue Autos, Kunst, Ausstellungen, Musik, Theater, Zirkus. Auf alles hat er so lebhaft reagiert. Ein Mensch, der nie alt wurde. Er war immer jung.

Interview mit Frau Manjuschko, 13. Dezember 1975, Moskau

E. W.: Alexandra Wladimirowna, erzählen Sie bitte, wie haben Sie Friedrich Wolf kennengelernt?

Manjuschko: Bernhard Reich hat uns einander vorgestellt, denn ihn kannte ich schon länger. Es war nämlich Bernhard Reich, der mir das Stück „Professor Mamlock“ vorgeschlagen hat, als ich als Regisseurin im Wolkow-Theater in Jaroslawl arbeiten wollte. Ich habe mich damals mit dem Regisseur des Theaters, Iwan Alexejewitsch Rostowzew getroffen, als er nach Moskau kam.

E. W.: Entschuldigung, wann war das genau?

Manjuschko: 1943. Rostowzew, der als Hauptregisseur nach Jaroslawl geschickt wurde, hat mich in Moskau getroffen, noch bevor ich nach Jaroslawl kam. Danach bin ich selber nach Jaroslawl umgezogen mit dem Stück „Professor Mamlock“ von Friedrich Wolf in den Händen. Die einzige Schwierigkeit lag darin, daß das Repertoire für die Saison 34/35 schon von Rostowzew geplant war. Es war offensichtlich problematisch, dieses Stück noch ins Repertoire aufzunehmen. Ivan Alexejewitsch Rostowzew war einer der bekanntesten Regisseure in Rußland schon vor der Revolution und auch später im sowjetischen Rußland. Er kam von ganz unten und war ziemlich eigenartig. Noch bei Samarin am Theater in Nizhny Nowgorod hat er als Aushilfe gearbeitet. Er war zweifellos eine sehr talentierte Person.

Das Hauptproblem war, daß es ungefähr bis 1937 an den Theatern in der Provinz bei der alten Ordnung blieb. Es gab keine feste Theatertruppe und in jeder Saison wurde sie verändert. Erst viel später hat sich die Lage für die Schauspieler dort verbessert. So, und ich fuhr nach Jaroslawl ans Wolkow-Theater. Ich muß aber sagen, daß dieses Theater, das erste Theater in Rußland war und 1900 gegründet wurde. Es ist das beste in der Provinz.

Mit der Aufführung des Stücks „Professor Mamlock" gab es ein paar Schwierigkeiten. Die erste war, wie ich schon erwähnte, das geplante Repertoire. Die zweite Schwierigkeit: der Autor Friedrich Wolf war dem Regisseur und den Schauspielern unbekannt. Also, für diejenigen, die über das Programm entscheiden sollten, war der Autor wenig bekannt. Demzufolge mußte ich erstens erklären, wer der Autor ist und zweitens beweisen, daß das Stück für unser sowjetisches Publikum zur Erklärung, was in Deutschland los war, eine wichtige Rolle spielen würde.

Rostowzew hat die Übersetzung des Stücks nicht gefallen, er bezeichnete sie als schlecht. Ja, vielleicht war die Übersetzung nicht exzellent, weil Maria Karlowna Lewina damals gerade erst angefangen hat, als Übersetzerin zu arbeiten. Es war klar, daß es viele wesentliche Fehler in der Übersetzung gab. Das war natürlich noch ein Grund für Rostowzew, das Stück nicht ins Repertoire aufzunehmen. Er hat auch die Aktualität und die dramaturgische Linie des Stücks nicht verstanden.

Das Stück wurde trotz aller Schwierigkeiten aufgeführt. Darüber habe ich Bernhard Reich in einem Brief informiert.

Anfang 1935 war Rostowzew kein Hauptregisseur mehr und das war wahrscheinlich der Grund, weshalb das Stück doch aufgeführt wurde. Statt Rostowzew kam ein sehr guter Schauspieler und Regisseur, Nikolai Alexandrowitsch Medwedew. Er verstand, was es mit „Professor Mamlock" auf sich hatte und hielt es für notwendig, das Stück ins Repertoire aufzunehmen. Und ich fing mit der Arbeit an. Es waren zweifellos einige Verbesserungen nötig, aber es war schwierig, sich mit der Übersetzerin in Verbindung zu setzen. Also habe ich mich entschieden, selber eine Korrektur der Übersetzung vorzunehmen. Außerdem habe ich mir ein Zwischenspiel ausgedacht.

E. W.: Und in welche Richtung?

Manjuschko: Das Zwischenspiel mußte das Stück ein wenig popularisieren, es interessanter und verständlicher machen. Dafür benutzte ich einfach Material, das wir schon in der Sowjetunion hatten.
Ich muß sagen, daß Wolf sehr positiv darauf reagiert hat, als ich das Zwischenspiel gemacht habe. Er hat dessen Wichtigkeit für unser Publikum verstanden.

E. W.: Was für ein Publikum hatten Sie im Theater?

Manjuschko: Vorzugsweise einfache Arbeiter. Nach dem Theaterstück war es üblich, zusammen mit dem Publikum über das Stück zu diskutieren. Dieser Austausch der Gedanken über ein Stück hat erst damals begonnen. Meistens waren solche Diskussionen sehr lebhaft. Ich war bei jeder dabei. Die Reaktion des Zuschauers hat mich immer interessiert. Oft habe ich mich in den Saal gesetzt, um zu beobachten, wie „Professor Mamlock“ angenommen wurde. Das Stück hatte ohne Zweifel viel Erfolg und die Zuschauer haben auf alles, was auf der Bühne los war, sehr positiv reagiert. Übrigens, Wolf wollte auch nach Jaroslawl kommen, aber leider hat es aus irgendwelchen Gründen nicht geklappt.

E. W.: Sie haben mir bei unserem letzten Treffen einen Brief von Wolf gezeigt. Er war an Sie adressiert, in einer Stadt namens Iwanowo…

Manjuschko: Damit ist eine Geschichte verbunden. Und diese Geschichte spricht dafür, daß „Professor Mamlock“ sehr verständlich für den Zuschauer war. Als ich Jaroslawl endgültig verlassen habe und nach Moskau gezogen bin, habe ich eine Einladung vom Theater dort bekommen, dieses Stück noch einmal mit neuen Schauspielern aufzuführen. Allerdings wurde geplant, das Stück in Iwanowo-Woznesensk aufzuführen. Iwanowo-Woznesensk war ein großes Zentrum der Textilindustrie.
Zuerst mußte man einen neuen Schauspieler für die Hauptrolle finden. Vorher hatte Sokolow die Rolle von Professor Mamlock übernommen. Ein interessanter Schauspieler: aus einer einfachen Familie, war nie in Deutschland, nirgendwo in Europa. Ein Schauspieler mit starker Intuition: er hat den Professor Mamlock ausgezeichnet gespielt. Ich kann

mich daran erinnern, daß alle, die das Stück in Moskau gesehen haben, stets Sokolows Spiel mit dem vom Lanskoi verglichen haben.

Ich will halt sagen, daß sein Schauspiel in dieser Rolle sehr wichtig und sehr wertvoll war. Und wenn ich über die anderen Darsteller sprechen darf… Andere wichtige Rollen waren nicht besonders gut gespielt. Zum Beispiel Frau Mamlock und andere eher negative Figuren. Sehr gut gespielt hat damals ein noch sehr junger Schauspieler, Kuzmin. Er hat Mamlocks Sohn gespielt. Übrigens, heute ist er einer der führenden Schauspieler am Wolkow-Theater in Jaroslawl. Ja, Kuzmin hat wirklich sehr frisch, sehr aufrichtig gespielt.

E. W.: Sie sind danach wieder nach Moskau gekommen. Haben Sie im Moskauer Theater Leninskogo Komsomola weiter gearbeitet?

Manjuschko: Darf ich noch ein paar Worte zu der Aufführung sagen? Am Wolkow-Theater haben damals zwei sehr talentierte Künstler gearbeitet. Einer – Medowschtschikow, ein verdienter Künstler. Und der andere – Ipolitow – ein Maler, der schon lange dort gearbeitet hat und einer der Initiatoren und Gründer des Museums des Theaters war. Er hat die Bühne für das Stück „Professor Mamlock" gestaltet, sehr realistisch, aber ohne innovative Einfälle. Für das Zwischenspiel auch… Ich fürchte leider, daß das Modell der Bühnengestaltung nicht mehr vorhanden ist. Ipolitow lebt und arbeitet, so viel ich weiß, heute noch in Jaroslawl. Kann sein, daß er im Theater arbeitet.

Und zu dem Stück „Professor Mamlock" möchte ich folgendes sagen: ich denke, es hat eine agitative Rolle gespielt. In der Kunstwelt kann man eine Agitation nur mit künstlerischen Mitteln zum Ausdruck bringen.

E. W.: Ist es richtig, daß das Stück über zwei Spielzeiten aufgeführt wurde?

Manjuschko: Ja, 1935 oder 1936 … Danach habe ich schon in Moskau gearbeitet. Über alle Neuheiten wurde ich nur durch den Briefwechsel mit Nikolai Alexandrowitsch Medwedew informiert. Es hat sich sehr viel im Theater geändert.

Wie ich schon bemerkte, Wolf hat die Aufführung nicht gesehen. Aber er hat sich dafür sehr interessiert. Ich konnte mich später davon überzeugen, als ich ihn kennengelernt habe. Wir haben uns in Moskau sehr oft getroffen und sind gute Freunde geworden. Bis er die Sowjetunion verlassen hat, hatten wir Kontakt, also bis 1946…

Er hat mich besucht oder ich ihn in Kislowskoi. Oft haben wir uns bei Reich getroffen.

Einmal wollte ich das Stück „Das trojanische Pferd“ aufführen. Es ist mir leider nicht gelungen. Der künstlerische Leiter am Theater Leninskogo Komsomola war damals Sidakow. Gleichzeitig hat er als Regisseur am MkHAT gearbeitet. Ihm hat das Stück überhaupt nicht gefallen, er bewertete es als eine Agitation. Von der Theatertruppe wurde „Das trojanische Pferd“ sehr gut aufgenommen. Es war sehr schwer, dem Regisseur die Notwendigkeit des Stücks für das Theater zu beweisen. Es berührte ein unglaublich aktuelles Thema damals und natürlich auch heutzutage. Die Art, wie man in „Das trojanische Pferd“ mit dem Klassenfeind umgeht, ist ein effektives Mittel im ideologischen Kampf. Schade, daß Friedrich Wolf nicht mehr unter uns ist.

Als Regisseurin ist es mir nicht mehr gelungen, Theaterstücke mehr von ihm aufzuführen. Wie ich schon sagte, waren ich und Friedrich Wolf gute Freunde. Wir haben uns immer wieder unter verschiedenen Umständen getroffen. Einmal zum Beispiel haben wir uns in einem Kreis der politischen Emigranten getroffen. Es war in einem Restaurant, wo man sehr unterschiedliches Publikum sehen konnte. Bei diesem Treffen habe ich Wusch kennengelernt. Ein sehr netter Mensch…

Oft sind wir mit Wolf ins Theater gegangen. Er mochte es gerne, nach der Aufführung alles zu bereden, was wir gesehen haben und hat stets sehr scharfe Kritik geäußert. Das hat mir sehr imponiert. Ich vertrage keine seichte Kritik, mir gefällt die Schärfe in Meinungsäußerungen. Viel Kritik habe ich über die Aufführungen unserer Theater von ihm gehört: positive und negative. Bei einer Sache waren wir uns nicht einig. Er meinte, man darf ruhig den Saal während der Aufführung verlassen. Ich aber denke, man muß jedes Stück zu Ende sehen, einfach weil man es dann besser bewerten kann. Ich bin Optimistin, ich hoffe immer, daß sogar in einem ganz schlechten Stück etwas Interessantes passieren wird. Aber das ist natürlich nur ein Scherz.

Ich glaube, es ist einfach wichtig, in der Kunst oder im Theater sich alles zu Ende anzusehen, um sich eine Meinung zu bilden.

E. W.: Also kann man sagen, Wolf hat sich für das russische Theater sehr interessiert?

Manjuschko: Ja, er hat sich genauso fürs Theater interessiert wie für eigentlich alles, was bei uns geschah. Ich möchte noch etwas sagen, vielleicht hätte ich das noch früher sagen sollen: Meine Beziehung zu Wolf war von Anfang an nicht so leicht. Zuerst ist Reich bei unseren Unterhaltungen als Dolmetscher dabei gewesen. Ich konnte sehr schlecht Deutsch, obwohl ich es in der Schule gelernt habe. Was Wolfs Russisch angeht, damals hat er gerade angefangen Russisch zu lernen, es war Anfang der 30er Jahre. Und mich hat sehr beeindruckt, daß Wolf nach nur kurzer Zeit schon ziemlich gut Russisch konnte. Wir haben uns über alles absolut ohne fremde Hilfe unterhalten.

Das war eine kleine Abschweifung. Was sein Interesse am Theater angeht: Das Wachtangow-Theater hat eine ziemlich formalistische Aufführung von Shakespeares „Hamlet" gezeigt. Ich war als Regieassistentin dabei. Die Regisseure waren Sacharow und Akimow. Der arme Shakespeare und Hamlet wurden in diesem Stück tatsächlich sehr kritisiert. Dem Publikum gefiel es aber sehr.

Wolf konnte diese Aufführung nie akzeptieren. Er meinte, daß solche formalistischen Flunkereien benutzt werden, um etwas Altes als innovative Idee darzustellen. Er war Realist im guten Sinne des Wortes.

Wie ich schon sagte, war er außergewöhnlich an unserem Leben hier interessiert. Nicht als einfacher Beobachter, sondern als Mensch, der alles miterlebt. Er war einer von uns. Ich konnte nie glauben, daß er ein Emigrant ist. Genau wie sein Freund Bernhard Reich lebte er unsere Realität.

Wolf hat immer für mich Zeit gefunden und viel über Deutschland erzählt. Natürlich habe ich auch viel darüber gelesen, aber Friedrich Wolf und Reich waren lebende Zeugen des Deutschlands der 30er Jahre. Die beiden waren unersetzlich für uns alle, sie haben immer die Wahrheit über die furchtbare Realität im damaligen Deutschland erzählt.

Ich war sehr aufmerksam bei Wolfs Erzählungen, aber er war auch ein erstaunlicher Zuhörer. Friedrich Wolf hat außergewöhnlich aufmerksam zugehört, egal was ich erzählte. Er wollte auch ein guter Zuhörer sein. Ich denke, daß das ein Merkmal eines sehr feinfühligen Menschen ist. Für einen Schriftsteller, für einen Partei-Aktivisten, ist es das wichtigste Merkmal überhaupt. Friedrich Wolf hat sich niemals über die Menschen gestellt. Es ist das Merkmal eines wahren Demokraten und nicht das eines Menschen, der nur als Demokrat erscheinen will. Das muß man genau unterscheiden. Man kann ein Demokrat sein oder als einer erscheinen. Ich glaube, wenn er zehnmal mehr bekannt wäre, würde er auch so bleiben, wie er war, als wir uns kennengelernt haben. Das ist die Eigenschaft einer großen Seele. A. Gorki hat einen Roman über einen angeberischen Schriftsteller geschrieben, den muß man unbedingt lesen.

Echte Demokraten stellen sich mit anderen auf die gleiche Höhe. Man kann sich an viele solcher großartigen Schriftsteller erinnern: Tolstoi, Dostojewski, Nekrassow. Leider verdirbt einen die Berühmtheit.

Vor kurzem habe ich mir einen Bildband von Gina Lollobrigida angesehen. Sie hat sich für die Fotografie interessiert. Um die Bilder zu machen, hat sie sich stark geschminkt. Sie wollte sich vor ihrer Berühmtheit verstecken.

E. W.: Können Sie etwas über Wolfs Reaktion auf das, was im Ausland passiert ist, erzählen?

Manjuschko: Ja, natürlich. Wolf war Kämpfer. Als in Spanien der Bürgerkrieg ausbrach, habe ich oft von Wolf gehört, wie schwer es für ihn sei, das ganze nur zu beobachten. Er wollte dorthin. Es wurde ständig über das Geschehen in Spanien geredet. Ich habe sofort verstanden, was weiter passieren würde. Einmal, als ich bei ihm war, sagte er mir, daß er nach Spanien geht. Seine Familie mußte aber hier bleiben.

E. W.: Wann haben Sie ihn wieder getroffen?

Manjuschko: Nach 5 oder 6 Tagen, als er wiederkam. Es war, wenn ich mich nicht irre, Anfang 1941. Wolf kam von Frankreich aus zurück in die Sowjetunion. Wie sich herausstellte, hatte er es nicht nach Spanien geschafft und wurde in Frankreich interniert. Diese Information habe ich von seiner Frau bekommen, aber keine Einzelheiten. Ich vermute, sie selbst wußte auch nicht alles. Wolf hat später selber detailliert auch viel darüber erzählt, wie er ausgetauscht wurde. Leider kann ich mich nicht an alles erinnern. Auf jeden Fall berichtete er über alles mit viel Humor.

Weniger humorvoll waren seine Erzählungen über die französischen Lager, obwohl er jedoch nicht über alles dort Erlebte gesprochen hat. Ich würde sogar sagen, er hat mit Optimismus darüber gesprochen. Wie ich schon sagte, haben wir uns bei ihm in der Wohnung getroffen. Seine Frau Nelly war äußerst gastfreundlich. Ihre Kinder Mischa und Kolya waren nett und höchst sympathisch. Wir saßen oft zusammen am Tisch und die Kinder haben ihrem Vater sehr aufmerksam zugehört. Sehr aufmerksam.

Das ist eigentlich alles, was ich über Wolfs Rückkehr erzählen kann. Natürlich haben wir uns auch weiterhin manchmal getroffen, aber es waren Begegnungen, die sich weniger eingeprägt haben.

Dann kam der Krieg. Ich habe ihn nur knapp überlebt. Und im schon abgedunkelten Moskau habe ich mich mit Wolf getroffen, aber nur einige Male. Es war 1942. Er sagte, daß er mit den Kriegsgefangenen arbeitet, deswegen sei er viel unterwegs. Die Arbeit führte er im Auftrag von bestimmten Organisationen durch, sie hat seine ganze Zeit und Energie in Anspruch genommen. Ich denke, zu dieser Zeit war das seine wichtigste Aktivität, ich kann mich aber natürlich auch irren. Etwas später hat mir Wolf seine neue Novelle „Der Russenpelz“ gezeigt. Ich kann nicht mehr sagen, von wem die übersetzt wurde, von der Lewina oder von jemand anderem. Die Novelle ist unglaublich wahrhaftig, ich würde sogar sagen gnadenlos ehrlich.

Friedrich Wolf wollte unbedingt den Schriftsteller Alexander Serafimowitsch kennenlernen. Leider kam diese Bekanntschaft aus vielen, von

Wolf oder Serafimowitsch nicht abhängenden Gründen nie zustande. Serafimowitsch war von Juli bis November 1941 nicht in Moskau gewesen. Seine Novelle hat Wolf aber Serafimowitsch zur Rezension übergeben. „Der Russenpelz“ hat Serafimowitsch sehr gefallen und er hat eine Kritik darüber geschrieben. Die Kritik ist sehr bekannt und ich werde sie jetzt hier nicht nacherzählen.

Tja... Danach ist Wolf weggefahren und ich habe ihn nicht mehr wiedergesehen, aber oft über ihn gehört: Wo er ist, was in seinem Leben passiert, was er macht. Das Gefühl einer tiefen Dankbarkeit werde ich immer in mir tragen, bis zum Ende meines Lebens.

E. W.: Sie wollten noch etwas über die Zeit, als Friedrich Wolf nach Spanien wollte, hinzufügen. Können Sie sich erinnern?

Manjuschko: Ja, kann ich. Wolf war schon mit ganzem Herzen da. Er wollte sehr dorthin [...]

Interview mit M. A. Schewschenko und seiner Frau

Schewschenko: Ich bin Kulturoffizier. Am Ende des Krieges war ich Major. Zu Beginn des Krieges bis fast 1944 habe ich die politische Arbeit in der Armee geleitet. Sie wollen meinen Eindruck von einem bemerkenswerten Menschen erfahren, der aktiv gegen Faschismus gekämpft hat, der ein talentierter Schriftsteller und Arzt war, von Friedrich Wolf. Ich hatte das Glück, ihm während des zweiten Weltkrieges zu begegnen, als die faschistischen Eroberer die Ukraine vernichteten.

Natürlich haben wir schon früher von Friedrich Wolf gehört. Sein Beitrag im Kampf gegen den Faschismus war unglaublich groß! Wir kannten seine Werke. Unsere Generation der komsomolischen und sowjetischen Jugend, die antifaschistisch erzogen worden war, kannte und liebte natürlich das Stück „Professor Mamlock“. Als wir über seine Ankunft an der Front informiert wurden, warteten wir gespannt auf eine interessante Begegnung und inhaltsreiche Unterhaltung und wir wurden in dieser Hoffnung nicht enttäuscht, sondern voll entlohnt.

Falls ich mich nicht irre, war das im Winter ... Doch, das passierte tatsächlich im Winter 1943–1944, irgendwo in der Nähe von Swatow. Ich kann mich nicht genau an den Ort erinnern, weil wegen der sich verschiebenden Front der Stab ständig verlegt wurde. Aber das Jahr stimmt. Eines Abends wurden wir über seine Ankunft informiert.

Am nächsten Morgen kam ein dürrer Mensch im russischen weißen Halbmantel und in russischen Filzstiefeln in unsere Abteilung, Abteilung 7. Er hatte leicht ergraute Haare, klare, schmale, ausdrucksvolle Gesichtszüge zusammengepreßte Lippen und dicke, hochsitzende Augenbrauen. Das war er, unser sehr geehrter Genosse Wolf.

Er war ein außerordentlich interessanter Mensch. Vor allem fiel seine Bescheidenheit auf. Er war ein sehr leiser Mensch, sogar auf eine gewisse Weise schüchtern, aber gleichzeitig erstaunlich fleißig.

Mir fällt es schwer, seine riesige Arbeit, die er während der Herstellung der propagandistischen Flugblätter geleistet hat, nicht zu überschätzen und ebenso seinen Einfluß auf die deutschen Soldaten, ihre Psyche, ihre Moral, ihren Alltag, ihre Gefühle. Wolf hat geholfen, die Flugblätter besonders verständlich für die deutschen Soldaten zu machen. Denn es gibt nichts, was für einen Deutschen verständlicher ist, als wenn ein anderer Deutscher sich an ihn richtet. Er hat die meisten von uns geschriebenen Flugblätter korrigiert. Einige Flugblätter hat er selber geschrieben. Die waren wirklich sehr gelungen, weil keiner von uns besser die Denkweise des deutschen Soldaten kannte als er. Mir scheint, Wolf hat sich sehr viel damit beschäftigt, um herauszufinden, wieso deutsche Soldaten an Hitlers Seite kämpfen und was sie antreibt.

Er kannte Deutschland vor dem Krieg. Und natürlich hat ihn diese Frage sehr beschäftigt. Und nicht nur ihn: Willi Bredel, Genosse Ulbricht, der uns an der Front an einem Ort vor Stalingrad besucht und mit deutschen Kriegsgefangenen geredet hat und andere deutsche Kommunisten, die sich verpflichtet fühlten, die sowjetische Armee in diesem größten und gerechten Kampf gegen den Faschismus zu helfen.

Friedrich Wolf war nicht sehr lange bei uns, aber nachdem wir uns an der Front begegnet sind, haben wir uns später noch einige Male in

Moskau gesehen, einfach geredet. Auch darüber, daß unsere Erwartungen sich tatsächlich erfüllen. Das war noch vor Kriegsende.

Ich kann mich noch an eine Episode erinnern: Irgendwann hat mich Friedrich zu sich nach Hause eingeladen. Ich muß sagen, die Zeiten waren damals sehr schwer, man konnte kaum Lebensmittel bekommen. Zu Hause bei Friedrich Wolf hatte sich die ganze Familie versammelt. Auf dem Tisch waren guter, frischer Kohl und Karotten, den sie uns angeboten und auch selber gegessen haben: „Essen Sie, essen Sie. Das ist sehr gesund“.

Später habe ich mitbekommen, daß Friedrich Wolf nach dem Krieg zurück nach Deutschland gefahren war und später als Botschafter der DDR in Polen gearbeitet hat. Also war es sozusagen unsere letzte Begegnung.

E. W.: Mich interessiert, ob Sie mal dabei gewesen sind, als Friedrich Wolf mit Kriegsgefangenen gesprochen hat. Es war ja während einer Offensive und in dieser Zeit werden normalerweise viele Soldaten gefangengenommen. Hat er wirklich direkt mit den Kriegsgefangenen gesprochen?

Schewschenko: Ja. Ich durfte einmal dabei sein, als er einen Kriegsgefangenen befragt hat. Aber ich würde das nie ein Verhör nennen. Es war ein Gespräch zwischen einem erfahrenen, weisen Mann und einem dummen, verblödeten deutschen Soldaten. Es war ein sehr großer, rothaariger Soldat, ein Unteroffizier. Nach einer Stunde Unterhaltung mit Friedrich Wolf, vielleicht eineinhalb, hat er sich bereiterklärt, vor seinen Kammeraden zu sprechen. Die Kraft, die Klarheit und die Zielstrebigkeit Friedrich Wolfs bei solchen Gesprächen zeugen von seiner großen Belesenheit, Lebenserfahrung und außergewöhnlichen Standhaftigkeit bei seinen politischen und ideologischen Überzeugungen.

E. W.: Würden Sie ein wenig über den Alltag an der Front sprechen? Wie hat sich Friedrich Wolf an das Leben an der Front angepaßt? Das war sicher nicht so einfach?

Schewschenko: Ja, vielleicht war das für so einen Menschen nicht so einfach. Was soll ich sagen … Er hat sich unbemerkt in unser Kollektiv eingefügt ... Wir sind in die Kantine gegangen und er auch ...Vielleicht kann meine Frau dazu was sagen ...

E. W.: Bitte ...

Frau Schewschenko: Ich kann mich schlecht erinnern, in welchem Monat genau Friedrich Wolf angekommen ist, aber einmal früh am Morgen habe ich ihn gesehen, wie er seinen Mantel ausgezogen hat und angefangen hat, sich mit Schnee abzureiben. Ich war damals sehr jung und mich hat schon beeindruckt, daß so ein älterer Mann den trainierten Körper eines Sportlers hat.

Schewschenko: Er war sehr bescheiden. Er war sehr schwer zu verkaufen. Es war schwer, ihn in einer Menschenmenge zu bemerken.

Frau Schewschenko: Nein, das denke ich nicht. Ich zum Beispiel wußte, daß er ein populärer, deutscher Schriftsteller war. Aber er war tatsächlich sehr bescheiden.

Schewschenko: Ich glaube, die Umstände haben ihn etwas zurückhaltend gemacht. Er war in einem KZ in Frankreich... Russisch konnte er gar nicht gut.

E. W.: Wie hat er kommuniziert? Hatte er einen Übersetzer bei sich?

Schewschenko: Nein, keinen Übersetzer. Er hat gebrochenes Russisch gesprochen. Er hat sich mit einfachen Worten verständigt. Ich habe alles so organisiert, daß er mit Menschen, die Deutsch sprachen, gearbeitet hat. Und ich möchte betonen, daß Friedrich Wolf sehr viel Respekt entgegengebracht wurde. Alle wußten, daß er ein Gleichgesinnter war.

E. W.: Sagen Sie bitte, hat auch Einweber mit Friedrich Wolf zusammengearbeitet? Ja?

Schewschenko: Nein, der nicht. Uns hat Bredel, der Vertreter des Nationalkomitees, besucht, Eberhard Kareus auch. Er war ein Pilot.

E. W.: Und Sie, Frau Schewschenko? Können Sie sich daran erinnern, ob Wolf dabei war?

Frau Schewschenko: Ich kann mich nicht daran erinnern, ich war die Sekretärin der Abteilung und hatte stets viel Arbeit. Es gab ständig Menschen, die kamen und gingen. Ich kann mich wirklich nicht daran erinnern.

Schewschenko: Ich weiß das auch nicht mehr. Falls möglich, sprechen Sie doch mit Kareus. Er arbeitet [...].

Grigory Kurilow kann Ihnen mehr erzählen. Er war damals sehr jung, er kann sich möglicherweise besser erinnern. Wieso? Weil er jünger ist und weil er sein Genosse ist.

Ich würde gerne mehr über Friedrich Wolf berichten, aber unsere Begegnungen waren leider sehr kurz, wenn auch sehr eindrucksvoll.

E. W.: Dankeschön.

Übersetzung und Redaktion: Yana Bulygina, Miriam Mettler

Anna Lacis

Brief an Walter Huder, 17. November 1974

Lieber Dr. Huder!
Wie ich Ihnen schon geschrieben habe die Zusammenarbeit mit deutschen Antifaschisten im Exil mit Sowjetbürger Schriftsteller, Kinoregisseure[n] und s.w. war sehr bedeutend und gaben gute künstlerische Resultate. *Das Trojanische Pferd* von Fr. Wolf wurde gefilmt. Es waren zwei Szenaristen: Friedrich Wolf und Bernhard Reich. Gefilmt hat ein bekannter russischer Regisseur. Reich hat viel Geld bekommen für diese Arbeit eben so wie Wolf und ich[,] wir haben zusammen ein Landhaus gebaut in Peredelkino. Damals hat man sehr viel gezahlt für Kino-Szenarien. Deshalb verstehe ich nicht[,] warum Sie für Ausstellung von W. Schurawliew nach Friedrich Wolf (1938/39) gezeigt wurde. Das muß doch dieses Zenarie sein von B. Reich und Fr. Wolf. In diese Zeit von 1938 Januar war ich schon in Kasachstan und Reich war in traurige Lage. Seine Erziehtochter Dagmar hat ihn hartherzig in 1940 verlassen und ist zu ihrem Vater Minister nach Riga gefahren. Aber Szenarie *Das Trojanische Pferd* hat Reich mit Wolf zusammen geschrieben und haben von Kinoleitungen nach Dankbarkeit bekommen. Es muß eine Fälschung sein. Eine Literatin aus Moskau schreibt meinen autobiographischen Essay. Sie hat schon 320 Seiten geschrieben auf der Schreibmaschine. Bald kommt sie wieder zu mir, ich muß neues Material zufügen. Ihn werde ich fragen in welchem Jahre hat Reich mit Wolf den Szenarie geschrieben. Ich möchte gern meine Erinnerungen schicken (wenn sie fertig werden), aber ich habe keine Hoffnung, daß Sie es be-

kommen. Eben habe ich ein Bücherparkett von Huber Verlag bekommen, aber es fehlt ein Buch – Dreyer, Kleinste Prosa.
Ich wünsche Ihnen auch alles Liebe und Gute mit freundschaftliche[m] Gruß

Anna Lacis (genannt Asja)

P.S. Gesundheitlich geht es mir sehr schlecht, aber mein Gehirn arbeitet noch.

Grussen Sie bitte, die mich erinnern

Erläuterung: Der hier zum ersten Mal veröffentlichte Brief steht im Zusammenhang mit der Ausstellung *Theater im Exil 1933–1945*, die Walter Huder 1973 in den Räumen der Akademie der Künste (West) veranstaltet hat. Begleitet wurde die Ausstellung durch ein international besetztes Symposion und eine Filmretrospektive. Professor Huder, Leiter des Archivs der AdK, überließ mir, Hermann Haarmann, eine Kopie aus seinem Bestand.

Asja (Anna) Lacis (1891-1979), lettische Schauspielerin und Regisseurin, ab 1922 in Berlin, Bekanntschaft mit Bertolt Brecht und Geliebte von Walter Benjamin, 1925 spielt sie unter der Regie ihres späteren Ehemann Bernhard Reich an Max Reinhardts Deutschem Theater, unterstützt ab 1932 Erwin Piscators Filmprojekt Aufstand der Fischer in der Sowjetunion, 1938 – 1948 Arbeitslager in Kasachstan.

John Littlejohn

Identifying the Victim

Crime and its Causes in Friedrich Wolf's Late Weimar Dramas[1]

Friedrich Wolf joined the German Communist Party (KPD) in 1928. He quickly became a prominent and active Communist, lecturing at the *Marxistische Arbeiterschule* and even running for office for the KPD in Stuttgart[2]. Wolf's strong political convictions also affected his literary work, which one might well expect, as according to his son Markus the elder Wolf lived by the maxim that" der Mann so sein muß wie das Werk, das er schreibt, und das Werk wie der Mann selbst."[3] Furthermore, in his well-known 1928 essay *Kunst ist Waffe*, Wolf had called for a political theater which would spread socialist thought. He would repeat this sentiment several times over the next decades. From the time he joined the party until his forced flight from Germany in 1933, Wolf wrote four stage plays, as well as two radio plays and three agitprop plays. His Communist political convictions are easily discernible in most if not all of these works. Wolf himself stated in 1931 that the bourgeois public had realized he was a

1 Parts of this article are taken from my 2008 dissertation, entitled *Redefining Reality: Friedrich Wolf as Communist Movement Rhetor*.

2 Projekt Zeitgeschichte im Kulturamt der Landeshauptstadt Stuttgart (Hrsg.), Friedrich Wolf. Die Jahre in Stuttgart 1927–1933. Ein Beispiel. Stuttgart 1983, S. 161, 259.

3 Cathérine Gittis, Die Söhne über Friedrich Wolf. Die Weltbühne 68 (1973): S. 1605.

Communist because of his recent plays *Cyankali* and especially *Die Matrosen von Cattaro.*[4]

All four of Wolf's stage plays from this period were arguably pro-Communist dramas, including *Cyankali* (1929), and were perceived as such. According to Ulf-Rüdiger Sacksofsky's 1972 dissertation *Friedrich Wolfs Dramatik von 1924 bis 1931 und ihre Beurteilung in der Kritik,* “Abgesehen von der kritischen Beurteilung in der *Süddeutschen Arbeiterzeitung* [...] glauben alle linksradikalen Zeitungen, die Klassenkampfidee gemäß den Forderungen der Partei dargestellt zu sehen” in *Cyankali.* 5 Thus, many critics from leftist papers saw even the earliest of these four stage plays as a pro-Communist work, as did some critics from newspapers with centrist or rightwing leaning.[6] It is true that Wolf's more overt political objective with this play is changing the abortion law, *Paragraph 218.* However, later statements by Wolf about this abortion law demonstrate that – at least by 1931 – he saw it as a part of a greater, systemic problem. He claimed that “Die Frage des Paragraphen 218 ist nur eine Teilfrage des ganzen heutigen kapitalistischen Wirtschaftssystems” in the 1931 essay *Sturm gegen § 218,* and he made the similar statement in 1947 that “Der § 218 sollte nicht abgeschafft, sondern überflüssig werden.”[7] It is much easier to determine Wolf's pro-Communist intentions for his other three stage dramas of this period, because he wrote brief essays about them. Wolf concluded his 1935 essay *Weshalb schrieb ich 'Die Matrosen von Cattaro'?* with the following words: “[...] überall werden und sollen die Arbeiter aus diesem Stück die Lehre ziehen: Macht es *nicht* wie diese Matrosen von Cattaro, wenn ihr einmal begonnen habt, sondern macht es wie die *Matrosen von Kronstadt*

[4] Friedrich Wolf, Ausgewählte Werke in Einzelausgaben, Bd. XIV, Aufsätze über Theater, hrsg. von Else Wolf / Walther Pollatschek, Berlin 1960, S. 42.

[5] Ulf-Rüdiger Sacksofsky, Friedrich Wolfs Dramatik von 1924 bis 1931 und ihre Beurteilung in der Kritik, Köln 1972, S. 127.

[6] Ebd., S. 145, 191.

[7] Wolf, Ausgewählte Werke XIV, S. 38. Vgl. auch Henning Müller, Friedrich Wolf, in: Alo Allkemper / Norbert Otto Eke (Hrsg.), Deutsche Dramatiker des 20. Jahrhunderts, Berlin 2000, S. 188.

im Oktober 1917! Deshalb schrieb ich das Stück" (italics in original).[8] One sees that it was the playwright's intention with this play to lead his audience to the tactics of these Kronstadt revolutionaries in order to repeat their success. In the similarly titled *Weshalb schrieb ich 'Tai Yang erwacht'* (1949/50), Wolf made the following assertion:

> Ich wollte am Beispiel Chinas zeigen, wie dort ein Volk begann, sich gegen eine kapitalistische Ausbeutung mutig und konsequent zu wehren. [...] Jetzt schien es mir an der Zeit, der deutschen gespaltenen Arbeiterschaft am Beispiel der tapferen chinesischen Klassengenossen einen Spiegel vorzuhalten: wie man kühn kämpfen kann und kämpfen muß.[9]

Wolf clearly wanted to help spread the Communist movement with his play *Tai Yang erwacht* (1930), as had been the case with the earlier *Die Matrosen von Cattaro* (1930). In both these works he wanted to provide his audience with a model of behavior. In his 1932 essay *Die Jungens von Mons* concerning the play of the same name, Wolf provided his assessment of the global political situation in the late 1920s and early 1930s. Like *Cyankali*, the main thrust of this play is a particular socio-political problem, in this case fascism. But as with the abortion law situation in the earlier play, Wolf considered the individual problem only a small part of a larger one: "Das Wesen des Faschismus als bewaffnete Schutzgarde des Kapitals in dem großen Endkampf zwischen Kapital und Arbeit ist in allen Ländern das gleiche".[10] With the play *Die Jungens von Mons* (1931) Wolf called for a fight against fascism, a fight which he equated in this essay to the workers' struggle against capitalism. In these four stageplays Friedrich Wolf served as a Communist movement persuader, i.e., he attempted to spread the Communist message through his dramatic works.

8 Friedrich Wolf, Ausgewählte Werke in Einzelausgaben, Bd. XIII, Aufsätze über Theater, hrsg. von Else Wolf / Walther Pollatschek, Berlin 1957, S. 368.

9 Ebd., S. 370, 372.

10 Ebd., S. 376.

Wolf also sought to spread the Communist movement with his radio plays and agitprop plays from this period. In a letter to fellow playwright Georg Pijet in 1930, Wolf reveals – indirectly but indubitably – that his radio plays were written to support the Communist movement. [11] More directly, Wolf calls his radio play *John D. erobert die Welt* an "etwas kitzliche marxistische Sache" in a letter to the *Arbeitersender* in the same year.[12] Of course, the agitprop dramas were clearly works with which Wolf sought to spread the Communist movement. Indeed, he formed his agitprop troupe *Südwest* under orders from the KPD, and he consulted with the Party regarding the agitprop works he wrote for the group before producing them.[13]

In his role as a social movement persuader, Wolf's essential mission was to spread his movement's ideology. A movement's ideology frames, that is, redefines or restructures, a given social situation: "Statements of ideology must provide definition of that which is ambiguous in the social situation, give structure to anxiety and a tangible target for hostility, foster in-group feelings, and articulate wish-fulfillment beliefs about the movement's power to succeed".[14] Movement rhetors must redefine reality for their audience: transform how the audience perceives both the present and the future.[15]

A fundamental task for Wolf as a rhetor for the Communist movement in the late 1920s and early 1930s was to establish that a society divided by class was a distinct problem. One part – though not the only part – of framing a social situation as a social problem is making the negative effects

11 Friedrich Wolf, Briefe. Eine Auwahl. Hrsg. von Else Wolf / Walther Pollatschek, Berlin/Weimar 1968, S. 121–123.

12 Ebd., S. 126.

13 Klaus Hammer, Vorwort zu Friedrich Wolf, Ein Lesebuch für unsere Zeit, hrsg. von Klaus Hammer, Berlin/Weimar 1979, S. XLV. Youkyung Ko, Zwischen Bildung und Propaganda. Laientheater und Film der Stuttgarter Arbeiterkulturbewegung zur Zeit der Weimarer Republik. Stuttgart / Leipzig 2002, S. 191.

14 Herbert W. Simons, Requirements, Problems, and Strategies: A Theory of Persuasion for Social Movements. Quarterly Journal of Speech 56 (1970): S. 5.

15 vgl. Charles Stewart / Craig Smith / Robert E. Denton Jr., Persuasion and Social Movements. 4. Aufl. Prospect Heights, IL, 2001, S. 52; Charles J. Stewart, The Evolution of a Revolution. Stokely Carmichael and the Rhetoric of Black Power. Quarterly Journal of Speech 83 (1997): S. 436.

of that situation known. Presenting a victim is the most productive – and perhaps only – way to demonstrate these negative effects. For a Communist rhetor such as Wolf, the victim he must reveal to his audience is the working class. Wolf expends considerable effort to depict members of the working class as victims in his plays of this period, thereby redefining the social situation of classed society as a social problem and thus providing a new interpretation of current events and circumstances.

Particularly in his depiction of crime and its causes, Wolf is able to establish the victim group. He shows how society moulds people, how society forces people into acts from which they would otherwise refrain. Revealing the forces which cause people to act contrary to their nature is a strong point in Wolf's Communist movement rhetoric as it appears in these plays, because a solid movement rhetoric should address members as "innocent, blameless victims of oppression".[16] It can be argued that people will not have cause to commit crimes once those negative societal forces are removed. They will furthermore be less conflicted psychologically, as they will not be pressured into acts they consider wrong.

Die Matrosen von Cattaro contains the most prominent single crime in any of the four stage plays from the period under examination: the mutiny on the St. Georg. Wolf shows that the mutineers do not undertake this deed lightly. The action that prompts the mutiny is the imprisonment and impending execution of a fellow sailor for trivial reasons. The sailors already proved themselves to be longsuffering, having endured severe conditions before without mutinying. Their compulsory service keeps them away from their homes and families, their superiors steal their food, and they face harsh punishment for any infraction of the rules. They do not take over the ship out of a lust for power, or even out of anger against their commanders, but rather because they find themselves in an intolerable position. By means of their mutiny, the sailors cast off their collective identity

16 Charles J. Stewart, Championing the Rights of Others and Challenging Evil: The Ego Function in the Rhetoric of Other-Directed Social Movements. Southern Communication Journal 64 (1999): S. 92.

as an object of their superiors' abuse and they assert their own will. Thus Wolf frames this mutiny – and by extension, other Communist revolutions – as the claiming of subjecthood for these rebels, a subjecthood Wolf underscores by making these sailors the dramatic protagonists.

While mutiny is the central event for *Die Matrosen von Cattaro*, a different crime is at the heart of Wolf's final Weimar drama. In *Bauer Baetz* (1932), the titular Christian Baetz kills a public official who has come to take his last cow. Baetz has sold off almost all of his land, and has to lease his old land back at high interest.[17] He works hard: about sixteen hours a day in summer, yet he still sinks deeper and deeper into debt, already owing more than 600 Mark.[18] Nevertheless, all this does not drive him to premeditated murder; it is the *Gerichtsvollzieher* himself who brings the gun which ultimately causes his death. Baetz comes armed only with a book proving that what the *Gerichtsvollzieher* attempts to do is illegal. The audience understands that Baetz's desperation leads to the shooting and Wolf shows onstage that Baetz is in a state of shock thereafter. Wolf emphasizes that Christian Baetz does not want to commit murder – or any other crime – when Baetz says before the shooting: "CHRISTIAN: Ich will nix Unrechts, Herr Gerichtsvollzieher; aber ich will auch nit, daß mir Unrecht geschieht".[19] Like the sailors in Cattaro, Christian is merely fighting for what rightfully belongs to him. Wolf therefore frames him as someone seeking justice, not as a killer.

By having Christian bring a book concerning his rights when he meets the *Gerichtsvollzieher*, Wolf emphasizes the character's faith in morality, the capitalist system, and the Weimar government. Wolf establishes Christian's belief in these three entities through his frequent usage of platitudes: "Mit Geschwätz und Gered / Man keinen Wagen aufladt," and "Frieden ernährt, Unfriede verzehrt!"[20] Wolf had already used such sayings

[17] Friedrich Wolf, Gesammelte Werke in sechzehn Bänden, Bd. 7, hrsg. von Else Wolf / Walther Pollatschek, Berlin 1960–1968, S. 276.

[18] Ebd. S. 269, 271, 276.

[19] Ebd. S. 290.

[20] Ebd. S. 269f.

in the same ironic fashion in the *Sprichwortsong* of *Wie stehen die Fronten?* [21] In the essay *Schöpferische Probleme des Agitproptheaters,* Wolf stated that most aphorisms – which are forced upon the public "durch die Kalender und die Schule" – express the mentality of the ruling class.[22] These platitudes further the cause of the societal elites by promoting the idea that one should be quiet and obedient. A third platitude which Christian cites (and which his wife Anna later mentions), "Wer recht sich müht, dem Recht geschieht!, [23] circulates the thought that life is fair, so people should remain "good". Christian loses confidence in the system when the *Gerichtsvollzieher,* instead of fulfilling the law (as per his title), ignores that law and demands to take the cow which was Christian's last source of income.

The mutiny in *Die Matrosen von Cattaro* and the murder in *Bauer Baetz* are clearly caused by the sailors' treatment at the hands of their officers and Baetz's treatment by the government, respectively. Likewise, Tai's fratricide in *Tai Yang erwacht* is predicated by her brother's actions of torturing her friend Wan and blocking their escape from Tschu Fu's house, and that murder in turn hastens and solidifies her turn to the revolutionary working class – although some scholars have labeled the motivation for this transformation unconvincing,[24] as will be shown. Ellen's crime of writing a bad check in *Die Jungens von Mons,* like her eventual disguise as a man, was prompted by the *Verwalter's* threat to evict her and her family from their apartment immediately if she could not delay him by writing the check. Wolf wrote his plays in a manner that made it virtually impossible to draw any conclusion other than that poor characters are forced into the crimes they commit for the sake of survival, as portrayed onstage. Because they have no choice but to act as they do, these poor characters are not ultimately responsible for their deeds. Their treatment at the hands of the higher classes under the capitalist system cause the poor to act the way

21 Ebd. S. 123f.

22 Wolf, Ausgewählte Werke XIII: S.44.

23 Wolf, Gesammelte Werle 7: S. 276, 285.

24 Cecylia Załubska, Der literaturtheoretische Werdegang Friedrich Wolfs im Spiegel seiner Dichtung. Poznań 1968, S. 90; Sacksofsky, Dramatik, S.161.

they do. Without the unfair treatment of the lower classes in these works, there would often be no play, as such treatment forces them into the actions which they would not otherwise undertake, and these actions propel the plot. The dramatic importance for these crimes in *Tai Yang erwacht* and *Die Jungens von Mons* is mentioned above, but these plays are not the only ones in which a crime that a working class character is forced to make is fundamental to the play itself. For instance, Christian Baetz would not have killed the *Gerichtsvollzieher* if Baetz had not been pushed to an extreme of poverty and despair; the sailors in *Die Matrosen von Cattaro* would not have mutinied had they been treated fairly; and Hete in *Cyankali* clearly did not want to have an abortion until she saw that she could not afford to raise a child, which Wolf makes clear by her initial decision to keep the child when she and her boyfriend Paul are still employed.[25] At the beginning of almost all of Wolf's dramas from this period, the lower classes have lost their subjecthood and have become objectified; they are not so much acting as being acted upon, which mirrors Wolf's perception of the actual political situation of the working classes in the last years of the Weimar Republic.

In *Cyankali*, crime is very prominent, much more so than in the other plays. The poor characters in *Cyankali* are often driven to crime. They commit these acts not because they are inherently inferior or immoral; as is the case in *Bauer Baetz* and *Die Matrosen von Cattaro*, the poor characters in this drama commit crimes, because they are forced to do so in order to survive. By revealing the social forces which cause the poor to commit crimes, Wolf exculpates these characters. The number of crimes or "criminals" Wolf presents in *Cyankali* helps impress upon the audience the reality of the crimes and the imposing statistics presented in the play's foreword, such as the 500,000 to 800,000 abortions a year, and 50,000 cases of illness resulting from *Fehlgeburten*.[26]

[25] Friedrich Wolf, Gesammelte Werke in sechzehn Bänden, Bd. 2, hrsg. von Else Wolf / Walther Pollatschek, Berlin 1960–1968, S. 286.

[26] Ebd. S.271f.

The most obvious crime in *Cyankali* is the abortion which Hete seeks for the greater part of the play and finally receives. Hete initially wants to have the baby, but when both Paul and she lose their jobs, she knows they cannot financially support a child. *Cyankali* is "[…] keine Rechtfertigung von Abtreibungen, sondern es tritt stattdessen für eine soziale Ordnung ein, die Abtreibungen überflüssig macht. Dazu meint Wolf noch 1947: 'Der § 218 sollte nicht abgeschafft, sondern überflüssig werden […]'".[27] Wolf is partially attempting to change the abortion law, but in a more fundamental sense, his goal is to reveal that society forces its members into certain roles and into acts which they would otherwise not undertake.

Hete's abortion is hardly the only crime the working class characters commit in *Cyankali,* and Wolf shows that society also drives them to these crimes. Almost every character in the play, whether working class or not, commits some type of crime: theft, receiving stolen property, or taking some part in an abortion. The last of these dominates the play. Sabine Schroeder-Krassnow notes that four of the six female characters in *Cyankali* are pregnant, while "[…] all of the women in the play somehow or other face the question of abortion".[28] Furthermore, Hete, the Doctor, Paul, Madame Heye, Prosnik, the *Dame* and Mutter Fent are all guilty of having, or helping with abortions, though these characters have different motivations for breaking the anti-abortion law. Madame Heye, Prosnik and the Doctor all use their ability in facilitating abortions to profit from the abortion law. The *Dame* does not want to have to undergo the burden of a pregnancy, while Hete and Paul feel that Hete needs to have an abortion because they cannot afford to raise a baby. The cumulative effect of these abortions and the large percentage of characters who engage in the abortion process demonstrate the essentially problematic nature of the abortion law *Paragraph 218* under the capitalist system. Pregnant women may want or need to have an abortion, and the financial incentive to help facilitate abortions

27 Müller, S. 188.

28 Sabine Schroeder-Krassnow, The Changing View of Abortion. A Study of Friedrich Wolf's *Cyankali* and Arnold Zweig's *Junge Frau* von 1914. Studies in Twentieth Century Literature 4 (1979): S. 36.

tempts many people to do so, thereby making these people criminals. Kurt Merkel notes that the anti-abortion law as a practical matter only affected the proletariat – the ones who often needed abortions the most.[29] Wolf depicted this disparate application of the law in the play itself inasmuch as the *Dame* has easy access to the desired abortion via the Doctor, while the working-class Hete cannot obtain one from this same physician due to her poverty.[30] Through the depiction of the flawed and inherently unjust application of this *Paragraph 218*, Wolf demonstrates the need to change the abortion law and the class system under which this law functions.

In this same play, Wolf devotes considerable space to the crime of theft and shows how it is at times linked with the abortion problem. Such is the case with the pregnant Frau Klee. She is a thief, taking first some bread, potatoes and an egg from Hete, then later in this opening scene she steals milk from Paul, even though he had just given her some food. Wolf establishes that she does this because of her children's and her own hunger. Similarly, Max goes to the doctor in the fourth scene, claiming to be injured in order to get disability money after not being able to work for several weeks. The doctor therefore believes that Max and the other seven men who had already seen him for the same reason that day are stealing from the state. Also, while Paul is the victim of Frau Klee's minor theft in the first scene, in the third scene he is the one who steals, robbing the canteen with Max in order to feed himself and his neighbors.

While Max and Paul's theft is important as a further example of poverty forcing these people into criminality, Mutter Fent's reaction to the theft proves even more enlightening. When, after not having worked for weeks, Paul and Max come in with a large amount of food, Mutter Fent is naturally suspicious and asks Paul whether they stole the food. When she discovers that the food was stolen, she stands up from the table and protests: "Fünfzig Jahre bin ich ehrlich gewesen;" "Und jetzt haste Hunger" is

29 Kurt Merkel, Der Beitrag Friedrich Wolfs zur Proletarisch-Revolutionären Deutschen Dramatik. Diss. PH Potsdam, 1962, S. 79f.

30 Bettina Schutkowski, Friedrich Wolfs Drama *Cyankali. § 218.* Anmerkungen zur Problematik des Abtreibungsparagraphen. Volkshochschule Neuwied, S. 170.

Frau Klee's reply.[31] It is also Frau Klee who later notices that Mutter Fent is quite heartily eating that stolen food. Mutter Fent is a woman who has been "honorable" her whole life, but in just a few weeks, as the hard times become harder still, she is at the point where she knowingly and willingly takes stolen property. Mutter Fent's claim that she has been honorable for fifty years further reminds members of the audience or the reader of the photo of Vater Fent, wearing his medal of service that is described in the stage directions at the beginning of the first scene. The picture gives Mutter Fent's claim of respectability here extra credence, as her husband had been honored for 25 years of faithful service. The audience sees that she eats the stolen food even though, as a product of a bourgeois morality, she is against it on principle.[32] Wolf here portrays the difficulty of remaining moral when "[…] die Rippen durch die Haut spießen!"[33]

As in *Cyankali*, financial pressures force characters in *Die Jungens von Mons* to illegal acts. Ellen Celloc is the character most prominently driven to desperate measures by her financial status in the latter play, but she is not the only one. Wood tells about himself, depicting how he also was driven to crime: "WOOD: … acht Semester studiert, altem Herrn geht plötzlich die Luft aus… Wood junior macht Hilfsheizer, das Werk schließt… Eintänzer in der Gloriabar, die Garderobe genügt nicht… schwarze Möbelfuhren, wurde von Kollegen verpfiffen…".[34] In this brief section, Wolf once again reveals the instability inherent in a capitalist society. He shows a character destined for a stable profession and high social position who has his promising future taken away from him by a stroke of fate. Taken alone, the simple telling of this story would leave some impression on the audience, albeit not as much as showing such acts onstage. It does however serve excellently to reinforce Ellen's acts, interpreting and underscoring

31 Wolf, Gesammelte Werke 2, S. 305.
32 Sacksofsky, Dramatik, S. 52.
33 Wolf, Gesammelte Werke 2, S. 302.
34 Friedrich Wolf, Gesammelte Werke in sechzehn Bänden, Bd. 3, hrsg. von Else Wolf / Walther Pollatschek, Berlin 1960–1968, S. 208.

both her and Wood's criminal acts as ones committed out of necessity, while also demonstrating that the poorest members of the working class are not the only ones who are affected by the caprice of a capitalist economy. Furthermore, in having Wood be a former *Heizer*, Wolf draws parallels to both Paul and Christian Schulze in *Cyankali*, intertextually emphasizing the financial instability in capitalism. Inasmuch as *Cyankali* had been very popular and controversial (and because there were barely two years between the premieres of these two plays), many audience members would be able to make this connection, as well as the further connection to the relatively numerous instances in the earlier play in which the characters are driven to crime by circumstances that are beyond their control. Wolf was also very adept at reinforcing and repeating his main points intratextually, particularly in *Cyankali* and *Tai Yang erwacht*. A cumulative effect of several themes, such as poverty, hunger, and unemployment, in these dramas builds upon and emphasizes those themes.

Wood's story also contributes to the theme of prostitution common to many of the plays. Just as Wood was forced by his financial straits to become an *Eintänzer*, the protagonists of *Cyankali, Tai Yang erwacht* and *Die Jungens von Mons* are all pressured to become prostitutes. In *Tai Yang erwacht*, Tschu Fu regularly takes a girlfriend whom he selects from among his workers, sleeps with her, and gives her money and gifts. Tai has to become factory owner Tschu Fu's *Freundin* in order to take the place of her sister Ma, whom Tschu Fu had initially chosen. He then takes Tai from her family's tiny hut to live with him in his bungalow, gives her beautiful clothes to wear, any present she wants, and enough money to hold a feast for her family and friends and give them presents. Tai assumes this role fully aware of its consequences and benefits: Tai, Ma and their fellow workers all know what happens to Tschu Fu's girlfriends. Despite all the financial benefits, Tai does not take this job willingly. She clearly does not want to do it, but she does so in order to save her 12-year-old sister Ma from Tschu Fu. Her co-workers deride her for trying to catch Tschu Fu's attention:

„TAI:... wenn ihr mit mir tauschen wollt? Na, Sy, Li, Han... Bitte!?

HAI: Sie hat Recht, wenn sie muß!“[35]

Tai's becoming a type of prostitute here demonstrates the control the upper class has over the lower class. Both Tai and Ma need to earn money in order for their family to survive. They cannot quit working in Tschu Fu's factory because of their family's financial situation and must yield to the pressure that he asserts. One of these two girls has to become his mistress, and Tschu Fu places Tai in a position where she has to sacrifice her body and act against her will in order to protect her sister. Dramatically, Tai becoming a type of prostitute provides part of the motivation for joining the Communist side by the end of the play. She becomes close enough to Tschu Fu to witness how he has her friend Wan tortured, and she despairs when she discovers that she was unable to save her sister: Tschu Fu has taken Ma as one of his girlfriends. If perhaps Wolf does not supply a universally convincing motivation why Tai Yang becomes a Communist by the end of the play, he provides a motivation for her to hate and to act against Tschu Fu, which at least tactically aligns her with the Communist party.

Societal forces also exert influence on the main character of *Die Jungens von Mons* to become a prostitute. *Verwalter* Donnog pressures Ellen to sleep with him in order to stop him from evicting her. If she has sex with him, he will forgive the back rent, or more likely give her a reprieve. The extra time would give her an opportunity to get a job, and Donnog in fact offers to recommend her for a job he has in mind if she will sleep with him. Furthermore, the implication is that the job for which the *Verwalter* offers his recommendation is that of a prostitute. Thus he intends not only to sleep with her in exchange for possible financial remuneration, but also to turn her into a prostitute in the truest sense of the term. If Ellen had employment and sufficient money to pay for her meager dwelling and other basic needs, the *Verwalter* could not hold this type of force over her. Unlike Tai Yang, Ellen does not submit to the pressure to exchange sex for financial gain, but she has to take drastic measures to resist this pressure. She first has to commit the alternate crime of passing a bad check, and she later

[35] Wolf, Gesammelte Werke 3, S. 115.

has to forfeit her own sexual identity and pose as a man in order to support her family and avoid prostitution. Despite fending off becoming a prostitute, she is called one nevertheless in the third scene. The *Verwalter*, who has let himself be deceived and embarrassed by Ellen, tells her son Jim: “Du gehörst ins Gefängnis wie die Schlampe!”[36] In the world of Wolf's drama, and especially in *Die Jungens von Mons*, names and what people are called are of great importance. The fact that Ellen is called a *Schlampe*, even though she makes it clear that she neither is nor will become one, is therefore particularly notable. She is, in a sense, made into a prostitute despite all her efforts not to be one. Furthermore, in becoming Captain Campell and helping the wealthy industrialists Ramsbotton, Craik et al. against the working classes, she morally prostitutes herself to the upper classes. Through the prostitution theme in *Die Jungens von Mons*, Wolf demonstrates how social demands force members of the working class to act against their will. Even though Ellen tries not to break the law or moral code, circumstances compel her to do so.

As in *Tai Yang erwacht* and *Die Jungens von Mons*, economic pressures in *Cyankali* bring the protagonist to the verge of prostitution. When Hete desperately tries to find a way to get an abortion, Prosnik offers her his assistance if she will let him have his way with her. Even though Prosnik disgusts her and she hates him, Hete is at the point of agreeing to his offer when Paul comes in and attacks him. Furthermore, the idea of Hete's body being a commodity is evident from the first moments of the play: Frau Klee believes that Hete will be a *Dauerverdiener* because she is attractive and the men in power will keep her employed because of that.[37] Her opinion is confirmed when Hete tells her mother of the praise of the *Generaldirektor* and his invitation to come with him to the sea, ostensibly as help for his wife. Inasmuch as Hete's pregnancy will make her gain weight, she will become less attractive to men, thereby endangering her job. Therefore she will likely get fired or demoted back to the *Sortierband* or the *Packraum*

36 Wolf, Gesammelte Werke 3, S. 219.
37 Wolf, Gesammelte Werke 2, S. 281.

in order to make room for the next attractive young girl, just as Tschu Fu uses one girlfriend for as long as she is desirable to him, then abandons her for the next one.

Not only women, but rather all workers are forced into prostitution in a metaphorical sense. One of the few wares, perhaps the only one, the lower classes possess is their body. They invariably hire out that ware in some form, generally as workers who have to live off their manual labor, such as the women in *Tai Yang erwacht* or the "stramme Jungen" Paul and Max in *Cyankali*. In the words of Marx and Engels: "[...] labourers [...] must sell themselves piecemeal, are a commodity, like every other article of commerce".[38] Military service, like that of the *Jungens von Mons* or the sailors in *"Krassin" rettet "Italia"* and *Die Matrosen von Cattaro*, is another means of renting out or even giving one's body – often at the meanest and most objectified level as cannon fodder. According to Wolf: "Für den werktätigen Menschen des Maschinenzeitalters ist die Erhaltung der Gesundheit, die Erhaltung seiner Nerven- und Arbeitskraft Voraussetzung jeder Leistung. Sie ist sein einziger wirklicher Besitz.[39] However, obviously and invariably, the body breaks down, whether due to old age, sickness, hunger, accident or other factors. The body becomes less and less useful with time. Several times over the course of these plays, Wolf portrays what occurs once a person is considered of no further use: the elites cast them aside. "[L]abourers [...] live only so long as they find work, and [...] find work only so long as their labour increases capital".[40] When Han becomes sick in *Tai Yang erwacht*, Tschu Fu sends her away, to have another worker take her job. Tschu Fu treats his *Freundinnen* the same way: "LI: Der schwarze Gorilla nimmt die Mädchen, preßt sie wie Orangen und wirft die trockenen Schalen weg".[41] When the *Jungens von Mons* have accomplished their task in the play of that title, the industrials disband this organization,

38 Karl Marx / Friedrich Engels, The Communist Manifesto, hrsg. von David McLellan, übers. von Samuel Moore, Oxford 1992, S. 9.

39 Wolf, Ausgewählte Werke XIV: S. 62.

40 Marx/Engels: S. 9.

41 Wolf, Gesammelte Werke 3, S. 115.

leaving its members poor and unemployed just as they were before joining the group, reconfirming that the individual only bears value to the degree that she or he serves the purposes of the upper class.

With the *Christian-Schulze-Lied*, a song sung several times in *Cyankali*, Wolf most clearly depicts the way in which financial circumstances can lead a person to crime and ruin. The titular character has similarities to Paul and other characters in this play:

> „Der Heizer Christian Schulze, sonst ein rechtlicher Mann, / Eines Tages er zu seiner Arbeitsstelle kam; / Betriebseinschränkung! – Er ward nochmals entlohnt …“[42]

Like Paul, Christian is a stoker who loses his job. Like Max and several other workers, Christian's solution is to try stealing money from the state. Max pretends to be disabled in an attempt to receive disability money, whereas Christian legitimately receives disability money because of an illness, but he changes the dates in order to get more money. Christian's future looks dark for him once it is known that he is a criminal:

> „Der Heizer Christian Schulze, ein Betrüger von Rufe, / Schnell sank er jetzt tiefer von Stufe zu Stufe: / Er stahl, stach, schoß, bekam sehr schlechte Manieren, / Drei Schupos killte er, hatte nichts zu verlieren“[43]

Christian's life goes into a downward spiral after he is sent to trial for fraud. Once he acquires a reputation of being a criminal, he ends up becoming a proper criminal: stabbing, robbing, shooting and murdering. This man who had to go on the dole in order to care for himself, his wife and his children – surviving for a year on eighteen Marks a week for seven people – was driven to an act of desperation which ruined his life. While it only takes Max a few weeks of hunger before committing criminal acts in the

[42] Wolf, Gesammelte Werke 2, S. 302, 330.
[43] Ebd., S. 306.

play, his fate will be similar. Even when half of the workers are let back on the job in the seventh scene, he knows that the bosses will not allow him to work there again: the people who were with Paul during the break-in at the canteen have little chance of employment.[44] Fitting for a man whose future is likely to follow a path similar to Christian's violent life, Max's last words in the play are a death threat to Prosnik: "Und Sie Arsch mit Ohren, Sie knistern die nächsten Tage vielleicht im Sarge! Mahlzeit!"[45]

Wolf associates Christian Schulze with the characters in the play as well as with the audience, and he makes the association explicit in the refrain: „Klar Mensch! / Mit Christian Schulze die Operation begann, / Morgen kommen auch du und ich daran …"[46]

After everyone stops singing at the second refrain, Frau Klee reacts to one of the song's lines, saying: "Morgen kommen auch du und ich daran… Du, das ist schon kein Lied mehr".[47] She alludes to the analogy between events in the song and the situation of herself and the other characters onstage. The song reminds those onstage, and, of course, those in the play's audience, that the economic situation of the characters in this play are not exceptional cases, but quite common (Riley 319).[48] While the verses of the song are being sung, the audience connects the song with the characters in the play. With the refrain, the play's audience or readers also connect themselves – the "du und ich" – with the song, as do the characters onstage, as Frau Klee shows. This process of multiple associations interlocks three levels of identification: it joins Christian Schulze in the song, the characters in the play (which also make up the song's audience), and finally the play's audience. This multi-leveled effect reinforces and heightens the identification between all three. By thus intensifying identification between the play's characters and its audience, Wolf increases the dramatic

[44] Ebd., S. 331
[45] Ebd.
[46] Ebd., S. 302, 303
[47] Ebd., S. 303.
[48] Kimberley Page Riley, Directing the Revolution. Political Theater and the Professional Stage in Berlin 1919–1933. Diss. Johns Hopkins U 1995, S. 319.

impact of the play which can in turn increase the persuasive impact of the work.

By repeatedly demonstrating how capitalist society causes crimes as varied as mutiny, abortion, theft, and murder, Wolf frames capitalism as a problem. Of course, Wolf also used other means to establish the social situation as a problem. He brings to light the meagre conditions of the working class and represented the ubiquitous threat of unemployment in his dramas. He likewise uncovers the victimizers in this society and illuminates how they cause and/or exacerbate the problem. Social movement persuaders such as Friedrich Wolf have to meet more than just one requirement. Wolf attempted to do so. He tried not only to present a definite social problem onstage, but also to perform other rhetorical functions for the Communist movement, such as depicting his movement as the solution to that problem, and providing a vision for the future.

For a more in-depth treatment of this topic, see my dissertation, *Redefining Reality: Friedrich Wolf as Communist Movement Rhetor*. This dissertation deals with the many requirements and restrictions facing Wolf in his role as a movement persuader. It demonstrates how the strengths and weaknesses of the German Communist message at that time affected Wolf's success in spreading that message. Perhaps most importantly, the dissertation provides an examination of the ways Wolf simultaneously navigated the role of movement rhetor and dramatist, and the extent to which the two roles prove compatible.[49]

[49] John Littlejohn, Redefining Reality. Friedrich Wolf as Communist Movement Rhetor. Diss. U of Kansas, 2008.

Hermann Haarmann

„Wer schreibt, handelt!"

Deutsche Presse im Exil (1933–1945)

Als Adolf Hitler im Januar 1933 die Macht im Staate angetragen wird, wird offizielle Politik, was zuvor eher skeptisch bis reserviert belächelt oder gar leichtfertigerweise völlig unterschätzt wird. Obwohl niemand ob des radikalen Bruchs mit der durchaus brüchigen Demokratie der Weimarer Republik, der mit der Bestellung Hitlers zum Reichskanzler statthat, im Zweifeln hätte sein sollen, ist eine gewisse Ignoranz der Eliten zu beobachten. Ganz offensichtlich ist die politische wie besonders die literarisch-publizistische Avantgarde von einem längerfristigen Erfolg der neuen Machthaber wenig überzeugt. Eine Fehleinschätzung, die sich bitter rächen sollte. Bereits 2 Jahre zuvor, im Januar 1931, warnt der bedeutende Berliner Theaterkritiker der 1920er und 30er Jahre Alfred Kerr in der kommunistischen, von Willi Münzenberg verlegten Zeitung *Welt am Abend* unmißverständlich und auf der Titelseite: „Gebt euch keiner Täuschung hin." Von den Nazis habe man zu erwarten: „Die Durchlöcherung der Ethik: a) durch grundsätzliches Brechen des gegebenen Worts (Kriegslist gegen Landsgenossen, d.h. Sprachgenossen); b) durch Heuchelei im Programm: sie bekämpfen den Internationalismus ... äffen aber das Ausland; sie bekämpfen den Kapitalismus ... sind aber von Kapitalisten bezahlt; sie sind Patrioten

… riskieren aber Deutschlands Untergang (Bürgerkrieg; Außenangriff).“[1] Deutlicher kann man es nicht beschreiben! Die drei Affen scheinen das Sinnbild für den Niedergang der Weimarer Republik zu sein! Keiner hört, keiner sieht, keiner sagt was. Statt dessen sitzt man im Romanischen Café und bespricht die Revolution. Selbst Bertolt Brecht, der unter Assistenz von Freunden wie dem Philosophen Karl Korsch und dem Ökonom Fritz Sternberg in seiner Wohnung am Knie in Charlottenburg den Marxismus studiert, kauft noch 1932 ein Sommerhaus in Utting am Ammersee. Nun kann man einwenden: Es sind Intellektuelle, die zwar mit der Kommunistischen Partei sympathisieren, aber politisch-pragmatisch keinen Durchblick haben. Aber auch die sogenannten Realpolitiker aus dem reformistischen wie kommunistischen Lager scheinen von Blindheit geschlagen. Statt gemeinsam gegen den erstarkenden deutschen Faschismus vorzugehen, bekämpfen sich SPD und KPD bis aufs Messer (die Strafprozeßakten im Berliner Landesarchiv belegen das sehr eindrücklich und umfassend). Die fatale, auf Stalin zurückgehende These, nach der die Sozialdemokratie der Zwillingsbruder der NSDAP sei, vereitelt die dringend angezeigte Einheitsfront der Arbeiter gegen Hitler. Eine in sich gespaltene Arbeiterklasse überläßt den Faschistischen ohne jede Gegenwehr die Macht im Staate. Und auch mit der Inauguration Hitlers zum Reichskanzler ändert sich diese verhängnisvolle Politik in völliger Verkennung auch der neuen Lage nicht. Aus dem sowjetischen Exil schreibt beispielsweise der Politfunktionär Fritz Heckert jenen in die Geschichtsschreibung eingegangenen Abwiegelungsbrief an die Genossen im Dritten Reich, dessen Botschaft darin kulminiert, man

Die Welt am Abend

Mordprozeß Ulrich unter Ausschluß der Oeffentlichkeit

Die Vorgänge in der Blutnacht

Die Tat wird im Gerichtshof reproduziert

Gespräch mit Piscator

Bereit sein!

Von Alfred Kerr

[1] Alfred Kerr, Vergebliche Warnung, in: A.K., Die Diktatur des Hausknechts, Bruxelles 1934, pp. 95, 96.

könne schon bald aus Moskau zurückkehren, denn Hitler werde in kürzester Zeit abgewirtschaftet haben. Aus dieser „kürzesten Zeit“ werden 12 Jahre faschistische Diktatur werden mit einem an Brutalität und Menschenverachtung bisher ungeahnten Ausmaß. Aber ganz nebenbei ist die Theorie vom Sozialfaschismus inzwischen historisch wie theoretisch ad absurdum geführt, denn die Nationalsozialisten zerschlagen sowohl die SPD wie die KPD, von den Gewerkschaften zu schweigen. Erst auf dem VII. Weltkongreß der Kommunistischen Internationalen von 1935 und der darauf folgenden sogenannten Brüsseler Konferenz der Exil-KPD bei Moskau wird die bis dahin exekutierte Politik der Einheitsfront zugunsten der Volksfront aufgegeben. Zu spät!

Der Reichstagsbrand und die daraufhin einsetzende Politik von Verhaftung und Verfolgung führen zu einer ersten großen Fluchtwelle aus Deutschland. Besonders betroffen sind, neben den politischen Gegnern, diejenigen, die bislang für ein offenes, kritisches Wort eingetreten sind. Es sind die Schriftsteller, Literaten und Journalisten, die verantwortlich sind für den Glanz der sogenannten Goldenen Zwanziger Jahre der Weimarer Republik. Die unter dem faschistischen Regime als jüdisch-bolschewistisch verunglimpfte Presse wird verboten, und ihrer Vertreter werden ins Exil getrieben. Zeitungen und Zeitschriften müssen sich im Exil neu gründen und formieren, einige wenige retten wenigstens ihren Namen und ihre Haltung. Aus der *Weltbühne*, herausgegeben von Carl von Ossietzky, eines der ersten Opfer des Nationalsozialismus (Sie kennen das berühmt-berüchtigte Photo, das von Ossietzky im KZ Oranienburg zeigt), wird die *Neue Weltbühne* mit Sitz in Wien, dann Prag und schließlich Paris. Diese Geschichte suggeriert Kontinuität; indes Kurt Tucholsky, der wichtigste Beiträger aus Weimarer Zeiten, erhebt sofort dagegen Einspruch. „Daß unsere Welt in

Deutschland zu existieren aufgehört hat, brauche ich Ihnen wohl nicht zu sagen", so in einem Brief vom 11. April 1933 an Walter Hasenclever, „und daher: Werde ich erst amal das Maul halten. Gegen einen Ozean pfeift man nicht an."[2] Tucholskys Gegenrede gegen „dieses törichte Weitergemache" im Exil findet kaum Gehör. Resignation bis hin zur Selbstaufgabe scheint in der Regel allerdings für die Betroffenen auch nicht die Lösung. Und doch müsse „Selbsteinkehr" stattfinden und „eine Selbstkritik vorgenommen werden, gegen die Schwefellauge Seifenwasser ist."[3] So der kategorische Imperativ des Kurt Tucholsky. Es gelte also eine neue realistische Basis zu schaffen, von der aus Versuche für eine erfolgreiche, die gesellschaftlichen Veränderungen zur Kenntnis nehmende Exilpublizistik nur unternommen werden könnten. Doch der inzwischen ins Schweigen verfallende Tucholsky steht nicht zur Verfügung. Willi Schlamm übernimmt deshalb für kurze Zeit das Blatt, ehe Hermann Budzislawski, der sich der Witwe des Gründers Siegfried Jacobsohn angedient hat, nicht ohne dabei Schlamm immer wieder und sehr sublim des Trotzkismus bezichtigen zu haben, die *neue Weltbühne* unter dem Banner des Sozialismus, sprich: im Sinne der kommunistischen Exil-Partei, in ruhigeres Gewässer geleitet.

Nun gibt es, historisch betrachtet, durchaus unterschiedliche Praxen, im Exil zu publizieren oder politisch konkreter: antifaschistisch zu agitieren. Denn das versteht sich fast von selbst: Die, die Deutschland rechtzeitig verlassen haben, wollen, sofern sie nicht derart desillusioniert sind wie Tucholsky, aufklären. Und Aufklärung tut not! Um Ihnen ein besonders drastisches Beispiel völliger Unkenntnis über die neuen Verhältnisse in Deutschland zu nennen, ist ein Blick in die Sowjetunion nützlich. Gerade die gestandenen Kommunisten, die ins Mutterland des realen Sozialismus emigrieren, sind besonders irritiert, daß man dort Adolf Hitler für den neuen Kaiser hält. Hier gegenzuhalten, ist eine Sisyphusarbeit. Und ich darf in der Chronologie der Geschichte vorgreifen, wenn ich er-

2 Kurt Tucholsky, Brief an Walter Hasenclever, 11. April 1933, in K. T., Briefe. Auswahl 1913 bis1935, hrsg. von Roland Links, Berlin/DDR 1983, S. 269.

3 Kurt Tucholsky, Brief an Arnold Zweig, 15. Dezember 1935, ebd. S. 574.

wähne, welcher Schock auf die in die Sowjetunion Exilierten wartet mit Abschluß des sogenannten deutsch-sowjetischen Nichtangriffspakts. Der will publizistisch verarbeitet werden: Es ist ein gewisser Walter Ulbricht, der ab sofort die Freundschaft zwischen dem russischen und deutschen Volk in der kommunistischen Parteipresse feiert und nun den britischen Imperialismus als gemeinsamen Feind aufruft. Aus der damit einhergehenden Schockstarre erlöst die deutschen Flüchtlinge in der SU erst 1941 der Überfall der faschistischen Truppen; damit sind die Koordinaten, unter denen das sowjetische Exil gewählt wurde, wieder aufgerichtet und bestätigt. Die Schizophrenie einer unbegründeten Flucht aus Deutschland ist beendet.

Die ins Exil Vertriebenen versuchen zunächst, geographisch möglichst nah an der alten Heimat zu bleiben. Denn nicht jeder ist einer fremden Sprache so mächtig, daß er sogleich in ihr druckreif veröffentlichen könnte. Deshalb sind besonders das deutschsprachige Ausland erste Anlaufstellen: Österreich und die Schweiz und Städte mit prägenden Anteilen deutscher Kultur wie Prag, Odessa, Moskau oder Paris mit einer bedeutenden Exilgemeinde. Die großen Metropolen ziehen die Flüchtlinge wegen ihres kosmopolitischen Klimas an, und dort sehen die Publizisten, Literaten und Schriftsteller deshalb Möglichkeiten, in die publizistische Öffentlichkeit zu gehen. Neugründungen oder Fortschreibung von Zeitungen und Zeitschriften sprießen in die Höhe. Eine tägliche Zeitung herauszubringen, ist und bleibt jedoch ein schwer zu kalkulierendes Wagnis. Das *Pariser Tageblatt* (1933-1940) ist ein Beleg für derart anspruchsvolles und doch auch in seiner Wirkung eingeschränktes Engagement deutscher Publizisten. Nach dem Vorbild des *Berliner Tageblatts* sollen aktuelle Politik, Kommentar, Veranstaltungskalender, selbst Sport und Anzeigen normalen journalistischen Alltag suggerieren. Ein

HEUTE: FILM DER WOCHE

Pariser Tageblatt

Chefredakteur: GEORG BERNHARD

Jeffitschs Programm

Verständigungspolitik nach aussen und innen

Zauberkreis Paris

LOU ERNST

Mein, sein, dein Kampf

Was verdient Adolf Hitler?

Das Gehalt des „Reichsführers" – Der Wohltätigkeitsbluff für die Oeffentlichkeit

Europa an der Jahreswende

Pariser Tageszeitung

6 HEUTE SEITEN 6

GEORG BERNHARD

Friedensnobelpreis für Ossietzky

Ehrung des deutschen Friedens- und Freiheitskämpfers – Der gerechte Spruch von Oslo empört die braunen Machthaber

Eine Erklärung von André Gide

THOMAS MANN,

Unser erster Sieg

Von HEINRICH MANN

Triumph des Weltgewissens

Von GEORG BERNHARD

Unterfangen, das schwerlich auf die Dauer gelingen kann, weil „nahezu alle journalistischen, organisatorischen und materiellen Voraussetzungen“[4] fehlen. Abgeschnitten von den Presseagenturen, vom Informationsaustausch in und mit Deutschland ist die Redaktion verweisen auf Nachrichten aus zweiter Hand. Man wird Lieselotte Maas, der wir das vierbändige *Handbuch der deutschen Exilpresse 1933–1945* verdanken, wohl zustimmen müssen, wenn sie diese Zeitung als Boulevardblatt bezeichnet. Allerdings sollte man dem Projekt zugute halten, daß sich überhaupt ein Verleger und exilierte Mitstreiter für eine deutschsprachige Tageszeitung in Paris engagieren. Die Kabale der Redakteure mit ihrem Chef Georg Bernhard an der Spitze gegen den Verleger Vladimir Poliakoff, den man zu Unrecht beschuldigt, die Zeitung heimlich an einen Strohmann Hitlers verkaufen zu wollen, gleicht einem regelrechten Coup d'État: Über Nacht, genauer vom 11. auf den 12. Juni 1936, wird aus dem *Tageblatt* die *Pariser Tageszeitung*. Durch kriminelle Machenschaften aus den eigenen Reihen (Überfall auf die Druckerei, Zerstörung der Büros, Raub der Abonnentenkartei) steht Poliakoff vor dem Ruin, seine Rehabilitierung gelingt nicht.

„Wer schreibt, handelt!“ markiert das Motto der *Neuen deutschen Blätter*, die in Prag von 1933-1934 erscheinen. Abgesehen davon, daß es grammatikalisch korrekt hätte heißen müssen: wer schreibt, der handelt, trifft der Satz, diese Ellipse, die Losung sehr genau, unter der die Redaktion von *** (Berlin)[5], Oskar Maria Graf, Wieland Herzfelde und Anna Seghers eine marxistisch orientierte Literaturzeitschrift ins Leben ruft. Das intendierte, ästhetische Programm erinnert nicht zufällig an eine prominente Formulierung aus der Weimarer Zeit, die eine dezidiert politische Fundierung von Literatur propagiert: „Kunst ist Waffe!“ Friedrich Wolf legt 1928, dem Jahr seines Beitritt zur KPD, eine Broschure mit gleichna-

4 Lieselotte Maas, Kurfürstendamm auf den Champs-Elysée? Der Verlust von Realität und Moral beim Versuch einer Tageszeitung im Exil, in: Exilforschung. Ein Internationales Jahrbuch, Bd. 3, S. 107.

5 Hinter den 3 Sternen verbirgt sich Jan Petersen, ein Schriftsteller, der in Berlin eine illegale Schriftstellervereinigung leitet. Auf dem Internationalen Schriftstellerkongreß zur Verteidigung der Kultur 1936 in Paris ist er der „Mann mit der Maske“.

migen Titel vor, in der er sein Programm für eine politisch aktivierende Ästhetik zusammenfaßt: „Ein Dichter, der heute noch l'art pour l'art: ‚die Kunst um des ästhetischen Spielens willen‘ vollführt, dieser Verse- und Szenenbastler, er ist in unserer Zeit der Arbeitslosenheere, der Mütterselbstmorde und Abtreibungsparagraphen, der Wohnungsnot, Grubenunglücke und Eisenbetongerüste ein Ziseleur, ein Filigranschmied [...], aber kein Dichter, der unseren Tagen etwas zu sagen hat!“[6] Wolfs Abwehr solch eines Ästhetizismus trägt deutliche Züge des ungeduldigen Zeitdichters, der jeden Rückzug aus der gesellschaftlichen Wirklichkeit als Versagen, als Verrat empfindet. Echte Kunst könne mithin nur politische Kunst sein. Der Zeitbezug von Dichtung funktioniert Kunst zum gesellschaftskritischen Kommentar um und verwischt damit die Grenzen zwischen Literatur, das ist Kunst, und Publizistik, die ja zuerst ihrer Aufgabe nachzukommen hat, durch Analyse und treffende Beschreibung in die Öffentlichkeit hineinzuwirken. Die Weimarer Republik ist reich an Konflikten, die den politisch Engagierten auf den Nägeln brennen. Erwähnt sei hier nur die immer wieder hochkochende Debatte um den sogenannten Abtreibungsparagraphen. Wolf nimmt dazu mit seinem Drama *Cyankli* Stellung, Erwin Piscator springt ihm sozusagen bei mit der Inszenierung von Carl Credés *§ 218*. Piscator und Wolf sind mit ihrem Versuch einer in die Gesellschaft eingreifenden Kunstpraxis nicht allein. Ihnen gesellen sich aus unterschiedlichsten Bereichen Künstler hinzu: der Dramatiker Bertolt Brecht, der Komponist Hanns Eisler, der Photomonteur John Heartfield und der Theoretiker Walter Benjamin. Sie alle arbeiten mehr oder weniger

6 Friedrich Wolf, Kunst ist Waffe, in: F.W., Gesammelte Werke, hrsg. von Else Wolf und Walther Pollatschek, Berlin u. Weimar 1960ff. Bd. 15, S. 87.

im Banne jener frühen Beispiele einer, die gesellschaftliche Umgestaltung mitformenden Kunst und Kultur im Gefolge der siegreichen Oktoberrevolution in der Sowjetunion. Dafür stehen Namen wie El Lissitzky, Sergej Trejakow, Vladimir Majakowski, Wsewolod Meyerhold, Sergej Eisenstein oder Dsiga Wertow. Die Euphorie, daß eine künstlerische Praxis wie die der russischen Freunde gleichsam den Beweis für die Trifftigkeit einer politischen Ästhetik erbracht hat, führt zu einem künstlerischen Format, das mit Werner Mittenzwei[7] unter dem Begriff der Materialästhetik gefaßt werden kann. „Material“ meint das, was die Gesellschaft vorrangig als Themen zur ästhetisch-politischen Kommentierung liefert; „Ästhetik“ zielt auf die gestalterische Umsetzung eben dieser, von der Gesellschaft bereitgestellten Gegenstände. Das Programm der Materialästhetik verspricht, sich produktionstechnisch einfacher umsetzen zu lassen, als es letztlich dann exsekutiert werden kann. Denn allemal droht für diese künstlerische Praxis eine inzwischen parteipolitisch geforderte Inanspruchnahme, die dem eigentlich künstlerischen Credo, der Wirklichkeit den Spiegel vorzuhalten, zuwiderläuft, weil Ästhetik, selbst als politisch fundierte, nicht mehr möglich ist.

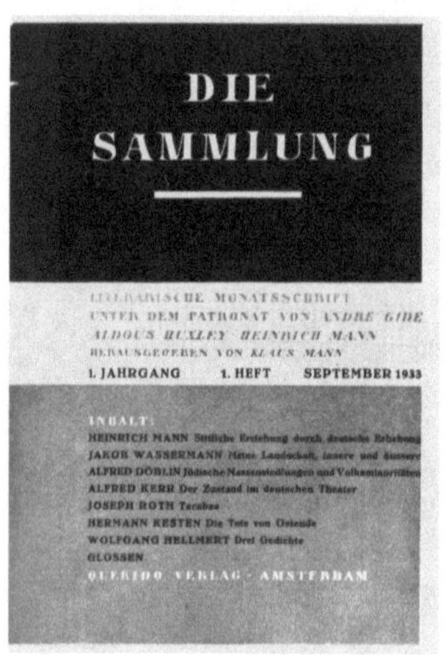

Inzwischen haben sich die gesellschaftlichen Verhältnisse radikal verändert; fast möchte man sagen so sehr, daß überkommene Ästhetik-Programme schlagartig außer Kraft gesetzt scheinen. Mittenzweis Untertitel zielt in diese Richtung, wenn er bei der Materialästhetik nach der „Illusion oder versäumte Entwicklung einer Kunstrichtung“ fragt. Denn jetzt, d.h. mit dem Januar 1933, steht der Antifaschismus auf der Tages-

[7] Werner Mittenzwei, Brecht und die Schicksale der Materialästehtik, in: Dialog 75. Positionen und Tendenzen, Berlin/DDR 1975, S. 9ff.

ordnung. „Die *Neuen Deutschen Blätter* wollen ihre Mitarbeiter zu gemeinsamen Handlungen zusammenfassen und die Leser im gleichen Sinn aktivieren. Sie wollen mit den Mitteln des dichterischen und kritischen Wortes den Faschismus bekämpfen. In Deutschland wüten die Nationalsozialisten. Wir befinden uns im Kriegszustand.“ Und man scheut sich auch nicht vor deutlichen Worten zurück: Wer eine derartige Zurichtung von Literatur ablehne, neutralisiere die aufklärerische Macht von Literatur im antifaschistischen Kampf. [...] Schrifttum von Rang kann heute nur antifaschistisch sein [im Original: kursiv].“[8] Mit Beginn der faschistischen Diktatur scheint die Übereinkunft allgemein, daß nunmehr die politische Funktionalisierung des Worts auf der Tagesordnung steht. Und: Wer jetzt unentschieden bleibe, schwäche die antifaschistische Front. Es ist eine große Enttäuschung, als Klaus Mann in Amsterdam die *Sammlung* (nomen est omen) aus der Taufe hebt, die natürlich glänzen soll mit jenen illustren Namen, dessen erster der seines Vaters ist, und dieser nach Einspruch des Verlegers in Deutschland sich zurückzieht. Thomas Mann schielt nach dem deutschen Publikum, und es bedarf der insistierenden Agitation der Tochter Erika, daß der Nobelpreisträger politisch eindeutig Position bezieht. Aber: „Der werfe den ersten Stein!“ Thomas Mann wird dann aus dem amerikanischen Exil eine besondere Form der Exilpublizistik realisieren: Ich meine seine zwischen 1941 und 1945 gesprochenen BBC-Reden *Deutsche Hörer*, ein Dokument höchst einprägsamer, weil sprachlich brillanter Agitation. Und da ich gerade dabei bin: Die BBC hat in ihrem Deutschen Dienst ein weiteres, sehr interessantes und vielleicht sogar propagandistisch relevanteres Format auf Sendung: *Frau Wernicke.* Die Figur der Berliner Hausfrau Wernicke kommentiert mit dem typisch Berliner Idiom die Zeitgeschichte, ganz in der Tradition von Tucholskys *Herr Wendriner*-Geschichten.

Doch schnell wieder einen Schritt zurück ins Jahr 1933, denn es lohnt sich, noch einmal in die Entstehungsgeschichte der *Sammlung* zu schau-

[8] Zit. nach Wieland Herzfelde, Vorwort, Neue Deutsche Blätter, Prag 1933-1935. Bibliographie einer Zeitschrift, Berlin und Weimar 1973, S. 7f.

en. Der Querido Verlag Amsterdam betraut Thomas Manns Sohn Klaus unter dem Patronat von André Gide, Aldous Huxley und Heinrich Mann mit der Herumgabe. Ihm zur Seite steht der Emigrant Fritz H. Landshoff, ehemals in der Leitung des Kiepenheuer Verlag in Leipzig. Als Leitlinie wird proklamiert: „Diese Zeitschrift wird der Literatur dienen, das heißt: jener hohen Angelegenheit, die nicht nur ein Volk betrifft, sondern alle Völker der Erde." Und dann folgt ein Satz, der nach dem ersten Erscheinen besonderes Gewicht bekommen sollte: „Eine literarische Zeitschrift ist keine politische."[9] Denn nachdem die Reichsstelle zur Förderung des deutschen Schrifttums im *Börsenblatt des deutschen Buchhandels* ausdrücklich vor möglicher aggressiver Unterwanderung aus dem Exil warnt und dabei namentlich die *Sammlung* erwähnt, sehen sich die noch in Deutschland geschäftlich operierende Verleger gezwungen, ihre Autoren zurecht zu weisen – und das mit Erfolg. Thomas Mann kabelt: „Kann nur bestätigen, daß Charakter erster Nummer Sammlung ihrem ursprünglichen Programm nicht entspricht." Und Stefan Zweig sekundiert nach Lektüre der Zeitschrift, er müsse zu seiner „größten Überraschung feststellen, daß es sich nicht um ein literarisches, sondern um ein größten Teil politisches Blatt handelt."[10] Wahrlich kein guter Start für eine Zeitschrift, die sich anschicken will, die aus Deutschland vertriebene Literatur und Publizistik unter einen Hut zu bringen. Es bleibt zu fragen, ob damit nicht schon das Ende eingeläutet ist.

Wie sieht es nun mit Zeitschriften aus, die durch den guten Ruf des Herausgebers vor derartigen Turbolenzen geschützt sein sollten? *Das neue Tage-Buch* des Leopold Schwarzschild scheint gefeit vor den klassischen Unbilden des Exils. Seine überaus integre Persönlichkeit steht ein für einen unabhängigen Journalismus; Schwarzschild läßt sich nicht vereinnahmen. *Das neue Tage-Buch* ist, wie schon das alte zuerst seine Zeitung. Kritisch, europäisch, weltoffen! Der liberalkonservative Schwarzschild

[9] Zit. nach Günter Hartung, Vorwort, Die Sammlung, Amsterdam 1933-1935. Bibliographie einer Zeitschrift, Berlin und Weimar 1974, S. 9.

[10] Beide Stellungnahmen zit. ebd., S. 12f.

kann sich zugute halten, daß jenseits aller widerstreitendenden Parteiungen die Zeitung von verantwortlichen Politikern (wie Winston Churchill z.B.) zur Kenntnis und als Ratgeber ernst genommen wird. Um sogleich die entscheidende Frage zu stellen, der Gretchenfrage des politischen Exils angesichts der Entwicklung in der Sowjetunion mit Beginn der sogenannten Säuberungen: „Wie hältst Du's mit dem Sozialismus in einem Lande, mit dem Stalinismus?“ Der dort dingfest gemachte Staatsfeind Nummer Eins Leo Trotzki ist die Wetterscheide, an der sich die politischen Lager trennen. Schwarzschild öffnet sein *Neues Tagebuch* diesem Dissidenten, einem der klügsten Theoretiker und Analytiker des deutschen Faschismus (beinahe hätte ich gesagt: dem klügsten!). Lassen Sie mich hier an einem weiteren Beispiel belegen, wie wichtig diese, den offiziellen Verlautbarungen widersprechenden Stimmen sind. Als die Schauspielerin Carola Neher, die in der Uraufführung der Brecht/Weillschen *Dreigroschenoper* die Polly spielt, in der Sowjetunion verhaftet wird, richtet sich in der, trotzkistischen Positionen nahestehenden Zeitschrift *Unser Wort* Walter Heldt in einem offenen Brief an Brecht (es ist übrigens inzwischen wissenschaftlich belegt, daß Brecht auch diese Publikationen gelesen hat): „Sie, Herr Brecht, haben Carola Neher gekannt. Sie wissen, daß sie weder eine Terroristin noch eine Spionin, sondern ein tapferer Mensch und eine große Künstlerin war. Weshalb schweigen Sie?“[11] Brecht weiß sehr wohl, warum er schweigt. Er wird seine Flucht nach Amerika nur noch über Moskau und Wladiwostok versuchen können, andere Wege sind ihm inzwischen versperrt. Dieser Brief ist nur ein kleiner Einspruch gegen die stalinistisch eingenordete Öffentlichkeit, der selbstverständlich in der Sowjetunion ohne jede Wirkung bleibt. Neher stirbt 1942 in einem Lager in der Nähe von Orjol. Der Schatten des Personenkults, wie später besonders in der DDR die Stalinistischen Prozesse genannt werden, erfährt eine radikale Zuspitzung mit dem schon erwähnten Stalin-Hitler-Pakt. Er zieht auch Schwarzschild den Boden unter den Füßen weg. Für ihn steht inzwischen fest, daß ohne die „Ur-Syphilis“ der „Bolschewisterei“ wäre es „nie und nimmer zur Folge-Syphilis des

[11] Walter Held, in: *Unser Wort*, VI. Jg., Nr. 4-5, Oktober 1938, S. 7.

Faschismus gekommen“.[12] Dies eine nicht unbedenkliche Interpretation, die allerdings in Churchill ihren Protektor hat. Sie erinnern vielleicht, daß Churchill kurz vor Kriegende überlegt, ob nicht mit der deutschen Restarmee und den westlichen Alliierten die UdSSR in einer gemeinsamen Anstrengung liquidiert werden solle. Zustimmung findet er nicht!

Jetzt ist noch ein wirklicher Sonderfall vorzustellen: Eine Illustrierte, die schon während der Weimarer Republik für allgemeine Aufmerksamkeit sorgt, weil sie mit der Photomontage ein neues Genre, das mit dem Namen John Heartfield verbunden ist, propagiert, erfährt auch in der Anfangsphase des Exils großen Zuspruch. Es ist die *Arbeiter-Illustrierte Zeitung*, die von 1933–1939 erst in Prag, dann Paris und schließlich Straßburg unter der Chefredaktion von F. C. Weiskopf erscheint. Auf den ersten Blick scheint die *AIZ* ohne jeden Bruch über den Bruch mit Beginn des Nationalsozialisten hinwegzukommen. Weil sie seit Gründung durch Willi Münzenberg immer schon ein europäisches Lesepublikum ansprechen kann, ist jetzt eine gewisse Kontinuität möglich. Es sind in Sonderheit die sprechenden Titelblätter, die sprechenden Montage Heartfields, die fast konkurrenzlos für Satire und beißenden Spott sorgt. Es sind die deutschen Faschisten, die durch ihr öffentliches Auftreten wie ihre Verlautbarungen gleichsam Realsatire liefern, die es nur mehr umzusetzen gilt. Dazu bedarf es allerdings eines Künstlers wie Heartfield. Welches Thema der Photomonteur sich vornimmt, „immer durchdringen und überlagern sich [wie beispielsweise die Montage *Das ist das Heil, das sie bringen!* mit der Skeletthand, Bombenflugzeugen an der Spitze der Knochenfinger] Objekt, Foto und Bild, findet die Heartfield-Montage zu ihren größten Wirkungen im unmittelbaren Miteinander von selbstgebauten und dann fotografierten Gegenstände, malerischen Expressionen und einmontierten, realistischen Fotomaterial“.[13] Daß den Nationalsozialisten diese Form des Kommentars besonders ungelegen kommt, versteht sich von selbst.

12 Das neue Tage-Buch, 7. Jg. 1939, H. 35, S. 826, zit. nach Lieselotte Maas, Verstrickt in die Totentänze der Welt, Exilforschung. Ein internationales Jahrbuch, Bd. 2, S. 70.

13 Lieselotte Maas, Optische Kommentare zur Wirklichkeit. John Heartfield und die *AIZ*, in: „Die Sprache der Bilder“. Hermann Haarmann zum 60. Geburtstag, hrsg. von Klaus Siebenhaar,

Gehen wir noch kurz auf eine Initiative ein, die im Zusammenhang mit strategischen Entscheidungen für die Absicherung der Exilliteratur bzw. -publizistik zu sehen ist. Als die in Europa verstreute Exilgemeinde 1935 (durch die finanzielle und organisatorische Hilfe der Exil-KPD) zum *Internationalen Schriftstellerkongreß zur Verteidigung der Kultur* nach Paris eingeladen wird, stehen natürlich die Referate zuerst im Zentrum des Interesses. Aber es wird auch debattiert, wie längerfristig, d.h. über den Kongreß hinaus eine Plattform für Literatur und Literaturdebatten geschaffen werden könne, um aktuelle Fragen einer engagierten, d.h. politisch fundierten Kunst und Literatur zu diskutieren. *Das Wort*, Verlagsort und Redaktionssitz ist Moskau, ist die Antwort auf den Wunsch nach Austausch untereinander. Eine der bedeutendsten Kontroversen des Exils findet nun Eingang in dieses Zeitschrift, es handelt sich um die sogen. Expressionismusdebatte. Ihren Ausgang nimmt die Diskussion mit einem Brief, den Klaus Mann aus dem französischen Le Lavandoux an das ehemalige Vorbild der literarischen Jugend, an Gottfried Benn schon im Mai 1933 (übrigens einen Tag vor der Bücherverbrennung in den deutschen Universitätsstädten) richtet. Sehr höflich und bescheiden äußert dieser seine Irritation über Benns Haltung dem neuen Staat gegenüber. In einer über den *Berliner Rundfunk* und in der *Deutschen Allgemeinen Zeitung* sogleich öffentlich gemachten *Antwort an die literarischen Emigranten* bekennt sich Benn zum Nationalsozialismus und das in einer Radikalität, die die früheren Bewunderer verstört. Klaus Mann reagiert mit dem Aufsatz *Gottfried Benn. Die Geschichte einer Verirrung*[14], der 1937 den Auftakt markiert in den *Diskussionen über Expressionismus.*[15] An ihr nehmen in den folgenden Heften u.a. Bernhard Ziegler (d.i. Alfred Kurella), Ernst Bloch und Georg Lukács teil, um nur die bekanntesten Namen zu nennen. Bei dieser Debatte geht es um die politische Verstrickung einer künstlerischen Darstellungsmethode in die Ideologie eines abstrakten Idealismus, der lo-

Berlin 2006, S. 64.

14 Klaus Mann, op. cit, in: Die Expressionismusdebatte. Materialien zu einer marxistischen Realismuskonzeption, hrsg. von Hans-Jürgen Schmitt, Frankfurt/M. 1973, S. 39ff.

15 Ernst Bloch, op. cit., ebd., S. 180ff.

gischerweise in den faschistischen Irrationalismus habe führen müssen. Die hiermit behauptete Gesetzmäßigkeit ist nicht unproblematisch, konstruiert sie doch eine logische Folgerichtigkeit, mit der eine Kunstform in den Faschismus münde und damit sei „dies Erbe zuende", so die marxistische Lesart.[16] Dagegen zieht Bloch zu Felde, indem er darauf insistiert, daß die expressionistische Form des Zerfällens nicht gleichgesetzt werden dürfe mit der allseits diagnostizierten „Zerspelltheit", dem Zerfall der kapitalistischen Gesellschaft. Deshalb fordert er mit Hanns Eisler *die Kunst zu erben*[17] ein, also abzuwägen, was aus dem vorliegenden Arsenal der Künste und Kunstformen brauchbar sein könne für den revolutionären Kampf. Es ist dann dem marxistischen Theoretiker Lukács vorbehalten, die Debatte auf den Realismus als maßgebliche künstlerische Methode zu verpflichten. Dies eine Wendung, die Brecht, der, obwohl Mitherausgeber der Zeitschrift *Das Wort*, an der Aussprache aktuell nicht teilnimmt, in erst nach seinem Tod veröffentlichten Diskussionsbeiträgen als Formalismus geißelt.

Jede Vorgabe, wie Exilliteratur und besonders Exilpublizistik auszuführen sei, schränkt deren Wirkungsmöglichkeit unnötig ein. Es sollte vielmehr um Vielfalt und Experimentfreude gehen, womit die selbsternannten marxistischen Kunstrichter natürlich nicht umgehen können. Die in ihrem Sinne politisch richtige Darstellung verspricht nicht schon ästhetische oder journalistische Qualität oder Meisterschaft. Thomas Mann, so eindeutig er als konservativer Denker und Schriftsteller zu bezeichnen ist, ist und bleibt ein großer Stilist. Sein mit Konrad Falke unternommener Versuch einer literarisch hochstehenden Zeitschrift *Mass und Wert* versagt sich bewußt jeden aktuell politischen Kommentar. „In großer Distanz zu allen Querelen, Debatten und Kämpfen des Tages verpflichtete Thomas Mann seine Zeitschrift mit Goethe als Kronzeugen auf die ‚konstruktive Aufgabe' einer ideellen Erneuerung durch die reichen Traditionen des

16 Bernhard Ziegler: Nun ist dies Erbe zuende ..., ebd., S. 50ff.
17 Ernst Bloch, Hanns Eisler, op. cit., ebd., S. 258ff.

deutschen Geistes“[18], und sie bereichert damit das Spektrum der Exilliteratur und -publizistik um eine wichtige Nuance.

Im Rahmen dieser Vorlesung habe ich eine Auswahl präsentiert und dabei bewußt abgehoben auf Beispiele der Exilpresse, die auf dem alten europäischen Kontinent entstanden. Der Blick nach Übersee hätte sich beispielsweise beschäftigen können mit *Decision*, herausgegeben von Klaus Mann, in den USA oder in Mexiko mit der Zeitschrift *Alemania Libre*, in deren Redaktion Anna Seghers, Egon Erwin Kisch und Bodo Uhse sitzen. Neben Neugründungen gibt es allerdings auch im Exil, d.h. vor Ort Blätter, die mit Beginn des Nationalsozialismus von deutschen Emigranten maßgeblich profiliert werden: *Der Aufbau* in New York oder das *Argentinische Tageblatt* wären hier zu erwähnen. Und selbstverständlich gibt es noch andere Formate, die zu berücksichtigen gelohnt hätte. All das ist nicht möglich in einer dreiviertel bzw. einer Stunde. Statt also einen möglichst umfassenden Überblick gegeben zu haben, will ich zum Schluß einen Vorschlag zur Strukturierung machen, um die unterschiedlichen Formate in ein begriffliches System gleichsam einlaufen zu lassen. Mit dem Gang ins Exil ergeben sich aus meiner Sicht nämlich drei unterschiedliche Praxen für Exilliteratur und -publizistik: 1. Schreiben wie bisher! Damit wird suggeriert, daß ein unmittelbares Anknüpfen an Zeit der Weimarer Republik gegeben sei. Lion Feuchtwanger spielt im Exil so souverän auf der Klaviatur eines erfolgreichen Journalismus, daß es zu dem geflügelten Wort kommt: „He writes like Feuchtwanger!“ Und Thomas Mann verkündet, kaum daß er in Amerika angelandet ist: „Where I am there is the German Culture!“ 2. Operatives Schreiben. Das will aussagen, daß es um die Bestärkung einer politischen Entscheidung für den Antifaschismus geht. Ästhetische und journalistische Standards hin oder her, das veröffentlichte literarische oder publizistische Wort hat sich dem Kampf gegen Hitlerdeutschland unterzuordnen. Und schließlich 3. Schweigen und Verstummen. Dies ist mit Abstand die radikalste Reaktion auf den

18 Lieselotte Maas, Mass und Wert, in: Handbuch der deutschen Exilpresse 1933–1945, Bd. 4, München u. Wien 1990, S. 215.

nationalsozialistischen Sieg. Nicht wenige tauschen die Feder gegen die Waffe ein; sie schließen sich freiwillig den Internationalen Brigaden im Spanischen Bürgerkrieg an. (Übrigens auch nicht immer freiwillig, wie das Beispiel Friedrich Wolfs zeigt. Im Zuge der Stalinistischen Verfolgungen will Wolf 1938 über Paris nach Madrid, sein beißender Kommentar: „Ich warte nicht, bis man mich hier verhaftet, da will ich lieber etwas Nützliches tun".[19]) Schweigen und Verstummen kann aber auch münden in den Selbstmord angesichts der aussichtslosen Lage in Deutschland und der Ignoranz in Europa und Übersee. Die Enttäuschung über die nur mühsam aufzubauende Anti-Hitler-Front tut das Ihre dazu. Kurt Tucholsky ist eines der ersten prominenten Opfer dieser Falle des Exils. Ernst Toller, einst Mitglied der Münchner Räteregierung, erhängt sich 1939 im Badezimmer des New Yorker Hotels *Mayflower*. Stefan Zweig nimmt sich 1942 in Brasilien das Leben. Finis!

[19] Friedrich Wolf, mitgeteilt durch Eva Siao, in: Friedrich Wolf. Bilder einer deutschen Biographie. Dokumentation von Lew Hohmann, Berlin/DDR 1988, S. 211.

„Was bleibt und was lohnt!“

Referate der wissenschaftlichen Tagung zum 125. Geburts- und 60. Todestag von Friedrich Wolf, Berlin, 29. November 2013

Walter Fähnders

Friedrich Wolf, Worpswede und *Kolonne Hund*

1. Die Worpsweder Barkenhoff-Kommune um Heinrich Vogeler

„Nächstens“, so schreibt Heinrich Vogeler 1921 aus Worpswede in einem noch unveröffentlichten Brief an den österreichischen Anarchisten Rudolf Grossmann, der unter seinem Pseudonym Pierre Ramus vor und nach dem Ersten Weltkrieg eine rege publizistische Tätigkeit entfaltet und auch selbst Vogelers Barkenhoff-Kommune besucht hatte,

> Nächstens tritt nun ein tüchtiger Arzt in die Gemeinschaft mit seiner Frau ein. Er will, von der alten medizinischen Wissenschaft ganz zur naturhaften Heilung gekommen, als Landarbeiter anfangen, die Basis für eine gesunde Gesellschaftsordnung legen, sie [seine Frau] ist tüchtig in der Erforschung ei-

> ner naturgemässen Ernährung und wird die Küche mit diesem Geist erfüllen, ausserdem die Körperpflege, Gymnastik für die Gemeinschaft ordnen.[1]

Diese Bemerkung verweist auf die bevorstehende Übersiedlung von Friedrich und Käthe Wolf, die sich im Sommer 1921 der Kommune anschlossen.

Das Projekt einer autonomen Kommune hatte Vogeler unmittelbar nach dem Novemberumsturz von 1918 auf seinem Jugendstil-Domizil in Worpswede gestartet. Nachdem er sich 1914 als 42-jähriger freiwillig in den Krieg gemeldet und diesen im Osten auch mitgemacht hatte, wandelte er sich insbesondere unter dem Eindruck des Friedensdiktats von Brest-Litowsk zum radikalen Kriegsgegner – 1918 schrieb er einen Offenen Brief an den Kaiser, in dem er diesen kompromisslos zum Frieden aufrief.[2] Daraufhin wurde er in die Beobachtungsabteilung für Geisteskranke eines Bremer Reservelazaretts eingeliefert. Das ärztliche „Dienstunbrauchbarkeitszeugnis“ wegen „temporären manisch-depressiven Irreseins“ bewahrte ihn vor dem standrechtlichen Erschießen. Vogeler stand von nun an in Worpswede unter Polizeiaufsicht.[3]

Sein Barkenhoff war bereits in der Spätphase des Krieges sonntags Treffpunkt belgischer und russischer Kriegsgefangener, die im umliegenden Teufelsmoor zur Arbeit eingesetzt waren. 1919 rief Vogeler eine Arbeitskommune auf Räte-Basis ins Leben, die „Kommune Barkenhoff“, Anfang 1920 umbenannt in „Arbeitsgemeinschaft Barkenhoff“. Zu Neujahr 1921 verfasste die Siedlerkonferenz der Arbeitsgemeinschaft eine Entschließung, in der zur Beförderung des syndikalistischen Siedlungsgedan-

1 Brief an Pierre Ramus, o.D.; abgestempelt: Worpswede 17.4.21. Im Nachlass Pierre Ramus im Internationaal Instituut voor Sociale Geschiedenis (IISG), Amsterdam; für Hilfe bei der Transkription danke ich André Schaper und Bernd Stenzig. – An dieser Stelle sei auch Hermann Haarmann für vielfältige Hilfe aufs Herzlichste gedankt.

2 Faksimile in: Heinrich Vogeler. Vom Romantiker zum Revolutionär. Ölbilder, Zeichnungen, Grafik, Dokumente von 1895–1924. Hg. Bonner Kunstverein. Lilienthal: Worpsweder Verlag, 1982, S. 99.

3 Zitiert nach dem Dossier über diese Zeit: Walter Fähnders/Helga Karrenbrock: „Kommunistisch Rosen schneiden“. Dem Avantgardisten Heinrich Vogeler zum 140. Geburtstag und zum 70. Todestag. In: Gegner H. 31 (2013), S. 18–31, hier S. 29.

kens „die Neuverteilung des Grund und Bodens" und die „Enteignung jeglichen Brachlandes" gefordert wurden.[4]

1921 wurde die „Arbeitsschule Barkenhoff" eingerichtet. In einer Proklamation heißt es dazu: „Bei der Aufnahme als aktives Mitglied verfällt der Besitz des Eintretenden an die Arbeitsgemeinschaft Barkenhoff", und: „Von den Arbeitenden und Lehrern darf kein Gehalt beansprucht werden; das Geldverhältnis innerhalb der Arbeitsgemeinschaft ist völlig ausgeschaltet und wird nach außen durch den Betriebsrat geordnet."[5] Unter den neun „Gründungsmitgliedern" fand sich neben Vogeler auch Käthe Wolf.[6]

Die einstige „Insel der Schönheit", wie sie von Rainer Maria Rilke, der selbst des längeren auf dem Barkenhoff gelebt und auch über ihn geschrieben hatte, genannt wurde, war nun Zentrum revolutionärer politischer, sozialer, pädagogischer und kultureller Praxis. Vogeler stand in engerem Kontakt mit der anarcho-syndikalistischen Bewegung, in deren Presse er auch publizierte.[7] Die örtliche KP hatte ihn und seine Weggefährten längst ausgeschlossen. Er selbst sprach nun, den Insel-Topos aufgreifend, mit dem dieses Projekt immer wieder belegt worden ist, von einer „kommunistischen Insel im kapitalistischen Staat", die offensiv „als Kampfmittel zu betrachten" sei: „Auf dem Boden der kommunistischen Insel werden sich alle die Kämpfe vollziehen, die im großen Leben der Revolution ihre Parallelen finden."[8] Entscheidend sei dabei die ‚Tat': „Unser Erkenntnisweg geht aber dahin: zu wissen, daß wir die Ketten unseres Leidens sprengen können durch die Tat, durch die schöpferische Gestaltung einer Welt, die die Glücksmöglichkeiten eines jeden in sich schließt".[9] Dabei wusste er

4 Entschließung der Siedlerkonferenz Worpswede, Neujahr 1921. Januarbrief 1921; zitiert nach ebenda, S. 26.

5 Ebenda.

6 Vom 5. August 1921. Faksimile in: Lew Hohmann: Friedrich Wolf. Bilder einer deutschen Biographie. Dokumentation. Berlin: Henschel, 1988, S. 131.

7 Vgl. Bernd Stenzig: Heinrich Vogeler. Eine Bibliographie der Schriften. Lilienthal: Worpsweder Verlag, 1994.

8 Heinrich Vogeler: Siedlungswesen und Arbeitsschule. Hannover: Paul Steegemann, 1919 (Die Silbergäule 36), S. 10.

9 Heinrich Vogeler: Kosmisches Werden und menschliche Erfüllung. Hamburg: Kommunistischer Kulturverlag der Kopf- und Handarbeiter Deutschlands Anton Willascher, 1921, S. 11.

sehr genau um die Dialektik der Erziehung der Erzieher: „Die größte Gefahr für den Bestand der Kommune", schreibt er, „liegt nicht außerhalb, in der kapitalistischen Umgebung, sondern in der kapitalistischen Gesinnung einzelner Mitglieder."[10] Als Kernsatz für die Kommune könnte das Diktum stehen: „Erst dann beginnt das wirkliche Gemeinschaftsleben, wenn jede Tat, jede Arbeit, geboren aus den Bedürfnissen der Arbeitsgenossen frei wie das Liebeswerk an die Gemeinschaft der Werktätigen zurückfällt, so Friede und Glück bereitend."[11]

Bei Friedrich Wolf liest sich die Arbeitsperspektive in einem Grundsatzartikel mit dem Titel *Barkenhoff*, den er noch vor Ort verfasste und der 1921 sowohl im *Tage-Buch* als auch im Organ der Anarcho-Syndikalisten, *Der Syndikalist,* erschienen ist, wie folgt: „aus der Arbeit selbst wächst den Menschen dort von Tag zu Tag mit ihrem Leben die neue Gewissheit und die neue Gestalt."[12] Hinzufügen wäre: die neue Gestalt des neuen Lebens. Insofern ließe sich das Barkenhoff-Experiment auch als praktisches Exempel einer Avantgarde begreifen, die politische und ästhetische Positionen im Sinne eines ‚neuen Lebens' – *Das neue Leben. Ein kommunistisches Manifest* lautet der Titel einer Schrift von Vogeler von 1919 – hier und jetzt in einer neuen sozialen Praxis zu realisieren sucht, und dies jenseits der organisatorischen Strukturen der politischen Avantgarde, sprich der KP. Von parteikommunistischer Seite wurde dies Projekt dementsprechend heftig kritisiert. Friedrich Wolf selbst schreibt dazu: „Die Proletarier sahen in dieser wenig lauten Arbeit, die jenseits von Streik und Masse lag, eine Flucht vor der ‚Aktion', ein romantisches Idyll, und ließen es nicht an bitteren Worten fehlen."[13] Wieland Herzfelde vom kommunistischen Malik-Verlag polemisierte, in der „Künstlerkolonie Worpswede" könne „man sich Kommunisten ansehen wie Edelwild im Zoo, das Gitter bauen sie selber

[10] Vogeler: Siedlungswesen (wie Anm. 8), S. 10.

[11] Vogeler: Kosmisches Werden (wie Anm. 9), S. 11.

[12] Friedrich Wolf: Barkenhoff. In: Das Tage-Buch 2 (1921), H. 17, S. 857-852, hier S. 858; Nachdruck in: Der Syndikalist 3, 1921, Nr. 37 (auch in Friedrich Wolf: Aufsätze 1919–1944. Berlin, Weimar: Aufbau, 1967 (Ausgewählte Werke in Einzelausgaben 15)).

[13] Ebenda.

und weh tun sie niemandem."[14] Letzteres sei dahin gestellt – polizeiliche Überwachung, zeitweilige Verhaftung und andere Repressionen zumal nach der Zerschlagung der kurzlebigen Bremer Räterepublik signalisieren eher, dass eine derartige Kommune von Seiten des bürgerlichen Staates durchaus nicht als harmlos angesehen, sondern durchaus als Angriff auf das herrschende System verstanden wurde.

Auf Dauer ließ sich das Projekt gleichwohl nicht halten – die Gründe für sein Ende sind vielfältig, angefangen von internen persönlichen und ideologischen Auseinandersetzungen bis hin zu chronischem Geldmangel, der durch die Inflation noch verstärkt wurde. Ein beim Preußischen Kultusministerium eingereichter Antrag, den Barkenhoff als staatliche „Versuchsschule" zu genehmigen und staatliche Unterstützungsmittel zu gewähren – ein Motiv, das Friedrich Wolf in seinem Stück aufgreift –, wurde vom preußischen Kultusminister per Erlass abgelehnt. Heinrich Vogeler schreibt dazu 1922 an Friedrich Wolf: „Wenn Steuer, Gerichtsvollzieher und Gendarmerie kommt, muss die Bewegung für Aktionen reif sein. Zuerst war der Erlass wie eine Lahmlegung aller Kräfte und Hoffnungen, heute ist er die motorische Kraft unseres Seins. Unsere Gemeinschaft ist stärker denn je geworden durch die Gefahr".[15]

Ende 1923 wurde der Barkenhoff der Roten Hilfe Deutschlands übertragen, die dort (bis 1932) ihr erstes Kinderheim einrichtete. Vogeler selbst ging des längeren nach Berlin, wo er später der KPD beitrat, die ihn aber wegen seiner Arbeit für die KPO ausschloss. 1931 siedelte er nach Sowjetrussland über, das er zuvor bereits bereist hatte und wo er 1942 starb.

Käthe und Friedrich Wolf stiegen also 1921 zusammen mit ihren beiden Kindern Johanna und Lukas in das Barkenhoff-Projekt ein. Käthe

[14] Zitiert nach Fähnders/Karrenbrock: „Kommunistisch Rosen schneiden"(wie Anm. 3), S. 25. – Friedrich Wolf schreibt später (1931), nun ebenfalls mit einer zoologischen Optik: „die Bremer Arbeiterschaft, die jeden Samstag und Sonntag in Scharen zu uns hinauskamen, bestaunten uns – mit recht – wie exotische Tiere, wie ein Panoptikum." (Zitiert nach Hohmann: Friedrich Wolf (wie Anm. 6), S. 129).

[15] Brief von Heinrich Vogeler an Friedrich Wolf, o.D., [1921]; im Friedrich-Wolf-Archiv der Akademie der Künste, Berlin, Sign. 278/3. – An dieser Stelle sei dem Archiv für die Zitiergenehmigungen gedankt, ebenso gilt mein herzlicher Dank den Archiv-Mitarbeiterinnen Maren Horn und Christina Möller für ihre Hilfe.

Wolfs dortige Arbeit und die persönlichen Probleme zwischen den beiden, deren Ehe am 12. Dezember 1921 geschieden wurde, und auf den kurzen Worpswede-Aufenthalt von Else Dreibholz Juli/August 1921[16] und ihre Heirat mit Friedrich Wolf am 15. April 1922 können hier nicht weiter verfolgt werden.

2. Friedrich Wolf und der Barkenhoff

„Ich bekam urplötzlich eine Einladung zum Haager Pazifistencongress“,[17] schreibt Wolf 1921, und gerade diese seine Teilnahme am Internationalen Anti-Militaristischen Kongreß (IAMC) in Den Haag vom 26. bis 31. März 1921 und am Vorbereitungstreffen im niederländischen Bilthoven war es, wo er erste Kontakte mit dort anwesenden Barkenhoff-Vertretern knüpfte, die zu seiner Übersiedlung nach Worpswede führen sollte.

2.1 Bilthoven und der Weg nach Worpswede

Über Vogeler urteilte Friedrich Wolf einmal Else Dreibholz gegenüber: „Du wirst in V[ogeler] einen wahren Christusmenschen finden, wie unsre suchende Zeit ihn gebiert und verstößt.“[18] Wolf stürzte sich in ein Experiment, das von einer eminenten aktivistischen Utopiebereitschaft in der revolutionären Nachkriegskrise zeugt und in linksradikalem Ansatz traditionelle Formen der Politik und der sozialen Praxis wie Parlamentarismus, politische und gewerkschaftliche Organisationsarbeit einschließlich des Repräsentations- und Delegationsprinzips ablehnte. Es ging zunächst darum, „von der Phrase zur Tat“[19] zu schreiten, wie Friedrich Wolf in seinem bereits erwähnten *Barkenhoff*-Aufsatz lakonisch bemerkt. Ziel war eine auf dem Rätesystem beruhende Ordnung, die den Menschen in ei-

16 Else Dreibholz meldete sich am 22. Juli 1921 aus Remscheid nach Worpswede ab, wohin sie am 15. August 1921 zurückkehrte (Faksimile in Hohmann: Friedrich Wolf (wie Anm. 6), S. 119.

17 Friedrich Wolf: Briefwechsel. Eine Auswahl. Berlin, Weimar: Aufbau, 1968, S. 85.

18 Ebenda, S. 9.

19 Wolf: Barkenhoff (wie Anm. 12), S. 858.

nen ‚neuen Menschen' zu transformieren suchte. Davon spricht Friedrich Wolf ausdrücklich: „Der Kampf um den neuen Menschen ist heute auf der ganzen Linie entbrannt", beginnt er einen programmatischen Text aus dieser Zeit.[20] Konzeptionen des neuen Leben und des neuen Menschen speisen sich hierbei deutlich aus dem Erbe der bürgerlich-antibürgerlichen Reformbewegungen um 1900, einschließlich der Jugendbewegungen, sowie aus den diesbezüglichen Entwürfen des expressionistisch-avantgardistischen Aufbruchs um 1910, die in der Revolutionsperiode aktivistisch auf Realisierung drängten.

Für Wolf bedeutete die Übersiedlung die Kündigung seiner Stadtarzt-Stelle in Remscheid, wohin er 1920 gegangen war und wo er sich aktiv an der Niederschlagung des Kapp-Putsches beteiligt hatte. Allerdings hatte er bereits zu dieser Zeit den Wunsch geäußert, aufs Land zu gehen und sprach selbst von einer „Flucht".[21] Er erwog wohl eine Übersiedlung in das schwäbische Hechingen, wo ein Verwandter bei der Niederlassung als praktischer Arzt hätte behilflich sein können.[22] Anlass für den Wechsel nach Worpswede war die angedeutete Bekanntschaft mit zwei Kommunarden, den Schreiner August Freitäger und vor allem den Kunstschlosser Fidi Harjes, „zwei handfeste und hellköpfige Kerle", wie Wolf sie nennt,[23] die er im März 1921 in Bilthoven kennen gelernt hatte.

Friedrich Wolf entwickelte in Bilthoven – dessen „wundervolle Gemeinschaft"[24] er rühmt – verschiedene Initiativen. So wurde er neben Helene Stöcker u.a. mit der Ausarbeitung einer Grundsatzerklärung beauftragt. Des Weiteren brachte er zusammen mit Fidi Harjes zwei Re-

20 Friedrich Wolf: Gymnasten über Euch! Zitiert nach Hohmann: Friedrich Wolf (wie Anm. 6), S. 110.

21 Zitiert nach Walther Pollatschek: Friedrich Wolf. Leben und Schaffen. Leipzig: Reclam, 1974 (RUB 555), S. 74.

22 Ebenda, S. 75.

23 Friedrich Wolf: Bilthoven. In: Tage-Buch 2 (1921), 1. Halbjahr, S. 523–525, hier S. 523.

24 Postkarte an die Mutter v. 22.3.1921, zitiert nach Werner Hohmann: Bilthoven – Den Haag – Worpswede. Friedrich Wolf und Heinrich Vogeler. In: „Mut, nochmals Mut, immerzu Mut!" Protokollband / Internationales Wissenschaftliches Friedrich-Wolf-Symposion der Volkshochschule der Stadt Neuwied vom 2.-4. Dezember 1988 in Neuwied aus Anlass des 100. Geburtstages von Dr. Friedrich Wolf, 23.12.1888 in Neuwied. Hg. Henning Müller. Neuwied: Kehrein, 1989, S. 148–153, hier S. 150.

solutionen ein, die die „volle Unterstützung“ der Bilthovener Konferenz fanden. So wurde Friedrich Wolf ermächtigt, auf dem sich anschließenden Kongress in Den Haag eine Erklärung einzubringen, die auf eine Revision traditioneller Erziehung zielte. Danach wurden, so der Wortlaut der „von unserem Freund Friedrich Wolf eingereicht[en]“ Bilthovener Resolution, „neue Lehrmittel, wie Schulbücher, Lesebücher und Bildmaterial“ gefordert, „aus denen jeder nationalistische und völkerverhetzende Gedanke entfernt und durch völkerversöhnendes Gedankengut ersetzt ist“. Des Weiteren wurde eine „radikale Umgestaltung der Jugenderziehung im Sinne der Arbeitsschule von Ferrer“ gefordert als „das am meisten wirksame Mittel, um eine neue Menschheit vorzubereiten, die von Geburt an auf Frieden aufgebaut ist.“ [25] Eine zweite Resolution, „durch unseren Freund Friedrich Harjes eingebracht“, lautetet: „Wir erkennen die gewichtige Rolle an, die die kleinen experimentellen Kolonien in der Vorbereitung auf eine neue Ordnung spielen, in der wahrer Friede herrschen soll.“[26] Welche Rolle Wolf und Harjes dann auf dem Kongress in Den Haag selbst genau spielten, ist nicht geklärt – in den Polizeiakten taucht Friedrich Wolf (im Gegensatz zum offiziellen Kongress-Bericht) unter den zwölf namentlich genannten „Buitenlandsche deelnemers“ aber auf.[27]

Die Konferenzen in den Niederlanden scheinen für Friedrich Wolf besonders wichtig gewesen zu sein. Er schreibt am 30. März 1921 in einem Brief aus Remscheid: „Aus Holland bin ich voller Anregungen und Hoffnungen zurück. Eins ist mir klar: ich muss aus der Stadt, aufs Land!“[28] Er schien in puncto Siedlungsgedanke und Zellenbildung bestärkt, ebenfalls in seinen Überlegungen zu einer Revolutionierung der Erziehung. Das Konzept der Arbeitsschule war für den Barkenhoff grundlegend, und Wolf

[25] Zitiert nach den ungedruckten niederländischen Quellen, die Werner Hohmann ermittelt hat (ebenda, S. 149).

[26] Zitiert nach ebenda, S. 150.

[27] Unter „Wolff“; siehe: Namen van deelnemers aan het Internationaal Anti-Militaristisch Congres. Dokumentenrummer 05724, Beknopt verslag van het congres der Internationale Anti-Militaristische Vereenigung v. 7.4.1921. http://www.historici.nl/pdf/cid/2000-2099/2091.pdf (aufgerufen 10.12.2013).

[28] Friedrich Wolf: Briefe. Eine Auswahl. Aufbau 1959, S. 85.

verwendete in seinem damaligen Bericht *Bilthoven* eben jene einschlägigen Stichworte, die auch für die Worpsweder Kommune gelten werden: Es sei, schreibt Wolf, der „enge Kreis, ‚die Brüderschaft', die *Zelle*", die ihn in Bilthoven berührt hätten. Das Bild von der ‚Zelle', verbunden mit der Insel-Metapher, wird Friedrich Wolf ein Jahrzehnt später wieder aufgreifen – nun, als Parteikommunist, in negativer Konnotation, wenn er hinsichtlich des Barkenhoff-Experiments von der „Gefahr der ‚Zelle', der Isolierung, der Insel"[29] spricht. Aber 1921 schreibt er noch: „Nur da vermag der eine dem anderen das Wort von den Augen abzulesen, die Temperatur zu empfinden. Nur da wird jede Plakatierung und jede Pose sogleich gegenstandslos."[30] Und bereits hier weist er auf die Perspektive autonomer Siedlungen, die aktuell „in Holland die syndikalistischen Siedler begonnen haben [...] und in Deutschland die Barkenhöfer".[31] Letzteren also schloss sich Wolf an.

2.2 Friedrich Wolf auf dem Barkenhoff

Auf dem Rückweg von Holland machte Friedrich Wolf wohl Ende März 1921 kurz Station in Worpswede.[32] Seine Übersiedlung datiert laut Meldeschein vom 23. Mai 1921.[33] Mitte August desselben Jahres verlässt er zusammen mit Else Dreibholz den Barkenhoff wieder, er blieb dort also gut drei Monate. Der Kommunarde Walter Hundt bestätigt in seinen

[29] Friedrich Wolf: Transportarbeiter an die Front. In: Ders.: Aufsätze 1919–1944. Berlin, Weimar: Aufbau, 1967 (Ausgewählte Werke in Einzelausgaben 15), S. 186–191, hier S. 187.

[30] Wolf: Bilthoven (wie Anm. 23), S. 524; Hervorhebung im Original.

[31] Ebenda, S. 525.

[32] „In den Märztagen [1921] sind schon viele Gäste auf dem Barkenhoff. Friedrich Wolf, der Arzt und Dichter, ist für einige Tage da. Er möchte seine Zelte auf dem Barkenhoff aufschlagen. Fidi [Harjes] ist wieder Feuer und Flamme. Ich bin zurückhaltend. Friedrich Wolf ist mir sympathisch, aber ich entdecke auch den Ehrgeiz des Intellektuellen an ihm. Als Mitarbeiter wäre er brauchbar, doch wohin soll es mit seiner Schriftstellerei führen?" (Walter Hundt: Bei Heinrich Vogeler in Worpswede. Erinnerungen. Mit einem Nachwort von Bernd Stenzig. Worpswede: Worpsweder Verlag, 1981, S. 107).

[33] Hohmann: Friedrich Wolf (wie Anm. 6), S.121; Abmeldung aus Remscheid am 12. Mai 1921 (Faksimile 12.5.1921 in: ebenda, S. 119; Abreise im August 1921 (nach Pollatschek: Friedrich Wolf (wie Anm. 21), S. 74).

postum erschienenen Erinnerungen, dass sich Wolf „während der ersten Wochen voll und ganz der Arbeit für den Barkenhoff" hingegeben habe. Er berichtet aber auch von Konflikten, als Fidi Harjes „im Überschwang seiner Empfindungen für Friedrich Wolf" sich daran gemacht habe, ohne entsprechendes Votum der Kommune für Wolf eine eigene kleine Hütte in der Nähe des Teichs am Barkenhoff zu bauen, damit dieser dort ungestört schreiben könne.[34] In der Tat arbeitete Wolf am wohl Ende 1920 begonnenen Stück *Tamar*, das er am 15. August 1921, nun bereits in Hechingen, abschloss, wie er Else Dreibholz unter diesem Datum mitteilt.[35] Inwieweit in diesem alttestamentarisch-expressionistischen Drama implizite Worpsweder Spuren aufzufinden wären, bliebe zu prüfen.

Die eher spärlichen Quellen über seine Barkenhoff-Zeit lassen deutlich erkennen, dass die Übersiedlung dorthin weit mehr war als eine Verlegenheitslösung inmitten persönlicher und beruflicher Krisen bzw. Neuorientierungen – zurecht nennt Helene Roussel dies einen „wichtigen Einschnitt" in seinem Leben.[36] Dafür sprechen nicht nur die direkt auf den Barkenhoff führenden Aktivitäten in den Niederlanden, darauf deutet auch die Vehemenz, mit der sich Wolf in die Barkenhoff-Arbeit, zumal die strapaziöse körperliche Arbeit, stürzte, und nicht zuletzt signalisiert die Verarbeitung der Barkenhoff-Erfahrungen im Theaterstück, wie tief die Erinnerung an diese Lebensphase saß.

Rund zwei Wochen nach seiner Ankunft schreibt er am 7. Juni 1921 in seinem ersten Brief aus Worpswede an Else Dreibholz:

> Es ist Sonntag. Gestern abend nach 8-10stündiger Feld- und Gartenarbeit, nackt in Luft und Sonne und dem feinen weißen Sand, ging ich bis um Mitternacht mit Heinrich Vogeler noch über die Heide, am Moor entlang – eine unfaßbare Weltentrücktheit nach dem schweren Werktag – dann schläft man

[34] Hundt: Bei Heinrich Vogeler (wie Anm. 32), S. 134.

[35] Hohmann: Friedrich Wolf (wie Anm. 6), S. 133.

[36] Helene Roussel: Worpswede 1921. Friedrich Wolfs Erfahrungen am Barkenhoff und deren literarische Verarbeitung. In: Friedrich Wolf 2003. Zum 50. Todestag Friedrich Wolfs. Beiträge zu den Friedrich-Wolf-Kulturtagen 2003 in Berlin, Lehnitz und Potsdam. Hg. Friedrich-Wolf-Gesellschaft e.V., Lehnitz, 2004, S. 146–156, hier S. 146.

den Schlaf der Gerechten, bis um 6.00 die große Hausglocke läutet. [...] Die Arbeit ist schwer, sehr schwer; aber man sieht doch schon hindurch, wie die Ansätze die ersten Früchte bringen![37]

„Wir schufteten wie die Neger täglich zwölf bis vierzehn Stunden in Feld und Moor“, schreibt er rückblickend 1931.[38] Ziel ist eine neue Art von Arbeit, die der „Gemeinwirtschaft und gegenseitige[n] Hilfe“.[39]

Es gibt ein Foto, das Friedrich Wolf, Walter Hundt und andere Kommunarden halbnackt an einem hohen Bohrgerät beim Wasserbohren zeigt (siehe Abbildung 1), eine für die Grundversorgung des Barkenhoffs elementare Prozedur, die wochenlang dauerte und schließlich ergebnislos abgebrochen wurde. „Friedrich Wolf nimmt sich der Sache an“, heißt es dazu in Walter Hundts Erinnerungen.[40] In *Kolonne Hund* wird dieser Vorgang zu einem dramaturgischen Schlüsselmotiv, und Heinrich Vogelers Bühnenbild der Wangenheim-Inszenierung des Stückes in Berlin zitiert wiederum dieses Foto (siehe Abbildung 2).

So scheint die Arbeitspraxis auch ein wie strapaziös auch immer geartetes Faszinosum gewesen zu sein, das gleichermaßen überlebensnotwenig war wie es auf die utopisch-avantgardistische Dimension der Kommune verweist, jedenfalls ist immer wieder von der „neuen Zeit“ die Rede:

Es ist schon eine Tat, daß 20 Menschen *unter sich* besitzlose Gemeinwirtschaft und gegenseitige Hilfe so restlos und konsequent verwirklichen konnten. Ihr Verhältnis zur Umwelt der Privatwirtschaft und des Profits ist für sie nur ein Übergang, eine Brücke, aus dieser Zeit in eine neue Zeit.[41]

37 Wolf: Briefwechsel (wie Anm. 17), S. 7–8, hier S. 7; zwei Tage später heißt es: „der Barkenhoff mit Sonne, Wind und Regen hat uns schon gewaltig. Abwechselnd liegt immer einer auf der Nase, da die Arbeit sehr schwer ist und die Menschen nicht alle kräftig genug. Aber wir wissen ja alle, worum es geht, und so geht es! Ich selbst halte bis jetzt noch mit am besten durch.“ (Ebenda, S. 8).

38 Zitiert bei Hohmann: Friedrich Wolf (wie Anm. 6), S. 126.

39 Wolf: Barkenhoff (wie Anm. 12), S. 858.

40 Hundt: Bei Heinrich (wie Anm. 32), S. 132.

41 Wolf: Barkenhoff (wie Anm. 12), S. 860.

An anderer Stelle heißt es: „Vor allem ist Jugend hier und bei allem Aufeinanderprallen guter Wille, Freude am neuen Sinn des Lebens und der Glaube, dass hier eine Geburtszelle des Kommenden geschaffen wird.“[42]

So lässt sich bei Wolf ein aktivistischer Impetus erkennen, der seine Arbeits- und Lebenspraxis auf dem Barkenhoff grundiert: „Von den Vorwehen eines neuen Gesellschaftsvertrages zwischen Mensch und Mensch bis zur Entbindung der neuen Ausdrucksformen einer aktivistischen Kunst ist eine ungewollte einheitliche Aktion wahrnehmbar.“[43] Wenn Friedrich Wolf in diesem Aufsatz unter dem Titel *Gymnasten über Euch!* für die Nacktkultur plädiert, was ihm, dem Mediziner, auch als Weg zur Gesundheit dient, und dafür als Parameter das Prinzip der „Vereinfachung“ einführt, so korrespondiert dieser Aspekt durchaus mit Konzepten der Kommune: „Klärung der Grundgesetze von Arbeit und Ruhe“, heißt es, Klärung also des „Existenzminimums, nackt, ohne Relationen – Vereinfachung!“[44]

Wie auch immer dieses Erbe aus den Reformbewegungen der Jahrhundertwende von 1900, das er als „den Kampf um den neuen Leib“[45] ansieht, im Einzelnen ausgeführt wird – der Barkenhoff steht für Friedrich Wolf für eine neue Totalität des Menschen in seiner kreatürlichen und sozialen Verfasstheit. Das macht die Dignität des neuen Menschen aus, bei aller Skepsis, die er angesichts der realen Probleme äußert: „Der hiesige schwere Kampf mit Böden, Mensch und der Umwelt verbraucht die Barkenhöffer sehr schnell; der Barkenhoff frißt Menschen“.[46] Dies ist alles andere als denunziatorisch gemeint. So heißt es in Wolfs *Barkenhoff*-Aufsatz vom Juli 1921 ebenso emphatisch wie illusionslos:

> In der Stille des Heide- und Moorgürtels von Worpswede wächst seit 2 Jahren eine Siedlungszelle, der Barkenhoff. […] Zwar sind viele Rosenbüsche und Parkgänge verschwunden, und auf dem früheren Tennisplatz wachsen Himbeeren; aber unsere 10 Kinder der Arbeitsschule finden die roten Träubchen

42 Wolf: Briefwechsel (wie Anm. 17), S. 7.
43 Wolf: Gymnasten über Euch! (wie Anm. 20), S. 110.
44 Ebenda.
45 Ebenda, S. 112.
46 Wolf: Briefwechsel (wie Anm. 17), S. 8.

der Johannissträucher und die Kirschen und das Zwergobst nicht weniger geschmackvoll. Die Erwachsenen, welche die Siedelung tragen, sind die Kristallisation vieler Menschen und Nöte, die in den letzten beiden Jahren über den Barkenhoff hinweggegangen. Wieviel begeisterte Jugend ist immer wieder zur Mitarbeit angetreten. Freideutsche, Akademiker, proletarische Jugend. Sie fielen nach kurzer Zeit von selbst heraus. Sie sahen nur die Gemeinschaftsfreude, nicht die harte Gemeinschaftsnot, sie sahen das beglückende: Hinein in die Erde, sich brachten Feuer, Schwung und besten Willen mit: aber es gehört eine besondere Zähigkeit und Gesundheit dazu, die Entbehrungen, Arbeiten, Schicksale und die Unsicherheiten einer Aufbausiedelung, wie es der Barkenhoff ist, zu bestehen.[47]

Noch 1946, anlässlich der Neuausgabe von *Kolonne Hund* in der SBZ, erinnert Friedrich Wolf an diese Vorgänge:

Der „Kolonne Hund“ liegt ein persönliches Erlebnis des Autors zugrunde. Er selbst siedelte [...] auf dem Barkenhoff bei Worpswede. [...] Damals, zwischen 1920 und 1923, entstanden im Nachkriegsdeutschland überall mehr oder weiger spontan solche Siedlungszellen. [...]
Nun, wir befanden uns damals in Worpswede bei Bremen mitten im Moorgebiet. Wir griffen mit jugendlicher Begeisterung zur Hacke und zum Spaten, wir standen bis zu den Knien im sumpfigen schwarzen Wasser, während unsere Hände mit der primitiven Bearbeitung des Torfes in Fetzen gingen. [...] Manchen von uns gingen zugrunde. Aber auch die, welche dem Hunger, der Bürokratie und schließlich langjähriger „Schutzhaft“ erlagen, sie und wir alle wußten, das *Ziel* der Bodenreform und Landaufteilung, das uns schon damals vorschwebte, war richtig. Es war der Anstrengung und des Kampfes wert, wenn auch der individuelle *Weg* unter den wirtschaftlichen und politischen Umständen des Jahres 1920 ungangbar war.[48]

47 Wolf: Barkenhoff (wie Anm. 12), S. 857.

48 Friedrich Wolf: Empörung. Vier Dramen. Berlin: Aufbau, 1946, S. 275f. (aus der Vorbemerkung *Zur Sache* zum Abdruck von *Kolonne Hund*; Hervorhebungen im Original); wieder abgedruckt in: Friedrich Wolf: Dramen. Hg. Else Wolf und Walther Pollatschek. Berlin: Aufbau, 1960, S. 85f.

Abb. 1: Barkenhoff-Kommunarden beim Wasserbohren (1921). Aus: Heinrich Vogeler. Vom Romantiker zum Revolutionär. Ölbilder, Zeichnungen, Grafik, Dokumente von 1885–1924. Katalog. Hg. Bonner Kunstverein. Worpswede: Worpsweder Verlag, 1982, S. 119.

Abb. 2: Bühnenbild zu „Kolonne Hund" von Heinrich Vogeler – Aufführung des Arbeiter-Theater-Bundes, Berlin (1929). Aus: Lew Hohmann: Friedrich Wolf. Bilder einer deutschen Biographie. Dokumentation. Berlin: Henschel, 1988, S. 127 (dort mit irriger Legende).

1921 deutet Wolf freilich, wie erwähnt, noch eine gesamtgesellschaftliche Perspektive an, die über das Barkenhoff-Exempel hinausweist: „Aber das Werk als solches ist unbedingt hoffnungsvoll, und wenn es an irgend einer Schwäche scheitern sollte, so wird es bestimmt an anderem Ort wiederbegonnen.“[49] Dergestalt hat die Kommune Teil an der damaligen Siedlungsbewegung in Deutschland und Europa, die mit der Urbachmachung von Land zugleich die Arbeitslosigkeit zu reduzieren suchte: „Es gibt einen Weg, diese ungeheuer produktiven Kräfte der erwerbslosen proletarischen Jugend, die mit durchaus sicherem Instinkt ihre Not fühlt, fruchtbar zu entladen. Der Barkenhoff ist ein solcher Weg!“[50]

Fünf Jahre später, 1926, wird Wolf diesen Gedanken wieder aufgreifen, nun bereits im Zusammenhang mit seinem Stück *Kolonne Hund,* an dem er gerade arbeitete. In einem Aufsatz *Volk ohne Land* – der Titel ist wohl eine Replik auf den im selben Jahr erschienenen Roman *Volk ohne Raum* von Hans Grimm – notiert er, so der Untertitel, „Sachliches zur ‚Kolonne Hund‘“. Darin schaltet er sich in aktuelle Debatten über Möglichkeit und Notwendigkeit einer Bodenreform ein, wie er es ja auch im weiter unten zitierten Vorspruch zum Stück selbst tut. Unter Verweis auf die Reichsverfassung, die diesbezügliche Enteignungen zulasse, und auf Bodenreform-Theoretiker wie Adolph Damaschke – dessen *Marxismus und Bodenreform* 1926 im 26.–30. Tausend erschien – und Robert Friedländer spricht er vom Skandal brachliegender Nutzflächen, so der Moore, deren Urbarmachung Hunderttausenden Menschen in Deutschland Arbeit geben könnte (und dies ohne koloniale Forderungen wie bei Hans Grimm):

> Dies [sind] die *sachlichen Voraussetzungen* von „Kolonne Hund“, als eines Dramas aus der Arbeiter- und Siedlerbewegung *unsrer* Tage, eines Spiels vom Untergang eines Einzelschicksals im Massenschicksal *unserer* Zeit.[51]

49 Wolf: Briefwechsel (wie Anm. 17), S. 8.

50 Wolf: Barkenhoff (wie Anm. 12), S. 862.

51 Friedrich Wolf: Volk ohne Land. Sachliches zur „Kolonne Hund“. In: Ders.: Aufsätze über Theater. Hg. Else Wolf und Walther Pollatschek. Berlin, Weimar: Aufbau, 1957, S. 362–365, hier S. 365, Hervorhebungen im Original. Zuerst in: Die Rampe (Hamburg) 1926/27, H. 19, S. 425, 427, 432–433 (mir nicht zugänglich).

3. Das Theaterstück *Kolonne Hund*

Friedrich Wolf zog 1921, wie zuvor bereits einmal geplant, nach Hechingen. An *Kolonne Hund* arbeitete er nach Abschluss seines Bauernkriegsdramas *Der Arme Konrad* und seines medizinischen Fachbuches. Eine erste handschriftliche Fassung wurde noch 1925 begonnen und im Juli 1926 abgeschlossen,[52] die endgültige Fassung, so heißt es in einem Brief an Else Wolf, wurde am 9. März 1927 „fertig".[53] Die Druckfassung erschien nach den Aufführungen in Hamburg und Frankfurt am Main 1927, wie der im Buch angehängte Pressespiegel ausweist.[54]

3.1 Kontext und Anlage des Stückes

Kolonne Hund ist nach den expressionistischen Stücken und dem Historiendrama Friedrich Wolfs erstes Stück, das in der Gegenwart spielt, es ist erkennbar ein ‚Zeitstück'. Titel, Ort und Personal zielen deutlich auf den Barkenhoff – dort hat es zwar nie „Kolonnen" gegeben, aber der Titelname Hund verweist, wenn auch gering modifiziert, weil ohne den Schluss-Buchstaben t im Namen, auf den Kommunarden Walter Hundt, der freilich den Zeitgenossen unbekannt gewesen sein dürfte und der zu dieser Zeit längst einen eigenen Hof bewirtschaftete. Das Gros des Personals trägt Phantasienamen. Aus der Worpsweder Topographie werden die Hamme und die Hammebrücke (S. 95) und der Schluh (S. 57) erwähnt, die Siedlung selbst heißt nicht Barkenhoff, sondern Moorhof – eine Anspielung wohl auf jenen Moorhof, den der Siedlungsreformer Lebrecht Migge seinerzeit von dem Worpsweder Bildhauer Bernhard Hoetger angemietet hatte. Der Hof in *Kolonne Hund* ist mit Fresken ausgemalt, deren

52 Datierung nach dem Manuskript im Friedrich-Wolf-Archiv der Akademie der Künste, Berlin, Sign. 5.

53 Wolf: Briefwechsel (wie Anm. 17), S. 28.

54 Friedrich Wolf: Kolonne Hund. Ein Schauspiel. Stuttgart: Deutsche Verlags-Anstalt, 1927; andere Ausgaben sind ohne Jahreszahl, stets aber mit zweiseitigem Pressespiegel im Anhang. – Zitate aus dieser Ausgabe werden im Folgenden direkt im Text nachgewiesen.

Beschreibung auf Heinrich Vogelers avantgardistische Wandmalereien im Barkenhoff verweisen (S. 42, 45). Die Protagonisten erscheinen als Zusammenschnitt verschiedener Kommunarden, wobei Heinrich Vogeler und Fidi Harjes eine erkennbar herausgehobene Rolle spielen. Einmal wird Maritje als „rote Katze" (S. 25) bezeichnet, eine Anspielung auf Marie Griesbach, zeitweilig mit Heinrich Vogeler verbunden und spätere Frau von Walter Hundt, die wegen ihrer Gesinnung und ihrer Haare die „rote Marie" genannt wurde. Auch die Handlung enthält Momente der Realgeschichte des Barkenhoff – aber das Stück ist keineswegs als Schlüsseltext über die Barkenhoff-Siedlung angelegt oder als solches zu sehen.

Das zeigt auch die Vorbemerkung der Buchausgabe, ein längeres Zitat aus einem programmatischen Aufsatz des Industriellen Robert Friedländer zur Frage der Urbarmachung der Moore in Deutschland aus dem *Berliner Tageblatt* vom 5. August 1926, worauf Wolf bereits in dem Aufsatz *Volk ohne Land* hingewiesen hatte. Das ‚Zeitstück' zielt ganz allgemein also auf die aktuelle Frage der Arbeitslosigkeit und der Landverteilung, konkret mit einem radikalen Kommune-Experiment verbunden. Denn, so endet die Vorbemerkung, es „haben handbreit neben uns Kerle und Kolonnen um diese Sache Blut gelassen!" (S. 5).

Die Hauptfigur in dem aus neun Bildern bestehenden Stück ist Jost Hund, eigentlich Jost Kielmannsegg, Oberleutnant a.D., der spiritus rector jener Siedlung, die um ihr Überleben kämpft. Friedrich Wolf charakterisierte ihn später im Vergleich mit dem Protagonisten der *Matrosen von Cattaro*, Franz Rasch, als einen „starren Bock".[55] Im Ensemble aller Kommunefiguren weiß er durchaus um seine herausgehobene Stellung besonderer Verantwortlichkeit: „ich als erster sollte drunten sein, sie erwarten meinen Vorhieb, meinen Ruf" (S. 64).

Das Stück verbindet äußere und innere Konflikte. Die anhaltende Wasserknappheit und vergebliche Wasserbohrungen, deren realhistorische Grundlage bereits erwähnt wurde, verschärfen die materielle Krise

55 Zitiert nach Walther Pollatschek: Das Bühnenwerk Friedrich Wolfs. Ein Spiegel der Geschichte des Volks. Berlin: Henschel, 1959, S. 138.

der Kommune. Hinzukommt, dass eine später zurückgenommene staatliche Unterstützung nur bei Mitspracherecht seitens der Behörden gewährt werden soll, was die Kommunarden ablehnen. Als der benachbarte Großgrundbesitzer Flint auf seinem Grundstück mineralhaltiges Wasser findet, das er als Heilwasser industriell verwerten und dazu den Moorhof aufkaufen möchte, kommt es zu gewaltsamen Auseinandersetzungen. Überlagert werden diese äußeren durch innere Konflikte, insbesondere zwischen Jost und seiner Frau Sabe, was Herbert Ihering später einmal als „verblasene Privataffäre" abtat.[56] Ob sich, wie Simone Barck urteilt, hier Kolportagehaftes findet, sei dahingestellt.[57] Allerdings zeichnet sich das Stück insgesamt durch einen manchmal unübersichtlich werdenden „Handlungsreichtum"[58] aus, den bereits die zeitgenössische Theaterkritik, wie zu zeigen sein wird, bemängelte.

Abb. 3: Aus der Hamburger Uraufführung von „Kolonne Hund" (1927) – Gustav von Wangenheim als Jost. Aus: Arbeiter Illustrierte Zeitung (AIZ) Jg. 8 (1928), Nr. 10, S. 13.

Sabe, die Jost die Vernachlässigung ihres erkrankten und inzwischen gestorbenen Kindes vorwirft, trennt sich von Jost und zieht zu Flint. Der Konflikt zwischen dem Privaten und dem Politischen der Gemeinschaft spitzt sich zu, als sich bei einer außer Kontrolle geratenen Aussprache zwischen Sabe, Jost und Flint

56 Berliner Börsencourier v. 7.9.1929, anlässlich einer *Cyankali*-Rezension; zitiert nach ebenda, S. 338

57 Simone Barck: Auf der Suche nach der sozialistischen Utopie. Heinrich Vogeler, Friedrich Wolf und Sergej Tretjakow. In: Einspruch. Schriftenreihe der Friedrich-Wolf- Gesellschaft 2007, S. 75–90, hier S. 82.

58 Ulf-Rüdiger Sacksofsky: Friedrich Wolfs Dramatik von 1924 bis 1931 und ihre Beurteilung in der Kritik. Phil. Diss. Köln, 1972, S. 27.

ein Revolverschuss löst und Flint in den Kopf trifft, so dass er erblindet. Gegen die Rücknahme der staatlichen Unterstützung demonstrieren Arbeiter. Jost und andere werden verhaftet und treten in den Hungerstreik, der sie an den Rand des Wahnsinns treibt – was in sehr eindrücklichen Szenen vorgeführt wird, wie ein Szenenfoto der Hamburger Premiere ausweist (siehe Abbildung 3).

Die Kommunarden werden schließlich wegen drohender weiterer Demonstrationen amnestiert. Auf den Moorhof zurückgekehrt, wird die Kolonne Opfer eines Angriffs von Soldaten, die sogar Gas einsetzen, die aber Dank der aus der benachbarten Stadt herbeigeeilten Arbeiter zurückgeschlagen werden. Bei diesen Verteidigungsmaßnahmen stirbt Jost, der eine Niederlage gerade noch hat verhindern können, wie ihm einer der Arbeiter bescheinigt. Jost antwortet:

> Niederlage, Genosse .... Weil's nicht mit einem Sprung gehen will ... nein, solang‘ noch Fäuste not [sind], diese Erde zu karsten, dies Eisen zu hämmern, die Hebel zu schalten, so lang ist jede Niederlage nur ein Schritt nach vorn! (S. 101)

3.2 Zur Frage der Avantgarde

Ein „Schritt nach vorn“ (S. 101) – *Kolonne Hund* ist ein Stück, dem als Subtext eine Auseinandersetzung mit der Avantgarde eingeschrieben ist, wobei Avantgarde hier zunächst als eine dem Militärischen entnommene Metapher des raumzeitlichen ‚Vorneweg‘ verstanden wird.[59]

Das Stück kommt ohne irgendeine Organisation oder Partei aus – es handeln die Kommunarden und die von außen zu Hilfe eilenden Arbeiter. Wenn die *Kolonne Hund* über ein eigenes Kampflied verfügt, so markiert

[59] Zu Semantik und Begriffsgeschichte des Terminus „Avantgarde“ vgl. die Einleitung zu: Metzler Lexikon Avantgarde. Hg. Hubert van den Berg/Walter Fähnders. Stuttgart/Weimar: Metzler, 2009, besonders S. 1-4.

dies die Autonomie dieser Zelle als einer antikapitalistischen Insel. Es lautet:

> Drum Sensen hoch im ersten Glied,
> Drum Hämmer hoch, wir ziehen mit,
> Und hinter uns Millionenschritt:
> Arbeit, Brot, Arbeit, Brot,
> Arbeit, Brot und Frieden. (S. 47; mit Variationen)

Der Einsatz dieses Liedes und des Refrains „Arbeit, Brot und Frieden" durchzieht das Stück leitmotivisch. Gelegentlich wechselt es, so die jeweilige Regieanweisung, mit dem Lied *Brüder, zur Sonne zur Freiheit* und einmal auch der *Internationale.* Damit korrespondiert auch der Wechsel in der Anrede der Beteiligten untereinander – mit „Kamerad" die Kommunarden, also den anarchistischen Gebrauch favorisierend, der aber immer dann durch „Genosse" abgelöst wird, wenn es um Kommunikation außerhalb der Kolonne geht. Friedrich Wolf zitiert also in beiden Fällen, bei der Verwendung der Anrede und dem Einsatz der Kampflieder, traditionsreiche Embleme der organisierten Arbeiterbewegung neben den eigenen, selbstgeschaffenen der Kolonne. Man mag das als Brückenschlag zwischen der revolutionären Zelle und dem Gros der Klasse und ihrer Bewegung sehen – aber eben auch als Betonung ihrer Autonomie. Jedwede Organisationsproblematik der linken Parteien bleibt, wie betont, ausgespart – ganz anders also als etwa Berta Lask in ihrem gleichzeitig entstandenen Stück *Leuna 21* verfährt, die beispielweise den Linksradikalen von der KAPD die Mitverantwortung für die Niederlage des Aufstandes zuschreibt. Dass die Auseinandersetzungen innerhalb der Linken Friedrich Wolf spätestens seit seinem Engagement im November 1918 und vor allem im Remscheid bei der Niederschlagung des Kapp-Putsches und seinen Erfahrungen dort mit SPD, USPD und KPD nur zu geläufig waren, sei hier nur erwähnt.

Wenn die Kolonne als handelndes Kollektiv und die Kolonisten als Aktivisten dargestellt werden, so lässt sich dabei in nuce ein Avantgarde-Diskurs erkennen: Avantgarde hier nicht im kommunistisch-bolschewistischen Verständnis der Partei als der Avantgarde der Klasse, wie es Lenin 1905 in *Was tun?* entworfen hatte, sondern in dem Sinne, dass das Kommune-Experiment als praktisches Exempel einer Avantgarde der Arbeiter verstanden wird, die im Voranschreiten zum Ziel des neuen Lebens führt. Als Ziel ließe sich nach vollbrachter Tat zudem die Selbstaufhebung der Avantgarde als Avantgarde benennen. Das lässt sich im Stück an markanten Bildern und Metaphern ablesen.

Bereits im zitierten Kolonnenlied sieht das Subjekt der Kolonne „hinter" sich den „Millionenschritt", es schreitet also voran (S. 47). Auch Josts oben zitierte Wort von der Niederlage, die „nur ein Schritt nach vorn" bedeute, zielt in diese Richtung. Dazu eine kurze Belegreihe, die aufzeigen mag, wie in *Kolonne Hund* Avantgarde und Avantgardistisches sprachlich inszeniert werden.

Die Kolonne sieht – und inszeniert – sich als Vorbild für die „Jenossen draußen" (S. 8), die erkennen sollen, „det Moor is Brot, is Land für noch ne Million Menschen" (S. 8). Jost spricht vom „Vorposten" – „wer auf Vorposten steht und zittert vor dem Dunkel und dem grinsenden Nichts davon, der kehre um aus der Front!" (S. 22) Den Regierungsvertretern stellt sich Jost vor als „der Stoßtrupp der Bewegung": Die „einzelnen zählen nicht!" (S. 49); anlässlich von Demonstrationen spricht er von der „Vorhut" des Volkes, die sich versammelt habe (S. 77). In diesen Kontext gehören auch die Zellen- und Insel-Metaphorik: „Wir wollen und werden eine Zelle hier schaffen, ein Riff, für unsere Kinder und die Kommenden!" (S. 51), und: „Dieser Moorklotz, auf dem wir stehen", so Jost, „ist kein Krautfeld irgendwo; es ist das winzige Riff, daran wir landeten, der Fahnenstand, der Richtpunkt für alle hinter uns" (S. 38f.) Neben dem Riff steht der Berg: „Bei jedem Berg aus Millionen Steinen ist die höchste Spitze eisig, hart, weitspähend!", habe Jost einmal gesagt, so der freilich zwielichtige Mirandeus (S. 40). Oder in der Negation: „Wir wollen unseren Weg gehen, hinter dem die Brücken verbrannt!" (S. 52), und: „Tabula rasa! Gut! Wir haben uns von der anderen Welt gesondert und stehen hier auf eigene Gefahr!" (S. 25) *Durch Absonderung zur Gemeinschaft* hatte im Jahr 1900 Gustav Landauer proklamiert, um durch autonome Zellenbildung – wie in seinem eigenen „Sozialistischen Bund“ – die Revolutionierung der Massen vorantreiben zu können.[60]

Vorposten, Stoßtrupp, Vorhut, Riff, Berg, der Richtpunkt, die weitspähende höchste Spitze – das ist ein ganzes Arsenal von Bildern und Metaphern, die ausnahmslos das raumzeitliche ‚vorne‘ und ‚voran‘ der Avantgarde markieren und die so auch bei der künstlerischen Avantgarde begegnet, wenn sie in ihren Manifesten die einzelnen Ismen proklamiert. Der Terminus Avantgarde selbst wird dabei ja zugunsten der besonderen Label der Ismen eher vermieden – umso mehr wird der avantgardistische Anspruch etwa des Futurismus durch eine diesbezügliche Bildlichkeit artikuliert: „Wir stehen auf dem äußersten Vorgebirge der Jahrhunderte!“, heißt es beispielsweise gleich im ersten futuristischen Manifest. Der Manifestant positioniert sich dabei mit den Worten: „Aufrecht auf dem Gipfel der Welt“.[61] Avantgarde-Funktion übernehmen gerade in den frühen Manifesten der künstlerischen Avantgarde Raummetaphern wie Berggipfel, Vorgebirge oder Kap.[62]

Vergleichbar also operiert Friedrich Wolf, wenn er das Selbstverständnis seiner *Kolonne Hund* ausführt: Diese setzt sich autonom, als Avantgarde, wofür auch das Voranschreiten der Kolonne zur Tat steht, was wiederum in der sprachlichen Präsentation in einer ausgesprochen avantgardistischen Bildlichkeit realisiert wird. Dabei entsteht mit der direkten Aktion auch eine direkte, unvermittelte Berührung mit den Massen der Arbeiter – ohne organisatorische Vermittlungsinstanzen. Diese Anlage des Stückes dementiert den möglichen Avantgarde-Anspruch einer Partei und proklamiert eine Avantgarde, in der, wie Jost es ausdrückt, jeder „nur ein

[60] Gustav Landauer: Durch Absonderung zur Gemeinschaft (1900). In: Ders.: Die Botschaft der Titanic. Ausgewählte Essays. Hg. Walter Fähnders und Hansgeorg Schmidt-Bergmann. Berlin: Kontext, 1994, S. 7–28.

[61] Filippo Tommaso Marinetti: Gründung und Manifest des Futurismus (1909). In: Manifeste und Proklamationen der europäischen Avantgarde. Hg. Wolfgang Asholt und Walter Fähnders. Stuttgart, Weimar: Metzler, 2005, S. 3–7, hier S. 7.

[62] Vgl. Walter Fähnders: „Hier wird, auf einem Kap, Extremes geformt.“ Zur Topographie der europäischen Avantgarde. In: StadtLandFluß. Urbanität und Regionalität in der Moderne. Festschrift für Gertrude Cepl-Kaufmann zum sechzigsten Geburtstag. Hg. Dietmar Lieser und Antje Johanning. Neuss: Ahasver, 2002, S. 73–88.

Glied, ein Knöchel im Bau der Kolonne" (S. 64) ist, in der aber eben der „Bau" eine avantgardistische Konstruktion des Voranschreitens meint. Bei den Schlusskämpfen heißt es dann: „Die Kolonne Hund steht nicht mehr allein!" (S. 96) Damit, so ließe sich forciert formulieren, hätte die Avantgarde ihre Aufgabe erfüllt – als Selbstaufhebung der Avantgarde in der gelingenden oder gelungenen revolutionären sozialen Praxis. Davon, dass sich Wolf in seinem Stück „von der Illusion einer kommunistischen Siedlungsgemeinschaft inmitten der kapitalistischen Umgebung (distanziert)", kann also nicht die Rede sein.[63]

Wenn es, wie betont, in *Kolonne Hund* keine proletarischen Organisationen gibt, sondern allein die ‚Klasse' selbst, die in unmittelbare Beziehung zur Kolonne tritt, so lässt sich daran das Avantgarde-Konzept noch genauer fassen. In der Zuspitzung des Konfliktes sind es die Arbeiter, die der ‚Zelle' zu Hilfe eilen – am Schluss sind sie es dann sogar, die deren Untergang wohl verhindern. Diese kämpfenden Arbeiter haben also keinerlei Bedenken, der Kommune zu Hilfe zu eilen – eine etwa parteikommunistisch grundierte Kritik an der autonomen Insel gibt es nicht. Im Gegenteil: Die kämpfenden Arbeiter übernehmen gegen Ende das symbolträchtige Kolonnenlied (S. 100).

Allerdings endet das Stück mit dem Tod des Protagonisten Jost. Dabei markiert die Mahnung des sterbenden Jost eine Position, die auf das Permanente der angestrebten Revolution verweist: „Der Sieg, Genossen … der Sieg ist das Schwerste, denn im Sieg … müßt ihr halten, was ihr gewollt!" (S. 101). Im Sieg halten, was man gewollt hat – das liest sich wie eine geradezu dialektische Warnung vor einem möglichen Verrat an der Revolution, sollten die Revolutionäre denn gesiegt haben. Friedrich Wolf hat Josts Diktum übrigens als Motto den Neuausgaben des Stückes nach dem Zweiten Weltkrieg als Motto vorangestellt.[64]

Im Konzept der Kolonne und der Kommune ist dies freilich ein Opfer neben anderen und keine Chiffre für ein Scheitern; im Gegenteil: Jost hat

[63] Klaus Kändler: Drama und Klassenkampf. Berlin, Weimar: Aufbau, 1970, S. 320.
[64] Wolf: Empörung (wie Anm. 48), S. 277; Wolf: Dramen (wie Anm. 48), S. 83.

durch seine Aktion eine Niederlage verhindert – „Es war höchste Zeit, Jenosse“, sagt ein „Arbeiter mit Hammer“ zu ihm, „nur ‘ne Minute später, un wenn du sie nich festjehalten an der Brücke, so hätten wir wieder ‘ne Niederlage erlebt!“ (S. 100). So erfüllt der Protagonist vor seinem Tod eine letzte – nun auch militärische! – Avantgarde-Funktion, indem er einen Brückenkopf verteidigt.

Am Ende des Stückes haben freilich die kämpfenden Arbeiter das Wort. In der Regieanweisung heißt es nach Josts Tod: „Vorn große Stille; von hinten hört man Gesang neuer anrückender Kolonnen“ (S. 100). Wird die Formation der Arbeiter hier erstmals als „Kolonne“ bezeichnet und somit auf die Ebene der Kolonne Hund gestellt – und vice versa –, so zeigt das Schlussgespräch von drei Arbeitern aber auch, dass man den Vorkämpfer der Kolonne Hund nicht oder nicht mehr erkennt:

> *Dritter* [Arbeiter] sich reckend: Wer is es denn??
> *Erster* Wie kannste det wissen?
> *Zweiter* mit Fahne nach vorn: Los!! (S. 102)

Mit dieser Bewegung „nach vorn“, dem „Los!!“ ist der avantgardistische Impetus auf das Kollektiv der Arbeiter übergegangen, was im Schlusstableau – nicht zuletzt durch den Gesang nun nicht mehr des Kolonnenliedes, sondern des seit 1918 geläufigen Arbeiterliedes *Brüder, zur Sonne, zur Freiheit.* Das Stück endet:

> Während die Gefallenen im Schatten des Hügels liegen, ziehen immer neue Arbeitertrupps mit Hämmern, Spaten, Fahnen und dem Gesang „Brüder, zur Sonne, zur Freiheit …“ über die Höhe. (S. 101)

„Nach vorn“ – „über die Höhe“: In dieser Symbolik operiert nun das Proletariat – es tut dies aber erst nach dem Vor-Gang der Kolonne Hund.

4. *Kolonne Hund* in der Theaterkritik

Die Uraufführung von *Kolonne Hund* fand am 28. April 1927 im Hamburger Schauspielhaus unter der Regie von Otto Werther mit Gustav von Wangenheim als Jost, Hans Otto als Flint und Maria Krahn als Sabe statt. Noch im selben Jahr folgten Inszenierungen in Frankfurt am Main (Schauspielhaus, 11.6.1927) und Leipzig (Schauspielhaus, 22.10.1927), in den Folgejahren solche in Koblenz (Stadttheater, 16.1.1928), Köln (Schauspielhaus, 31.5.1928) und Erfurt (Stadttheater, 29.9.1928). 1929 wurde das Stück gespielt in: Freiburg im Breisgau (Stadttheater, 21.1.1929), Stuttgart (Württembergisches Landestheater, 23.2.1929), Mainz (Stadttheater, 11.4.1929), Lübeck (Stadttheater, 20.4.1929), Ulm (Stadttheater, 24.4.1929), Berlin (Neukölln, Arbeiter-Theater-Bund, 10.5.1929), Harburg-Wilhelmsburg (Stadttheater, 9.11.1929), Karlsruhe (Badisches Landestheater, 30.11.1929), Altona (Schillertheater, 9.12.1929).[65] Insgesamt soll das Stück auf 18 Bühnen gegeben worden sein.[66]

Dass sich renommierte Schauspielhäuser und Stadttheater des Stücks annahmen und bereits der in der Buchfassung von 1927 abgedruckte Pressespiegel über die Inszenierungen in Hamburg und Frankfurt eine rundum positive Resonanz ausweist, signalisiert ein erhebliches Interesse gerade beim bürgerlichen Publikum. Von linker Seite wurde es eher gescholten – so verriss der Kritiker der *Roten Fahne* Durus (d.i. Alfréd Kemény) das Stück und eine Aufführung durch die „Berliner Genossen des Arbeiter-Theater-Bundes“ als „noch formal wacklig, ideologisch unklar und nicht genügend aktuell“[67]. In der Tat gab der Berliner Arbeiter-Theater-Bund das Stück mit Gustav von Wangenheim als Jost in der Berliner Hasenheide. Heinrich Vogeler hatte dafür das Bühnenbild geliefert und bei je-

65 Nach der Auflistung bei Sacksofsky: Friedrich Wolfs Dramatik (wie Anm. 58), S. 30, Anm. 1; dort fehlt der Hinweis auf die Berliner Aufführung.

66 Pollatschek: Das Bühnenwerk Friedrich Wolfs (wie Anm. 55), S. 333.

67 Durus [d.i. Alfréd Kemény]: Gruppe Junger Schauspieler gegen den Paragraphen 218. „Cyankali“ von Friedrich Wolf. In: Die Rote Fahne v. 8.9.1929; wieder in: Theater der Kollektive. Proletarisch-revolutionäres Berufstheater in Deutschland 1928–1933. Stücke, Dokumente, Studien. Hg. Ludwig Hoffmann. Berlin: Henschel, 1980, Bd. 1, S. 47f., hier S. 47.

ner erwähnten Schlüsselszene, in der auf dem „Moorhof" vergebens nach Wasser gebohrt wurde, sich ganz konkret an die realhistorischen Vorgänge auf dem Barkenhoff von 1921 gehalten (siehe die Abbildungen 1 und 2). Allerdings erfuhren *Kolonne Hund* 1928 und mit dem Stück auch der Autor eine ausgesprochen positive Würdigung in der komunistischen *AIZ*, der im Münzenberg-Konzern erscheinenden *Arbeiter Illustrierten Zeitung*. Darin wurde *Kolonne Hund* als „Schauspiel aus der heutigen Arbeiterbewegung" und Friedrich Wolf als „Dichter des Proletariats" gewürdigt.[68]

Apropos Berlin: Dies blieb die einzige Inszenierung, die *Kolonne Hund* in der Theaterhauptstadt der Weimarer Republik erlebte. Zwar kümmerte sich Erwin Piscator eingehend um das Stück und schrieb bereits am 14. November 1926 über die Chancen einer Inszenierung in der Volksbühne:

> Lieber Wolf,
> Kolonne Hund im Wesentlichen ausgezeichnet. Wir müssen alle Schritte tun, das Stück durchzubekommen. Der Stern scheint günstig. Ich sprach mit Steininger, der für das Stück war, aber eine Aufführung in dieser Spielzeit für unmöglich hält. Ich werde nun sondieren und für das Stück eintreten.[69]

Von anderer Seite wird unter dem 19. November 1926 bestätigt, dass der Regisseur „nach seinem Erfolg mit [Maxim Gorkis] Nachtasyl sich einige Tage in die märkischen Wälder zurückgezogen und einige freie Stunden der ‚Kolonne Hund' gewidmet" habe: „Er hat großes Interesse an der Inszenierung."[70] Am 3. Februar 1927 teilt Piscator Wolf mit, dass er „bis jetzt mit Niemandem erneut über ‚Kolonne Hund' [habe] sprechen" können.[71] Piscator plante sogar, der Hamburger Aufführung beizuwohnen – er fahre, „um mir ‚Kolonne Hund' noch einmal anzusehen. Ich denke Ihnen

68 [Anonym:] Kolonne Hund. In: Arbeiter Illustrierte Zeitung (AIZ) Jg. 8 (1928), Nr. 10, S. 13.

69 Erwin Piscator: Die Briefe. Berlin – Moskau (1909-1936). Hg. Peter Diezel. Berlin: Bostelmann & Siebenhaar, 2005 (Berliner Ausgabe), S. 154.

70 Dir[ektor] Holl an Friedrich Wolf, 19.11.1926; Friedrich-Wolf-Archiv der Akademie der Künste, Berlin, Sign. 284.

71 Piscator: Die Briefe (wie Anm. 69), S. 158

mit Sicherheit sagen zu können, dass ich das Stück annehme.“[72] Er musste seinen Besuch dann aber absagen, was wohl zu Verstimmungen mit Wolf führte.[73] Friedrich Wolf schrieb am 5. April 1929:

> Ich war an Ihnen etwas irre geworden. Beleidigt wegen „Kolonne Hund“ … nein! Nur denke ich jedesmal mit einem gewissen Ingrimm – das Stück läuft diesen Monat allein in Mainz, Lübeck, Dortmund, Freiburg, Stuttgart – wenn Piscator die „Kolonne“ in Berlin hätte starten lassen! Es ist ein Jammer! Sie haben damit bestimmt eine Chance ausgelassen.[74]

Es lag aber wohl nicht an Piscator selbst, dass seine Inszenierung in Berlin nicht zustande kam. Martin Mörike vom Chronos-Verlag, dessen Buchausgabe den Bühnen gegenüber als Manuskript galt, informierte Ende 1928 den Autor über den Stand weiterer Inszenierungen und bestätigte: „Unter der Direktion Neft [d.i. Heinrich Neft, 1928/29 Intendant der Volksbühne] bestehen nach wir vor keine Aussichten für das Stück an der Volksbühne“.[75] So blieb die erwähnte Inszenierung des Arbeiter-Theater-Bundes die einzige in Berlin. Einen aufschlussreichen Vergleich zwischen dieser Inszenierung in Neukölln und der gleichzeitigen Aufführung der *Dreigroschenoper* 1929 im Theater am Schiffbauerdamm stellte Manfred Georg im *Tempo* des Ullstein-Verlages an: „Ein realer, sachlicher Wille, politisch durch das Theater zu helfen, steckt eisern hinter den Gebärden … Schiffbauerdamm – Neukölln, zwei Welten. Auf beiden Szenen der Aufruhr: des Individuums und der Masse.“[76]

Die überwiegend positive Resonanz auf den deutschen Bühnen gründet wohl darin, dass *Kolonne Hund* zwar ein aktuelles, ein Zeitstück mit

72 Brief vom 24.5.1927 an Friedrich Wolf, Friedrich Wolf-Archiv der Akademie der Künste, Berlin, Sign. 284.

73 Am 2.4.1928 schreibt Piscator an Friedrich Wolf: „Scheinbar sind Sie wohl beleidigt, dass Sie mich über den Verlauf Ihrer Arbeiten nicht informieren. Ich kann mir nicht denken, dass Ihr Verhalten darauf zurückzuführen ist, dass eine Aufführung nicht zustande kam.“ (Piscator: Die Briefe (wie Anm. 69), S. 186).

74 Wolf: Briefe (wie Anm. 28), S. 112.

75 Brief an Friedrich Wolf v. 10.12.1928. In: Wolf: Briefwechsel (wie Anm. 17), S. 173.

76 Zitiert nach Pollatschek: Das Bühnenwerk Friedrich Wolfs (wie Anm. 55), S. 334.

linker Thematik ist, aber doch nicht als politisch oder parteipolitisch gebunden scheint, auch wenn, wie in den *Leipziger Neuesten Nachrichten* „die mehr oder weniger tendenziös gefärbte Zeichnung der bürgerlichen Welt" und ein „Abgleiten vom Allgemein-Menschlichen ins Klassenkämpferisch-Besondere" moniert wird.[77] Als „Dichtung mit faustdick aufgetragener politischer Tendenz" wie in der *Mitteldeutschen Zeitung* (zur Erfurter Inszenierung) wird *Kolonne Hund* eher selten gesehen.[78] Allerdings gab es wohl gerade bei der Erfurter Aufführung einen „Sturm der Entrüstung der völkischen und Rechtspresse", wie der Intendant Herbert Maisch gegenüber Friedrich Wolf äußerte.[79]

Aber die *Dresdner Nachrichten* schreiben ausdrücklich: „Hier wird keine politische Tendenz verfochten – sondern ein Menschheitsproblem rührt uns an".[80] Oder wie es in der sozialdemokratischen *Rheinischen Warte* aus Koblenz heißt: „das ist Tagespolitik, brennendste Parlamentsprobleme, und das ist – trotz allem und nun erst recht – *Kunst*, weißglühende Kunst, blutvolles Gegenwartstheater".[81] Bernhard Diebold lobte in der *Frankfurter Zeitung* „szenisches Geschick" und das „hochaktuelle Thema", wobei er Friedrich Wolf als einen „der wenigen" lobte, „die als Dramatiker zu jedem Programm das Gegen-Programm zu entwickeln suchen. Er setzt nicht einfach ganz bequem Sinn gegen Unsinn. Sondern: Sinn gegen Sinn. Das heißt: Sinn der Einen gegen Sinn der Anderen."[82] Vergleichbar heißt es zur Erfurter Inszenierung über das „Siedlungsdrama ‚Kolonne Hund'", dass dieses kein „Schwarz-Weiß-Drama" sei, sondern Friedrich Wolf stelle vielmehr „Kraft gegen Kraft" und er lasse eben aus einem besonderen „Zu-

77 Fritz Mack in den Leipziger Neuesten Nachrichten v. 24.10.1927; zitiert nach Sacksofsky: Friedrich Wolfs Dramatik (wie Anm. 58), S. 33.

78 Zitiert nach Pollatschek: Das Bühnenwerk Friedrich Wolfs (wie Anm. 55), S. 334.

79 Brief vom 8.11.1928, Friedrich-Wolf-Archiv der Akademie der Künste, Berlin, Sign. 284.

80 Zitiert nach dem Pressespiegel in: Wolf: Kolonne Hund (wie Anm. 54), o. S.

81 Zitiert nach Pollatschek: Das Bühnenwerk Friedrich Wolfs (wie Anm. 55), S. 335f.; Hervorhebung im Original.

82 Bernhard Diebold: „Kolonne Hund". In: Frankfurter Zeitung Jg. 71, Nr. 431 v. 13.6.1927, Abendblatt, S. 1.

sammenspannen der Gegenkräfte den dramatischen Funken fliegen".[83] Die *Literarische Welt* bescheinigt dem Autor „beträchtliche dramatische Gestaltungsfähigkeit".[84]

Zur Hamburger Premiere schrieb ein Kritiker über dieses „Schauspiel des Gemeinschaftsgedankens": „Das Publikum bereitete dem ernsten Streben des Dichters, den man nicht parteipolitisch einordnen darf, dem geistigen Gehalt, der trefflichen Darstellung minutenlang stehend spontane Ovationen."[85] Auch der Zusammenschnitt privater und sozialer Fragen machte das Stück offenbar weithin akzeptabel, wobei der damit zusammenhängende Handlungsreichtum des Öfteren moniert wurde; Diebold sah sich veranlasst zu wünschen, „dass jede Szene um die Hälfte gestrichen würde".[86]

Die Frage des Privaten spielte bei der Uraufführung noch eine ganz besondere Rolle: Entgegen der Buchfassung wurde aus nicht näher erläuterten „taktischen, nicht aus dichterischen Motiven" der Schluss „völlig verändert"[87], wie die *Literarische Welt* kritisiert: Hier wird Jost von seinem Nebenbuhler Flint getötet – eine Akzentuierung des Persönlichen, das dem Politischen gewiss die Sprengkraft nimmt. Auch die Erfurter Inszenierung von 1928 folgte dieser Veränderung, was einen Kritiker zu dem Urteil veranlasste:

> die Geradlinigkeit der Handlung wird hier plötzlich in psychologisierendes Theater umgebogen. Jost fällt nicht im Kampf gegen die anonyme Gegenmacht, sondern wird von Flint erschossen in dem Augenblick, wo er eine Sekunde lang den Gemeinschaftswillen zugunsten des Privatwillens verrät. [...] Das mag theatralisch sehr wirksam sein, Wolfs feuriger Atem und Wolfs Redlichkeit werden dadurch gebremst. Nicht mehr die Kolonne ist der Kollektiv-Held – aus ihr ersteht plötzlich der Privat-Held wie nur je.[88]

83 A. Ho: Friedrich Wolf: „Kolonne Hund". Stadttheater. In: Thüringer Allgemeine Zeitung (Erfurt) v. 2.10.1928.

84 W. Dietz: Friedrich Wolf: Kolonne Hund. In: Die literarische Welt Jg. 3 (1927), Nr. 20, S. 7.

85 Reif: „Kolonne Hund" von Friedrich Wolf. In: 8-Uhr-Abendblatt Nr. 99 v. 29.4.1927, S. 5.

86 Diebold: „Kolonne Hund" (wie Anm. 82), S. 1.

87 Dietz: Friedrich Wolf: Kolonne Hund (wie Anm. 84), S. 7.

88 Ho: Friedrich Wolf: „Kolonne Hund" (wie Anm. 83).

Dagegen widmet sich anlässlich der Frankfurter Aufführung das dort ansässige *Jüdische Wochenblatt* in einem ganzseitigen Aufmacher jenem Aspekt, der für die Anlage des Stückes zwar konstituierend ist, der in der Theaterkritik aber eher vernachlässigt wurde: dem „Problem der *sozialistischen Insel*", wie der Autor, der Philosoph und Historiker Ernst Simon, es nennt.[89] Dabei überträgt der Kritiker die „Frage der sozialistischen Insel" allegorisch auf die Frage nach der jüdischen Existenz: „‚Kolonne Hund' gestaltet, zweifellos ohne es zu wollen oder auch nur zu wissen, die Problematik der palästinensischen Kwuzah", der Keimzelle des Kibbuz also. „Die Kwuzah hat ihren Dichter", heißt es dementsprechend, und der Kritiker empfiehlt. „dieses Stück sollte man ins Hebräische übersetzen und es in Palästinas Städten und Kolonien spielen, – aber auch in Moskau durch die ‚Habimah'". Tatsächlich wurde *Kolonne Hund* am 5. September 1931 in Tel Aviv vom Arbeitertheater Ohel in der Bearbeitung und unter der Regie des Theatergründers Moshe Halevi (ein ehemaliges Mitglied des Moskauer Habimah-Theaters) unter dem Titel *kovshe ha-bitsa* („Eroberer des Sumpfes") aufgeführt.[90]

5. Ein Brief

Es hat sich ein Brief aus den späteren Zwanziger Jahre erhalten, den das Barkenhoff-Kinderheim, das wie eingangs erwähnt 1923 der Roten Hilfe überschrieben worden war, an Friedrich Wolf richtete:

> Lieber Genosse,
> wir haben hier alle Dein Buch, oder besser noch „die Geschichte des Barkenhoffs vor uns" gelesen, und es hat auch uns in gleichem Mass gepackt, wie die Arbeiter die als Statisten mit wirkten.

89 Ernst Simon: Der Dichter der Kwuzah. In: Jüdisches Wochenblatt Jg. 4 (1927), Nr. 24 v. 24.6., S. 1; Hervorhebung im Original; dort auch die folgenden Zitate.

90 Übersetzung ins Hebräische durch Ja'akov Horowitz. Dies teilt mir freundlicherweise Sebastian Schirrmeister mit. Im Theaterarchiv in Tel Aviv gibt es nach seinen Worten zu der Inszenierung eine Akte (124.3.4), in der sich unter anderem ein Programmheft befindet.

Ich glaube sogar, einige bekannte Menschen drin gefunden zu haben, die „Maritje" hat mich schon begeistert, da war ich noch Kind, da war sie in meiner Heimatstadt eine grosse Agitatorin für die bessere Welt, auch sonst erkannte ich manchen, da ja doch manches aus dem Dorf zu uns sickert, wenn es auch nicht viel richtiges ist, ich habe nun das Buch an Heinrich Vogeler gegeben und er wird dir sicher auch schreiben. Ich weiss nicht, ob du unser Heim kennst, aber wenn dich der Weg mal nach Norddeutschland führt, dann bist du herzlichst eingeladen, mit uns und unseren Kindern einen Tag in unserer kleinen und doch so grossen, schönen Welt zu verleben.
Mit freundlichem Gruss

Die vom Barkenhoff[91]

[91] Im Friedrich-Wolf-Archiv der Akademie der Künste, Berlin, Sign. 284.

Frank Stern

Cyankali

Filmische Annäherungen 1930 und 1977[1]

September 1929, Premiere des Theaterstücks von Friedrich Wolf im Berliner Lessingtheater, über 100 Aufführungen gefolgt von Aufführungen überall in Deutschland und auch in anderen Ländern. Eine erste Berliner Kritik: „Der Dramatiker Friedrich Wolf klopft heute an…Er ist brutal, grausam… aber ehrlich."[2] Erich Kästner schrieb, dass Cyankali eine „kunstlose Arbeit" sei. Die „Wirkung hat mit Ästhetik nichts zu tun. Durchschlagend macht sie einzig die Echtheit des sozialen Gefühls und der stofflichen Darstellung."[3]

Es ging um die dritte Sache, aber um die dritte Sache, die weibliche Identität und weibliche Entscheidungen, auch wenn sie eine melodramatische Katastrophe implizieren mussten, nicht ausklammerte. Anders gesagt: Klassenfrage und Mutterschaftsfrage.

Ein Sturm der Kritik – positiv und negativ je nach politischer Couleur erfolgte in den Zeitungen, Debatten, politische Angriffe, Unmut der Kirchen, Polemiken der Konservativen, Störungen der Nazis.

1 Umfassende Dokumentation: Emmi Wolf, Klaus Hammer, Cyankali von Friedrich Wolf. Eine Dokumentation mit dem berühmten Theaterstück gegen den „Abtreibungsparagraphen", Berlin: Aufbau Verlag 1978.

2 Alfred Trostler, Tempo, 6.9.1929, in: Emmi Wolf, Klaus Hammer, Cyankali…, S. 125

3 Ebenda, S. 135–136.

Der „Neuen Frau“, der emanzipierten, selbstbewussten, sexuell selbstbestimmten Frau, deren Bild – meist androgyn mit Bubi-Haarschnitt in Film und Medien popularisiert und in Teilen des Bürgertums und Kleinbürgertums auch gelebt wurde, setzte das Stück das Elend der Schwangeren, der jungen Mädchen aus Arbeiterklasse und unteren Mittelschichten entgegen, die keine Verhütungsmittel kannten, zu wenig Geld besaßen und denen der § 218 jegliche Form von Schwangerschaftsabbruch für die Frauen und Ärzte oder eher „Engelmacherinnen“ zu einer mit Zuchthaus zu bestrafenden Handlung machte. Der soziale Hintergrund war ein doppelter: Verelendung, Arbeitslosigkeit, miserable Wohnverhältnisse, fehlende Gesundheitsfürsorge einerseits und andererseits die totale Missachtung der Rechte der Frauen, des Anspruchs auf Selbstbestimmung über Schwangerschaft oder deren Abbruch, eben, wie es in einem Gesetz der DDR später formuliert war, „dass die Frau über die Schwangerschaft und deren Austragung selbst entscheiden kann“ und wie es ähnlich „ wenn auch einschränkender in einer Ergänzung zum §218 im deutschen Strafgesetzbuch heißt. 1928/29 wurde vom Deutschen Ärztetag die Zahl der jährlichen Abtreibungen in Deutschland auf eine halbe Million bis 800.000, darunter 10.000 Todesfälle und 50.000 Erkrankungen geschätzt.

Ein Jahr nach der Premiere wurde der Arzt Wolf wegen Ausstellung von Bescheinigungen, die einen legalen Abbruch ermöglichten verhaftet und erst nach riesigen Protesten gegen eine Kaution, gestellt von der KPD, freigelassen. Auf einer Protestkundgebung im Februar 1931sagte Bertolt Brecht: „So wie der Staat es in seiner Justiz macht – er bestraft den Mord, sichert sich aber das Monopol darauf -, so macht er es eben überhaupt: Er verbietet uns, unsere Nachkommen am Leben zu verhindern – er wünscht dies selber zu tun. Er behält sich vor, selber abzutreiben, und zwar erwachsene, arbeitsfähige Menschen.“[4]

Wolf und Brecht waren nicht die einzigen Intellektuellen, die gegen den Mordparagraphen 218 an die Öffentlichkeit traten: Lion Feuchtwan-

4 Welt am Abend, Berlin, 2.3.1931, ebenda, S. 278.

ger, Ernst Toller, Albert Einstein, Else Lasker-Schüler um nur einige zu nennen.

Doch 1933 war zu nah, als dass sich eine breite soziale Bewegung an die Proteste anschließend hätte entwickeln können. Der Nationalsozialismus brach in diese Bewegung und das sich unter jungen Frauen entwickelnde Bewusstsein, hier mit einer aktuellen Form der Verbindung von Frauenfrage und Klassenfrage konfrontiert zu sein, massiv ein und beantwortete das Verhältnis von Mutterschaft und weiblicher Selbstbestimmung neu. Nach 1933 oblag dem Staat und den NS-Frauen-Bewegungen die Kanalisierung von Sexualität und Mutterschaft. Die im Theaterstück und im Film betonte Hoffnung auf eine staatliche Reformpolitik, also Geburtenregelung und weibliche Selbstbestimmung über Sexualität und Schwangerschaft wurde vom NS-Staat pervertiert, was sich nach 1945 zunächst nur in DDR änderte.

Das Theaterstück wurde von Tausenden gesehen, der durch die Zensur zunächst verbotene, dann mit Schnitten versehene Film erst nach Protesten freigegeben (abgesehen von Bayern), premierte im Mai 1930 im Kino „Babylon" und wurde in der Folge wahrscheinlich von Zehntausenden gesehen, obwohl er Jugendverbot hatte. Der Film verbindet Sozialkritik, Nachzeichnung eines proletarischen Berliner Milieus, die Abtreibungsgeschichte mit unmissverständlicher Kapitalismuskritik, vor allem durch die ästhetischen Mittel der Filmkunst Anfang der 30er Jahre unter unübersehbaren expressionistischen Einflüssen. Er antwortet implizit aber auch auf das Rundschreiben von Papst Pius XI, der 1930 den Gebärzwang anordnete und Schwangerschaftsabbrüche verurteilte.

In der Post-Post-Kritik werden die Unterschiede zum Theater-Stück betont, die Tatsache, dass der Film sich an breitere Schichten wendet, in der Tradition des kritischen Zwischenkriegsfilms steht, nicht jede ideologische Nuance von Wolf (Kommunistischer Arbeiter gegen Arzt; Mutter wird nicht von der Sterbenden weggerissen) beachtet. Doch verfehlen derartige Kritiken, für die es nur den Maßstab gibt, ob ein Film auch genau der literarischen Vorlage entspricht den Charakter von Film als Kunst. Holzhammermethoden und szenisch reduzierter Agitprop sind, ganz im Sinne von Wolf, glücklicherweise der Dynamik und Wirksamkeit der Filmkunst und deren kritischem Potential gewichen

Gleichzeitig, und dies sei betont, ist *Cyankali* ein Film in einer Übergangsperiode: Erstens schreibt Wolf das Theaterstück vor dem Schwarzen Freitag, 25. Oktober 1929, also dem Beginn der Weltwirtschaftskrise, deren Vorboten überall in Deutschland spürbar sind und fallen Premiere und Aufführungen in diese Krisenzeit – treffen also auf eine immense Rezeptionsbereitschaft. Zweitens vollzieht sich in *Cyankali* der Übergang vom Stumm- zum Tonfilm. Der Film beginnt mit expressionistisch gezeichneten Texttafeln und geht gegen Ende abrupt – aber dramatisch gekonnt – über in einen Tonfilm.

Die populäre Bühnendarstellerin Grete Mosheim, die bei Max Reinhard gelernt hatte, spielte die junge Frau, Hete, die aufgrund der Verelendung keinen Ausweg sieht als abzutreiben, von allen – auch Ärzten – im Stich gelassen die Saugspritze selbst ansetzt, zur Engelmacherin geht und letztlich an inneren Blutungen, Fieber und Cyankali, damals ein bei Abtreibungen eingesetztes Gift, voller Qualen bei totaler Gleichgültigkeit eines Arztes und der Polizei zugrunde geht. Sie und ihre Mutter werden des Verbrechens beschuldigt, kriminalisiert. Der Spielfilm von 1930 unter der Regie von Hans Tintner ist nicht nur ein herausragendes tragisch endendes Melodrama sondern gehört auch in die Reihe der Aufklärungsfilme und der Filme, die nicht allein anklagen sondern gesellschaftliche Veränderungen bewirken wollen. Kunst als Waffe! Dokumentarische Bilder der Aussperrungen und des verelendenden proletarischen Milieus verschärfen die Aussagen des Films. Gleichzeitig präsentiert Hete, die Hauptperon, durch Sprache, Kleidung, Haarschnitt und Sekretärinnenstelle auch einen Übergang, eine Entwicklung, in der proletarische Frauen nicht mehr nur auf das Stereotyp der Fabrikarbeiterin reduziert werden können. Mutterschaft oder Schwangerschaftsregulierung werden im Film nicht auf ein Milieu reduziert sondern als exemplarisches schichtenübergreifendes Problem der Frau in der Moderne, aber in einer klassenmäßig bestimmten Moderne dargestellt. Der weibliche Körper wird zum konkreten und symbolischen Kampffeld einer doppelten Emanzipation. Das Melodrama mündet nicht, wie in vielen Filmen dieser Zeit, in die Bewahrung des Status Quo sondern in die Hoffnung auf eine revolutionäre Utopie. Ein Vergleich mit Bertolt Brechts Anni im Film *Kuhle Wampe* von 1932 könnte Varianten dieser Präsentation der Neuen Frau deutlich machen.

Der österreichische Regisseur Hans Tintner musste 1938 vor dem NS-Terror nach Paris fliehen, wurde aber 1942 von den Nazis verhaftet, deportiert und im Vernichtungslager Auschwitz ermordet. Grete Mosheim emigrierte 1933 nach Österreich, 1934 nach England und 1938 in die USA. Blandine Ebinger, die im Film in ein er kleinen Milieuszene eine Hinterhofsängerin spielt, floh 1937 in die USA und kehrte 1948 nach Deutschland, in die DDR zurück, wo sie in zahlreichen Rollen brillierte. – Das sollen nur drei Beispiele sein und drei Argumente, warum der Film restauriert werden sollte.

Wolf selbst hatte zwar am Film mitgewirkt, war aber zu sehr in den Theaterinszenierungen gefangen, um die filmkünstlerische Umsetzung und die Wahl der SchauspielerInnen zu akzeptieren. Heute können wir mit Glück sagen, dass der Film mit erfahrenen FilmdarstellerInnen besetzt wurde.

Der 1977 im Fernsehen der DDR gelaufene gleichnamige Film unter der Regie von Jurij Kramer fällt hingegen völlig ab. Das Stück ist hier ziemlich verflacht, hat eine eher eindimensionale Qualität. Aber das mag auch damit zusammen hängen, dass das Format auf ein Fernsehkammerspiel reduziert wurde und Darstellerinnen wie Ann-Kathrin Bürger, Marianne Wünscher nicht so recht der Vorlage von 1929/30 entsprechen durften oder wollten. Der sozialkritische Biss ist hier nicht wirklich spürbar, das in einzelnen Sequenzen des Films von 1930 wie ein Schatten der Zukunft deutliche Empordämmern des Nationalsozialismus kommt überhaupt nicht zur Geltung. Da wo der Film auf eine größere gesellschaftliche Breite und Rezeption zielt, engt die Inszenierung von 1977 wieder ein, wird allzu sehr zum Agitprop-Theater. Als Kritik am Fernsehkammerspiel soll einfach Friedrich Wolf herangezogen werden. In seinem Artikel „Schöpferische Probleme des Agitproptheaters" schrieb er 1933:

„‚Der‘ Fabrikant war ein fetter Spießer, er trug die Aktenmappe, ‚der‘ Faschist hatte die Mördervisage und war bis an die Zähne bewaffnet, ‚der‘ Sozialdemokrat war ein vertrottelter ‚Sozialfaschist‘, ‚der‘ Prolet war ehrlich und verhungert.“ Der Film von 1930 zeigte diese kritische Sicht Wolfs, indem er proletarisches Milieu, Frauenfrage als Mutterschaftsfrage und Melodrama verbindet. *Cyankali* gehört in eine Reihe mit *Freudlose Gasse, Dreyfus, Kuhle Wampe, Danton, M* und *Das Testament des Dr. Mabuse,* nicht wegen seiner klassenkämpferischen Hoffnung, sondern weil er Teil der von den Nazis vernichteten aufklärerischen Moderne ist, die heute wie eine Utopie wirken kann.

Es ist daher unverständlich, dass dieser Film bis heute nicht restauriert wurde, um als Film und als DVD ein neues Publikum zu finden.

Sebastian Schirrmeister

Der erste *Mamlock.* Eine Spurensuche

Das hebräische Bühnenmanuskript von *Professor Mamlock* im Kontext der verschiedenen Fassungen des Dramas

> „Professor Mamlock" ist ein großes Werk des sozialistischen Realismus, und seine eigentliche Aussage, in den Arbeiterszenen, den Szenen Rolfs, in Mamlocks letztem Wort gipfelnd, bedeutet eine verehrungsvolle Widmung an die kommunistischen Kämpfer und eine Verkündigung des schließlichen Sieges auf ihrem Wege als dem einzig möglichen.
>
> Walther Pollatschek (1963)[1]

> *Professor Mamlock* wird in aller Welt als frühe und prophetische Anklage gegen die mörderische Judenverfolgung des Nationalsozialismus und als gültig gebliebenes großes Humanitätsdrama unserer Epoche verstanden und ist als Warnung vor der „Diaspora *der* Menschen und *des* Juden" gültig geblieben.
>
> Henning Müller (2009)[2]

Ein erfreulicher Nebeneffekt des in den letzten Jahren wiedererwachenden Interesses an Friedrich Wolf, das sich u. a. in verschiedenen biographischen ‚Annäherungsversuchen' und insbesondere im doppelten Jubiläumsjahr 2013 in einer Reihe von Veranstaltungen niederschlägt, ist die erneuerte literaturwissenschaftliche Auseinandersetzung mit seinem sicherlich be-

1 Walther Pollatschek, Friedrich Wolf. Eine Biographie. Berlin 1963, S. 193.

2 Henning Müller, Friedrich Wolf. 1888–1953 ; deutscher Jude, Schriftsteller, Sozialist. Teetz 2009, S. 12.

kanntesten Drama *Professor Mamlock*. Die jahrzehntelang vorherrschende Perspektive der marxistischen Literaturwissenschaft in der DDR bedeutete, wie Werner Biechele bereits 1989 kritisch resümiert, „über den Kommunisten Wolf nur das mitzuteilen, was auf alle Vorbilder paßt, es führte zu Vereinfachungen, zur Glättung von Widersprüchen. Schwierigkeiten bereiteten weder Werk noch Dichter.“[3] Im Fall von *Professor Mamlock* hat diese Sichtweise ihren Teil dazu beigetragen, den heterogenen Entstehungsprozess und die wiederholte Metamorphose des Textes zu verschleiern und vergessen zu machen. Die ‚endgültige‘ Textfassung von 1946 wurde zur einzigen Referenz der Interpretation. Das Ergebnis war eine ‚sozialistische Einheitslesart‘ des Dramas, die in Formulierungen wie der oben zitierten von Walther Pollatschek ihren Ausdruck findet. Die wesentlich jüngere, eine nicht weniger umfassende Deutung behauptende Lesart von Henning Müller scheint sich indes auf einen völlig anderen Text zu beziehen. Lediglich der Titel des besprochenen Dramas verbindet diese beiden auf den ersten Blick völlig unvereinbaren Interpretationen miteinander.

Bereits 2006 hat Maria Teresa Sciacca in ihrem Aufsatz *„Mamlock“-Variationen – Ein Drama und seine verschiedenen Fassungen* unter Heranziehung der existierenden Manuskripte und Druckfassungen deutlich aufgezeigt, dass man heute längst nicht mehr von ‚dem‘ Drama *Professor Mamlock* sprechen kann, ohne eine äußerst aufschlussreiche und dem Dramentext selbst in ihrem Wert als Zeitdokument in nichts nachstehende Produktionsgeschichte zu ignorieren.[4] Die 2009 erschienene Reclam-Ausgabe – ein untrügliches Zeichen, dass *Professor Mamlock* nunmehr einen Platz im gesamtdeutschen Literaturkanon gefunden hat – trägt zum ersten Mal dieser Tatsache Rechnung. Auf den eigentlichen Dramentext, der wie alle zuvor in der DDR erschienenen Ausgaben auf die letzte Fassung

[3] Werner Biechele, Jüdische Intellektuelle im Spannungsfeld von bürgerlichem Demokratie-Verstandnis und antisemitischem Rassenwahn. Bemerkungen zu Arthur Schnitzlers „Professor Bernhardi“ und Friedrich Wolfs „Professor Mamlock“, in: Germanistisches Jahrbuch DDR – UVR, 1989, S. 77-90, hier S. 77.

[4] Maria Teresa Sciacca, „Mamlock“-Variationen – Ein Drama und seine verschiedenen Fassungen, in: Exil. Forschung, Erkenntnisse, Ergebnisse, Nr. 26/1, 2006, S. 37-51.

von 1946 zurückgeht, folgen in Auszügen die Textvarianten aus der ersten Druckfassung von 1935 (Zürich: Oprecht & Helbling) und ein ausführliches Nachwort des Herausgebers Hermann Haarmann.[5] Auch Henning Müller geht in seiner ebenfalls 2009 in der Reihe *Jüdische Miniaturen* erschienenen Monographie über Friedrich Wolf recht ausführlich auf die unterschiedlichen Versionen von *Professor Mamlock* ein und hebt insbesondere die prominente Rolle innerjüdischer Diskussionen in den frühen Fassungen hervor. Müller stützt sich dabei vornehmlich auf ein Moskauer Manuskript des Dramentextes, das sich im Bundesarchiv im Nachlass des KPD-Funktionärs Arthur Pieck befindet (bei Sciacca als ‚Pieck-Fassung' bezeichnet) und das bislang den Status der „frühesten schriftlich erhalten gebliebenen Gesamtfassung des Mamlock"[6] innehat.

Der vorliegende Beitrag versteht sich als Ergänzung der bisherigen Erkenntnisse zur Entstehungs- und frühen Rezeptionsgeschichte von *Professor Mamlock*. Ausgangspunkt hierfür sind die beiden Inszenierungen, die der deutschsprachigen Erstaufführung am Zürcher Schauspielhaus vom 8. November 1934 vorausgingen und die unter anderem durch die Person Alexander Granach eng miteinander verknüpft sind: die Uraufführung in jiddischer Sprache am Kaminski-Theater in Warschau am 19. Januar 1934 und die hebräischsprachige Inszenierung am Habima-Theater in Tel Aviv (Premiere am 25. Juli 1934). Insbesondere das Bühnenmanuskript der Letzteren soll unter die Lupe genommen und in den Kontext der bislang bekannten Fassungen und Varianten von *Professor Mamlock* eingeordnet werden. Es darf mit einigem Recht angenommen werden, dass es sich hierbei um eine noch frühere, schriftlich (wenn auch nur in Übersetzung) erhalten gebliebene Gesamtfassung des Dramas handelt.

Der Übersichtlichkeit halber und um deutlich zu machen, an welchen Punkt der Entstehungs- und Überarbeitungsgeschichte von *Professor Mamlock* das hebräische Bühnenmanuskript einzuordnen ist, sind hier die

5 Vgl. Friedrich Wolf, Professor Mamlock. Ein Schauspiel, hrsg. von Hermann Haarmann. Stuttgart 2009.

6 Müller, Friedrich Wolf, S. 66.

Titel	Jahr	Art
Doktor M’s Ausweg	1933	handschriftliches Manuskript
Doktor Mamlocks Ausweg. Ein Schauspiel aus Deutschland 1934	o. D.; verm. 1934	Typoskript
o. T. [Brief von Wolfs Agenten Kurt Hirschfeld an Leopold Lindtberg]	1934	Typoskript
Doktor Mamlocks Ausweg. Tragödie der westlichen Demokratie	1935	Druck
Professor Mamlock. Ein Schauspiel	1946	Druck

bislang bekannten und von Sciacca für ihre vergleichende Analyse verwendeten Fassungen aufgelistet (siehe oben). Zu den wichtigsten von Sciacca herausgearbeiteten Unterschieden zwischen den einzelnen Fassungen gehören:

1. Die ergänzende Einarbeitung von „Suggestions“ der amerikanischen Theatergruppe Theatre Union, mit der Wolf während der Entstehung der ersten Textfassung in regem Briefkontakt stand. Die Umsetzungen dieser Änderungswünsche (z. B. zusätzliche Figuren und Szenen, erklärende Zwischenszenen im Agitprop-Stil zur Verdeutlichung der politischen Botschaft) sind zu großen Teilen in der ‚Pieck-Fassung‘ zu finden.
2. Die Entfernung der meisten dieser Ergänzungen und Änderung weiterer Szenen im Hinblick auf die Zürcher Aufführung, die anhand

Umfang	**Verlag/Archiv**
1. Akt, Teile des 2. Aktes	Friedrich-Wolf-Archiv, AdK Berlin
vollständig	Nachlass Arthur Pieck, Bundesarchiv Berlin
7 Seiten mit Änderungen	Leopold-Lindtberg-Archiv, AdK Berlin
vollständig	Zürich: Oprecht & Helbling
vollständig	Berlin: Aufbau

des ‚Hirschfeld-Fragments' und der ‚Oprecht-Fassung' nachvollziehbar sind.

3. Die erneute Umarbeitung und fortgesetzte Eliminierung des innerjüdischen Dialoges und der Diskussion der Rassenfrage zugunsten einer stärkeren Orientierung auf Antifaschismus und ‚Klassenkampf' in der Nachkriegsfassung von 1946.

Vor der Analyse und vergleichenden Auswertung der hebräischen Fassung und der Antwort auf die Frage, ob in diesem Bühnenmanuskript tatsächlich eine Art ‚Ur-Mamlock' konserviert ist, soll aber zunächst die Migrationsgeschichte des Textes geklärt werden, die Friedrich Wolfs *Professor Mamlock* aus Mitteleuropa an den östlichen Rand des Mittelmeeres brachte.

Zeitstück und Zeitdruck

Friedrich Wolfs Drama über den jüdischen Chefarzt, Chirurgen und Weltkriegsveteran Hans Mamlock, seine schrittweise Entrechtung und Demütigung bis zum abschließenden Selbstmord und das Verhalten der ihn umgebenden Verwandten, Kollegen und Bekannten, die verschiedene politische Strömungen und Ansichten der Zeit kurz nach der nationalsozialistischen Machtübernahme repräsentieren, gilt als typisches Beispiel für ein Zeitstück. Charakteristisch für dieses Genre ist die thematische und zeitliche Unmittelbarkeit zwischen dem Drameninhalt und der Lebenswelt des Publikums, die einem literarischen ‚Verfallsdatum‘ gleichkommt: „Geschrieben aus aktuellem Anlass, waren die Zeitstücke für den sofortigen Gebrauch bestimmt. Man sprach daher von ‚Gebrauchskunst‘. War das Ziel erreicht, verlor das Stück seine Daseinsberechtigung.“[7]

Ein dergestalt auf Aktualität ausgerichtetes Drama setzt seinen Verfasser zwangsläufig unter enormen Zeitdruck. Friedrich Wolf, der sich bereits in den Jahren der Weimarer Republik mit Zeitstücken zu gesellschaftlich brisanten Themen wie Abtreibung (*Cyankali*) einen Namen gemacht hatte, begann bereits kurz nach dem Reichstagsbrand 1933 mit dem Entwurf und der Niederschrift des Dramas. Innerhalb weniger Monate und während er sich selbst in der Schweiz und in Frankreich auf der Flucht befand, stellte er die erste Fassung des Textes fertig. Sein wichtigstes Augenmerk war: Das Stück musste auf eine Bühne und zwar so rasch wie möglich.

In Wolfs Korrespondenz mit der proletarischen New Yorker Theatergruppe Theatre Union, die sich über die gesamte Entstehungszeit des Textes (bzw. der ersten vollständigen Fassung) erstreckt, finden sich zahlreiche Bemerkungen, die den Zeitdruck dokumentieren, dem sich der Autor hinsichtlich der Fertigstellung und Aufführung seines Dramas ausgesetzt

7 Theaterlexikon. Begriffe und Epochen, Bühnen und Ensembles, hrsg. v. Manfred Brauneck u. Gérard Schneilin, Hamburg 1992, S. 1120. Für eine ausführliche Reflektion der Kategorie ‚Zeitstück‘ und seiner Erforschung vgl. Carsten Jakobi, Der kleine Sieg über den Antisemitismus. Darstellung und Deutung der nationalsozialistischen Judenverfolgung im deutschsprachigen Zeitstück des Exils 1933-1945, Tübingen 2005, besonders S. 87-100.

sah. Noch in einem Brief vom 30. Mai 1933 – kurz nachdem er den ersten Akt fertig gestellt hatte – ging Wolf davon aus, dass die Schauspieler der Truppe 1931 um Alexander Granach „Ende August/Anfang September damit starten."[8] Am 22. Juni erneuerte er diesen Anspruch und sah seine „konkrete Aufgabe" darin, ein Stück zu schreiben, „das *jetzt* von der ‚Truppe 1931' in den deutschen Randstaaten, in Europa und Amerika gespielt werden konnte".[9] Noch am gleichen Tag beschloss Wolf einen zweiten Brief mit den Worten „Er [Mamlock] müsste noch diesen Winter gespielt werden!"[10] Im August behauptete er sogar, es habe „*keinen Sinn, dieses Stück nächstes Frühjahr zu spielen.*"[11] Gerade in diesen letzten Briefen an die Theatre Union kommt wiederholt ein weiterer Aspekt zur Sprache, der die prekäre Lage eines Dramatikers ohne Bühne illustriert und zugleich etwas über die Anlage des Dramas selbst verrät. Obgleich sich Wolf bereit erklärt, das Stück entsprechend der „Suggestions" seiner amerikanischen Korrespondenzpartner umzugestalten, fragt er teilweise mehrmals pro Schreiben nach, ob nicht möglicherweise ein anderes, jüdisches Theater für eine Aufführung von *Professor Mamlock* in Amerika zu interessieren wäre. Es ist offensichtlich, dass Friedrich Wolf seinem eigenen Text von Beginn an mehr Lesarten als lediglich eine sozialistische zubilligte.

Wie aus seiner umfangreichen Korrespondenz zu erkennen ist, setzte Wolf aus dem Exil heraus alle Hebel in Bewegung und bemühte jeden verfügbaren persönlichen Kontakt, um sein Stück irgendwo auf eine Bühne zu bringen. Der ursprüngliche Plan einer Produktion durch die Truppe 1931 scheiterte am Ende aus Kostengründen, auch die Theatre Union führte das Stück trotz der Umarbeitungen nicht auf. Wolf versuchte es gleichzeitig in Paris und am Londoner Embassy Theatre,[12] ließ das Manuskript von

8 Friedrich Wolf, Briefwechsel. Eine Auswahl, hrsg. v. Else Wolf und Walther Pollatschek, Berlin 1968, S. 248.

9 Brief vom 22.6.1933, ebd., S. 250.

10 Brief vom 22.6.1933, ebd., S. 254.

11 Brief vom 21.8.1933, ebd., S. 263 (Hervorhebungen im Original).

12 Hinweise hierfür finden sich in Nebenbemerkungen in der Korrespondenz mit der Theatre Union, so u. a., dass Wolf seine Manuskripte übersetzen ließ (Brief vom 21.8.1933, ebd., S. 261) und mit dem englischen Regisseur van Gyseghem in Kontakt stand (Brief vom 16.9.1933, ebd., S. 271).

seinem Freund Wsewolod Wischnewski ins Russische übersetzen[13] und verhandelte in Warschau wegen der Übersetzungsrechte für eine polnische Fassung.[14] Noch am 30. August war Wolf hoffnungsvoll: „Warschau, Zürich, Basel und London wollen das Stück jetzt auch spielen.“[15] Allerdings führte keine dieser zahlreichen Bemühungen zu einer Inszenierung.

Die Welturaufführung von *Professor Mamlock* fand schließlich unter dem Titel *Di gele late* (Der gelbe Fleck) am 19. Januar 1934 in Warschau statt und zwar auf Jiddisch. Ein halbes Jahr später hatte das Stück als *Professor Mannheim* am späteren israelischen Nationaltheater *Habima* in Tel Aviv Premiere – auf Hebräisch. Dass dieses nach Wolfs eigenen Worten „scheinbar harmlose ‚jüdische, humanitäre' Stück“[16] zunächst in den beiden wichtigsten jüdischen Sprachen aufgeführt wurde, ist im ersten Fall direkt und im zweiten indirekt demjenigen zu verdanken, dem Friedrich Wolf die Rolle des Professor Mamlock sozusagen auf den Leib geschrieben hatte: dem Schauspieler Alexander Granach.

Ein Manuskript wandert aus

Während Friedrich Wolfs Ski-Urlaub im März 1933 fließend ins Exil überging, konnte sich der Berliner Schauspieler Alexander Granach, der aus einem kleinen Dorf in Galizien stammte, am 29. März 1933 nur mit knapper Not vor der Gestapo in Sicherheit bringen und nach Wien fliehen.[17] Auch wenn seine Flucht nicht mehr bis ins letzte Detail nachvollzogen

[13] Ebd.

[14] So zumindest erinnert sich der polnische Künstler Mieczyslaw Berman. Seinen Angaben zufolge müsste Wolf im April 1933 in Warschau gewesen sein, was allen anderen bekannten Fakten zu Wolfs frühem Exil und zur Fertigstellung des Professor Mamlock widerspricht. Möglicherweise fand das Treffen im Oktober oder November 1933 statt, als Wolf über Zürich, Wien und Warschau auf dem Weg nach Moskau war. Die Erinnerung Bermans findet sich in: Alexander Granach und das jiddische Theater des Ostens. Ausstellungskatalog, hrsg. v. d. Akademie der Künste, Berlin 1971, S. 6-10.

[15] Wolf an die „Theatre Union“ vom 30.8.1933 (Wolf, Briefwechsel, S. 266).

[16] Brief vom 22.6.1933, ebd., S. 251.

[17] Zur Biographie Granachs siehe: Albert Klein und Raya Kruk, Alexander Granach. Fast verwehte Spuren, Berlin 1994 sowie den Dokumentarfilm Alexander Granach – Da geht ein Mensch (D 2012, R: Angelika Wittlich).

werden kann, müssen sich die Exilwege Wolfs und Granachs an einem Punkt gekreuzt haben. Vermutlich geschah dies in Wien, wo sich Granach über mehrere Monate aufhielt und wo Wolf auf dem Weg von Frankreich in die Sowjetunion auf Durchreise war. Dabei erhielt Granach vom Autor sowohl die Übersetzungsrechte für eine jiddische Fassung des *Professor Mamlock* als auch die Hauptrolle in der Uraufführung zugesichert.[18] Die Frage, wann und wo genau Granach daraufhin in den Besitz eines *Mamlock*-Manuskriptes kam, lässt sich nicht mehr beantworten. In jedem Fall war Granach als Mitglied der Truppe 1931 derjenige Darsteller, den Friedrich Wolf von Anfang an für die Titelrolle seines Stückes vorgesehen hatte. In einem der Briefe an die Theatre Union beschreibt Friedrich Wolf zunächst die Figur und Statur Mamlocks recht ausführlich und schließt die Beschreibung mit den Worten: „Hierfür ist für Deutschland Alexander Granach wunderbar!“[19]

Tatsächlich gelang es Granach, der mit großen Ambitionen für das jiddische Theater nach Warschau gekommen war, Friedrich Wolfs Stück mit einer Gruppe jiddischsprachiger Schauspieler unter dem geänderten Titel *Di gele late* (Der gelbe Fleck) am dortigen Kaminski-Theater aufzuführen. Nicht nur in den Augen der Presse, auch in seiner eigenen Betrachtung war Granach der Dreh- und Angelpunkt jener Aufführung. Während der Proben schrieb er an seine Lebensgefährtin Lotte Lieven:

> Die Figur hat schon Konturen, sie wird durch mein eigenes Erlebnis ganz fleischig, ganz menschlich und sehr interessant. Entschuldige, wenn ich positiv von mir aussage, aber ich begreife erst jetzt ganz, warum es mich zu diesem Stück so gezogen hat. Ich habe vieles gestrichen, vieles zugeschrieben. Der Regisseur ist eine Niete. Ich muss alles machen, mich um alles kümmern. Aber die Schauspieler sind von mir angetan und ich habe mich endgültig als

18 Diese Angaben stützen sich erneut ausschließlich auf die oben erwähnten Erinnerungen Bermans. Allerdings ließen sich in keinem der benutzten Archive Briefe oder andere Dokumente finden, die diese Version unterstützen.

19 Wolf an die Theatre Union vom 30.5.33 (Wolf, Briefwechsel, S. 249).

> einen erstklassigen Schauspielerregisseur entdeckt. Ich glaube an die Sache 100 Prozent, aber man muss auf alles gefasst sein.[20]

Zum Drama selbst äußerte sich Granach in einer öffentlichen Rede, die am Tag der Uraufführung in der jiddischsprachigen Wochenzeitung *Literarishe Bleter* abgedruckt wurde. Granach beschrieb dabei nicht nur in drastischen Bildern das Genre ‚Zeitstück‘, sondern erklärte auch die Hintergründe, die Friedrich Wolf zur Verwendung des Pseudonyms „Hans Scheer“ veranlassten, das sich bis ins hebräische Bühnenmanuskript erhalten hat.

> Ich trete in einem neuen Stück auf, in einem Stück, bei dem nicht nur die Tinte noch feucht, sondern auch das Blut der Opfer, von denen es handelt, noch warm ist. Der Autor des Stückes „Der gelbe Fleck“ ist Friedrich Wolf, der seinen Namen bisher für das Drama nicht hergeben konnte, weil seine Familie noch in Deutschland war. In dem Stück wird ein Professor geschildert, ein Jude, der im Krieg war und bisher meinte, er sei in Deutschland verwurzelt und er sei am Land wie ein Gleicher beteiligt. Der Arbeiter, der dort im Land gepeinigt wird, sagt in dem Stück: „Ihr Juden seit in einer besseren Lage. Wenn man euch schlägt, tut es den Juden in anderen Ländern weh und sie schreien. Und wir werden hier erstickt und keiner regt sich auf!“ Das Drama ist von einem echten Deutschen geschrieben, bei dem Hitler herausgefunden hat, dass seine Großmutter eine Sabre ist, eine Jüdin war…[21]

Mit dieser ersten Inszenierung von *Professor Mamlock* schloss der von Wolf von Anfang an für die Rolle Vorgesehene als erster tatsächlicher Mamlock-

[20] Granach an Lotte Lieven am 13.01.1934 (Alexander Granach, Du mein liebes Stück Heimat. Briefe an Lotte Lieven aus dem Exil, hrsg. von Angelika Wittlich und Hilde Recher, Augsburg 2008, S. 15).

[21] Alexander Granach, Mein jetziges Kommen nach Polen. Rede, gehalten auf der Pressekonferenz in Warschau (Jiddisch), in: Literarishe Bleter, Nr. 506, 19.01.1934, S. 34 (Übersetzung S. Sch.). Der hier dem Arbeiter (Ernst) in den Mund gelegte Satz gehört offensichtlich zu den Passagen, die Granach dem Stück selbst „zugeschrieben“ hat. Es findet sich dafür jedenfalls keine Entsprechung in anderen *Mamlock*-Fassungen.

Darsteller den Bogen zwischen Idee und Umsetzung, zwischen Text und Aufführung. Granach frohlockte zwei Tage nach der Premiere:

> Meine geliebte Lotte die Schlacht ist gewonnen! Ich habe in 16 Tagen eine sehr interessante lebendige Schauspielaufführung zusammengebracht. Die Leute sind alle überrascht sie erkennen ihre eigenen Leute nicht. Ich weiß nicht, wo ich anfangen soll. [...] Habe nach der Premiere mit Wolf telefoniert, der auch glücklich ist.[22]

Als Friedrich Wolf dann im März 1934 aus seinem Moskauer Exil nach Warschau kam, um sich die Inszenierung seines Dramas persönlich anzuschauen, soll er begeistert gewesen sein – besonders von Granachs Mamlock-Verkörperung.[23]

Das jiddische Manuskript der Welturaufführung von *Professor Mamlock*, an dem Alexander Granach nach eigenem Bekunden (s. o.) zahlreiche Veränderungen vornahm, hat die Zeit leider nicht überdauert. Überhaupt sind die Informationen über die jiddischsprachige Produktion äußerst dürftig. In der Forschung werden allein für die Regie drei verschiedene Namen genannt: Herbert Rappaport (der spätere Regisseur der sowjetischen *Mamlock*-Verfilmung von 1938),[24] Michael Brandt (Weichert)[25] und Alexander Granach selbst.[26] Am wahrscheinlichsten ist, dass Granach die Regie von Brandt übernahm. Darauf deutet auch die oben zitierte Äußerung Granachs hin. Über den Erfolg und die Häufigkeit der Aufführungen von Granachs Produktion dagegen herrscht auffallende Einigkeit. Immer wieder taucht die Formulierung „300 Aufführungen in 68 Städten"

22 Granach an Lotte Lieven vom 21.01.1934 (Granach, Briefe an Lotte Lieven, S. 16).

23 Vgl. Friedrich Wolf – und seine Eindrücke von Warschau (Jiddisch), in: Literarishe Bleter, Nr. 516, 30.03.1934, S. 200.

24 Hans-Christof Wächter, Theater im Exil. Sozialgeschichte des deutschen Exiltheaters 1933-1945, München 1973, S. 115 (Anm. 280).

25 Boguslaw Drewniak, Exiltheater in Polen, in: Handbuch des deutschsprachigen Exiltheaters, Bd. 1: Verfolgung und Exil deutschsprachiger Theaterkünstler, hrsg. v. Frithjof Trapp, München 1999, S. 248.

26 Henning Müller: Friedrich Wolf, S. 65.

auf.[27] Seit der Publikation von Granachs Briefen darf inzwischen immerhin die Mengenangabe als gesichert gelten. Er schreibt im November 1934 an Lotte Lieven: „[I]ch weiß nicht, wie ich es ausgehalten hätte, so gegen dreihundert Mal den Mamlock zu spielen.“[28]

Irgendwann im Laufe des Jahres 1933, als Friedrich Wolf – wie der Autorenname auf dem hebräischen Manuskript nahelegt – noch auf das Pseudonym „Hans Scheer“ angewiesen war, ging eines der vielen *Mamlock*-Exemplare, die Wolf in der Hoffnung auf Aufführung in halb Europa verteilt hatte, in den Besitz des Regisseur Leopold Lindtberg über, einem Bekannten Granachs, der sich seit dem 20. April 1933 ebenfalls im Exil befand. Lindtbergs Exilweg führte ihn zunächst nach Paris, wo er unter anderem begann, Jiddisch zu lernen und mit Laienschauspielern zu proben. Durch Vermittlung von Alexander Granach machte er dort die Bekanntschaft von Margot Klausner und Jehoshua Brandstätter, den administrativen Leitern des 1917 in Moskau gegründeten hebräischen Theaters Habima, das gerade sein endgültiges Domizil in Tel Aviv gefunden hatte. Nachdem der Wunschkandidat der Habima, Leopold Jessner, vorerst absagen musste, wurde Lindtberg als Gastregisseur für zwei Inszenierungen nach Tel Aviv eingeladen. Als er dieser Einladung folgend in der Theatersommerpause 1934 nach Palästina fuhr, hatte er ein Exemplar von *Professor Mamlock* bei sich.

Vor Ort konnte Lindtberg allerdings nicht einfach festlegen, welche Stücke er in Tel Aviv zu inszenieren gedachte. Er musste zunächst die im Kollektiv organisierten Mitglieder des *Habima*-Ensembles, die stets gemeinschaftlich über das Repertoire entschieden, von seinen Ideen über-

27 Müller (Ebd., S. 65, Anm. 113) verweist bei der Anzahl der Aufführungen auf Henning Müller, „Ich warte nicht, bis man mich hier verhaftet“. Das Moskauer Exil der Familie Wolf. in: Tel Aviver Jahrbuch für deutsche Geschichte, hrsg. vom Institut für Deutsche Geschichte, Universität Tel Aviv, Tel Aviv 1995, S. 194. Dort werden die Zahlen ohne Angabe von Quellen genannt. Sciacca (S. 37) zitiert dagegen Drewniak (S. 249), der wiederum verweist auf Wächter. Bei Wächter erhält man in einer Fußnote schließlich die nicht weiter zurückzuverfolgende Auskunft: „Die Warschauer Inszenierung wurde ein außergewöhnlicher Erfolg bei Presse und Publikum. Über 300 Aufführungen und Gastspiele in 68 Städten werden genannt.“ (Wächter, Theater im Exil, S. 115, Anm. 280).

28 Granach an Lotte Lieven vom 15.11.1934 (Granach, Briefe an Lotte Lieven, S. 76).

zeugen. Nachdem er sie für *Professor Mamlock* gewonnen hatte, studierte Lindtberg das Stück innerhalb von weniger als zwei Monaten mit dem Ensemble ein. Am 25. Juli 1934 feierte *Professor Mannheim* in Tel Aviv Premiere und wurde ein „monströser Erfolg".[29] Aus der Perspektive von Alexander Granach stellte sich die Vorgeschichte des überraschenden Erfolges etwas anders dar. Als er im August 1934 von der Aufführung erfuhr, schrieb er:

> Eben kommt von Lindtberg ein Brief, glücklich und dankbar. Die Habima hat sich einen Erfolg erschachert durch mich. Ich habe ihnen Lindtberg in den Bauch reden müssen. Ich habe ihnen das Wolf-Stück ebenso aufgezwungen – mit der Bedingung natürlich, dass ich es inszeniere, sie schrieben es mir damals nach einem halben Jahr ab als unkünstlerisch – aber jetzt lassen sie dasselbe Stück durch Lindtberg machen! Sollen sie! Sollen sie![30]

Die fremde Sprache war bei Lindtbergs Arbeit mit dem Habima-Ensemble nur eine bedingte Hürde. Lindtberg erinnerte sich in einem Fernsehinterview, noch vor seiner Abreise ein paar Hebräisch-Stunden in Zürich genommen zu haben, was natürlich nicht hinreichend war, um mit den Schauspieler zu kommunizieren. Dennoch war es für Lindtberg

> sehr einfach, denn ich hatte mich schon mit etwas Jiddisch beschäftigt. Und Jiddisch war ja die eigentliche Muttersprache dieser Menschen [...]. Sie verstanden Deutsch, sie sprachen mit mir Jiddisch und ich sprach mit ihnen Deutsch und auf dieser Basis haben wir uns also klaglos verständigt.[31]

Für das Drama selbst allerdings, das von Gershon Hanoch ins Hebräische übersetzt worden war, blieb dem Regisseur nur eine Möglichkeit:

[29] Vgl. die Beschreibung von Lindtbergs Arbeit für die Habima bei Nicole Metzger, „Alles in Szene setzen, nur sich selber nicht". Der Regisseur Leopold Lindtberg, Wien 2002, S. 5861.

[30] Granach an Lotte Lieven vom August 1934 (Granach, Briefe an Lotte Lieven, S. 59).

[31] Zeugen des Jahrhunderts, Abschrift eines Fernseh-Interviews mit Leopold Lindtberg, Lindtberg-Archiv, der AdK Berlin, Sign. 750, S. 66.

> Ich musste natürlich mein Stück auf Deutsch perfekt auswendig können, denn ich musste ja bei jedem Satz, der gesprochen wurde, genau wissen, wo man hält, was er bedeutet, was es für ein Hauptsatz oder was es für ein Nebensatz ist und so weiter.[32]

Der Schauspieler Shimon Finkel, der in der Tel Aviver Aufführung den Professor Mamlock bzw. Mannheim spielte, erinnerte sich außerdem an

> die hervorragende Dramaturgie des Autors, insbesondere [an] die Regieanweisungen, an die sich Lindtberg und das Ensemble akribisch hielten […] Alles sollte stimmen: Absolute Genauigkeit der Kulissen, so wurde ein bürgerliches Bauhaus-Interieur zusammengestellt; exakte Körpersprache […].[33]

Abb. 1: Bühnenbild der Tel Aviver Inszenierung vom 25.7.1934. Quelle: Archiv des Israeli Documentation Center for the Performing Arts, Universität Tel Aviv, Akte 17.2.2.

Diese nahezu naturalistische Art des Theaters unterschied sich grundlegend von dem bisher von der Habima gepflegten Stil. Dazu gehörte unter anderem, dass man sich mit dem Einstudieren gewöhnlich lange Zeit ließ.

32 Ebd., S. 67.

33 Shimon Finkel im Gespräch mit Frank Stern. Ders., „Professor Mannheim" 1934 in Tel Aviv, in: Mut, nochmals Mut, immerzu Mut!, Protokollband / „Internationales Wissenschaftliches Friedrich-Wolf-Symposium" der Volkshochschule der Stadt Neuwied vom 2. bis 4. Dezember 1988 in Neuwied aus Anlaß des 100. Geburtstages von Dr. Friedrich Wolf, 23.12.1888 in Neuwied, hrsg. v. d. Volkshochschule der Stadt Neuwied und Friedrich-Wolf-Archiv Lehnitz. Neuwied 1989/90, S. 230.

Die 1917 aus einem Studio des Moskauer Künstlertheaters hervorgegangene Gruppe hatte ihre weltweite Bekanntheit mit hebräischem Theater in russisch-expressionistischer Manier erlangt. Grelle Masken, große Gesten, Tanz und Musik waren ebenso fester Bestandteil der Aufführungen wie surrealistische Kulissen und pathetisches Deklamieren. Lindtberg stellte sich dem bewusst entgegen und erzielte den erwünschten Effekt.

Das war für die Menschen, die da keinen Ton Musik hörten, die ganz realistische Bilder auf der Bühne sahen, ihre Schauspieler, die sie sozusagen nie so ohne Masken, also mit ihren persönlichen Gesichtern auf der Bühne gesehen hatten, etwas sehr Frappierendes, zunächst also vielleicht etwas fast Schockierendes.[34]

Wenn man heute die Bilder jener Aufführung mit den Aufnahmen früherer Habima-Inszenierungen vergleicht, wird rasch deutlich, welchen Umbruch Lindtberg damit eingeleitet hatte und wie nah die Habima mit nur einer Inszenierung an die Ästhetik des westeuropäischen Theaters herangerückt worden war.[35]

Abgesehen von der wegweisenden Bedeutung, die die Aufführung von *Professor Mamlock* für die Entwicklung des hebräischen Theaters hatte, lässt sich aus den zitierten Äußerungen von Lindtberg und Finkel noch etwas Anderes herauslesen: die notwendige Genauigkeit und Texttreue der hebräischen Übersetzung gegenüber der deutschen Vorlage, die Lindtberg nach Palästina gebracht hatte. Anders als bei der nach eigenen Angaben stark bearbeiteten jiddischen Fassung des Dramas von Alexander Granach, kann man also davon ausgehen, dass die hebräische Fassung das zugrundeliegende Manuskript weitestgehend ‚im Original' konserviert hat.

34 Zeugen des Jahrhunderts, ebd., S. 68.

35 Aufnahmen aus der Frühzeit der Habima findet man unter anderem bei Bernhard Diebold, Habima. Hebräisches Theater. Zweiunddreißig Bilder, Berlin 1928. Weitere Aufnahmen der Inszenierung von *Professor Mannheim* liegen im Leopold-Lindtberg Archiv der AdK Berlin sowie im Archiv des IDCPA in Tel Aviv.

Das Tel Aviv-Manuskript

Der hebräische Text zu Lindtbergs Tel Aviver Inszenierung befindet sich heute im Archiv des Israeli Documentation Center for the Performing Arts (IDCPA) an der Universität Tel Aviv. Das Tel Aviv-Manuskript mit dem Titel *Professor Mannheim. Drama in 4 Akten aus dem Leben in Deutschland im April 1933* umfasst 64 Schreibmaschinenseiten mit verschiedenen Streichungen und kleineren handschriftlichen Änderungen. Unglücklicherweise fehlt die letzte Seite. Ansonsten ist die Fassung vollständig. Die bislang einzige eingehende Auseinandersetzung mit der Tel Aviver Aufführung und dem dazugehörigen Bühnenmanuskript ist der bereits zitierte Beitrag von Frank Stern zum Friedrich-Wolf-Symposium in Neuwied aus dem Jahr 1988. Dem Beispiel von Stern folgend, der für seinen Vortrag Teile des Manuskriptes ins Deutsche übersetzt hat, wurde für diese Untersuchung das Tel Aviv-Manuskript in seiner Gesamtheit nach bestem Vermögen und unter Zuhilfenahme der vorhandenen deutschen Versionen bis auf einzelne in der Vorlage unleserliche Wörter ins Deutsche (zurück)übertragen und so einer vergleichenden Analyse zugänglich gemacht. Dabei wurden die Seitenaufteilung der hebräischen Vorlage beibehalten, Streichungen übernommen und handschriftliche Ergänzungen durch Kursivdruck kenntlich gemacht.[36] Da ich Friedrich Wolf – ebenso wie Stern – „beim Schreiben seines Werkes nicht über die Schulter schauen konnte“,[37] ist die Rückübertragung stellenweise sicher nur eine Annäherung an die ursprüngliche Wortwahl Wolfs. Der vergleichenden Betrachtung der Dialoge, Szenen und Figuren und der Untersuchung augenscheinlicher Umarbeitungen tun diese lexikalischen Unschärfen unterdessen keinen Abbruch.

Zusätzlich zum Tel Aviv-Manuskript fand sich während der Recherchen zu Vorgeschichte der Tel Aviver Aufführung im Leopold-Lindtberg-Archiv der Akademie der Künste zu Berlin ein weiteres, den ersten Akt umfassen-

[36] Ein Exemplar der vollständigen Rückübertragung befindet sich neben einer Kopie des Tel Aviv-Manuskriptes im P. Walter Jacob Archiv der Walter A. Berendsohn Forschungsstelle für deutsche Exilliteratur an der Universität Hamburg.

[37] Stern, „Professor Mannheim“ 1934 in Tel Aviv, S. 232.

des, ebenfalls hebräisches Manuskript, auf das ich mich im Folgenden als Lindtberg-Manuskript beziehen möchte. Es handelt sich hierbei um eine frühe Fassung der Übersetzung, die noch den Titel trägt *Der gelbe Fleck oder Dr. Mamlock 1933.*[38] Er ist jedoch durchgestrichen und durch *Professor Mannheim* ersetzt. Dieser erste Titelentwurf bekräftigt noch einmal den Zusammenhang zwischen der Tel Aviver Aufführung und Granachs Warschauer Inszenierung. Zusätzlich zum Titel sind die ursprünglichen Personennamen „Mamlock“ und „Seidel“ durchgängig von Hand zu „Mannheim“ und „Dietrich“ geändert worden, was im Tel Aviv-Manuskript dann bereits in getippter Form übernommen wurde.[39] Im Großen und Ganzen decken sich die beiden hebräischen Manuskripte, es gibt jedoch einige Details, die Beachtung finden sollen, wenn es darum geht, die hebräische Fassung im Gesamtzusammenhang der *Mamlock*-Variationen zu verorten.

Personenregister und Beginn des Dramas

Schon das vorangestellte Personenregister im Tel Aviv-Manuskript ist äußerst aufschlussreich. Abgesehen von den beiden erwähnten Namensänderungen, fällt zunächst auf, dass die Medizinalpraktikantin Dr. Inge weder

38 Der gelbe Fleck oder Dr. Mamlock 1933, hebräisches Manuskript, 13 Seiten, maschinenschriftlich mit handschriftlichen Korrekturen, Leopold-Lindtberg-Archiv, AdK Berlin, Sign. 367.

39 Über die Gründe für die Namensänderung von „Mamlock“ zu „Mannheim“ können nur Vermutungen angestellt werden. Die ebenfalls von Lindtberg inszenierte deutschsprachige Uraufführung am Zürcher Schauspielhaus fand ebenfalls unter dem Titel *Professor Mannheim* statt. In diesem Fall wird der geänderte Titel damit begründet, dass „kurz zuvor eine ‚Affäre Mamlock‘ vor Gericht gekommen war.“ (Hervé Dumont, Das Zürcher Schauspielhaus 1921 bis 1938, München, Diss. 1970, S. 27). Daraufhin griff Lindtberg wohl auf den Titel zurück, der sich bereits in Tel Aviv als Alternative bewährt hatte. Ein möglicher Grund für die Namensänderung bei der Habima-Aufführung liegt wohl in dem Versuch, eine Verwechslung mit dem zur selben Zeit in Palästina lebenden Zionisten und Apotheker Isidor Eugen Mamlock zu vermeiden. Zur Person dieses historischen Mamlocks siehe Michael Mamlock, Isidor Mamlock (1877-1970) Apotheker – Weggefährte Herzls – Pionier der israelischen Pharmazie. Teetz 2008. Ein belegbares, teils kurioses Beispiel dafür, wie durch namentliche Ähnlichkeit das Schicksal eines nach Amerika ausgewanderten, real existierenden Berliner Zahnarztes namens Hans-Jacques Mamlok mit der Aufführungsgeschichte von *Professor Mamlock* verknüpft ist, findet man bei Peter Schneck, Mamlok und Mamlock 1937. Eine Literaturgestalt wurde lebendig, in: Das Bild des jüdischen Arztes in der Literatur, hrsg. von Albrecht Scholz u. Caris-Petra Heidel. Frankfurt a. M. 2002, S. 130-139.

Ruoff heißt, noch eine Mutter hat, die sie in der Eröffnungsszene um Geld bitten könnte, wie es in der Pieck- und Oprecht-Fassung geschieht, um die prekäre Wirtschaftslage zu verdeutlichen. Der Nachname „Reinwald“ entspricht dem Namen, den die Figur der Dr. Inge bereits in den ältesten erhaltenen *Mamlock*-Notizen von Friedrich Wolf hat (im Folgenden: Wolf-Manuskript).[40] Man sucht jedoch nicht nur vergeblich nach einer Frau Ruoff, auch der verwundete Arbeiter aus dem ersten Akt ist unauffindbar. Beide Figuren waren ein Ergebnis von Wolfs brieflicher Diskussion mit der Theatre Union. Auch die mit Hinweis auf den Erklärungsbedarf beim amerikanischen Publikum aufgenommene Szene, in der Dr. Hellpachs ‚Klassenneid‘ gegenüber Mamlock dokumentiert wird, sowie die erklärenden Zwischenszenen im Agitprop-Stil mit den dazugehörigen Figuren sind nicht vorhanden. Ganz offensichtlich war das *Mamlock*-Manuskript, auf dem die Tel Aviver Aufführung beruhte, noch völlig frei von den Einflüssen und Wünschen der Theatre Union. Anhand des in einer Rezension abgedruckten Personenregisters lässt sich Gleiches auch von Granachs Warschauer Aufführung sagen.[41] Auch hier fehlen sowohl Frau Ruoff als auch der verwundete Arbeiter. Dass bereits während Wolfs Korrespondenz mit der Theatre Union mehrere Exemplare des ursprünglichen Entwurfes existierten und in Europa kursierten, erwähnt der Autor selbst in einem seiner Briefe:

> In den nächsten Tagen will ich versuchen, die Suggestions – die mir gut erscheinen – zu verwerten und einige Szenen umzuformen, zu ergänzen, in Eurem Sinne. (ZZ. sind meine sämtlichen Mamlockexemplare zur Übersetzung in London und Paris.)[42]

40 Dr. Mamlocks Ausweg, handschriftl. Manuskript mit Korrekturen in einem Schreibheft, von fremder Hand durchgehend paginiert, Friedrich-Wolf-Archiv, AdK Berlin, Sign. 16/2.

41 Vgl. Nachman Maysil, Der gelbe Fleck (Jiddisch), in: Literarishe Bleter, Nr. 507, 26.01.1934, S. 57-58.

42 Wolf an die Theatre Union vom 21.08.1933 (Wolf, Briefwechsel, S. 261)

Bevor sich also die bewussten „Suggestions" der *Theatre Union* im Stück niederschlugen, las sich der Beginn des Dramas folgendermaßen:

Dr. Hirsch	Was haben wir heute, Schwester?
Schwester	Die Transfusion, die Hernie, die Appendektomie und die Choleocystitis (Bruch, Blinddarm und Gallenblase)
Dr. Hirsch	Sind sie fertig?
Schwester	Von Nummer eins bis drei – schon im Saal.
Dr. Hirsch	Werden Sie das machen, Kollege Hellpach?
Dr. Hellpach	Klar; den minores gentes die Hühnerscheiße... vom Blinddarm bis zum Leistenbruch.[43]

Im Lindtberg-Manuskript steht anschließend zusätzlich:

Dr. Hirsch	Natürlich, an die feinen Gallen-Operationen kommen wir vielleicht in 40 Jahren. Oder wenn der Alte einmal Urlaub nimmt.
Dr. Hellpach	Darauf warte ich schon zwei Jahre.
Dr. Inge	Er wird noch im Grab operieren.[44]

Damit rückt das Tel Aviv-Manuskript noch näher an Friedrich Wolfs erste handschriftliche Notizen heran, wo der Beginn des Dramas beinahe wortwörtlich so niedergeschrieben ist.[45] Der Dramenbeginn weicht in einem Punkt auch entscheidend von der Nachkriegsfassung von 1946 ab, in der Frau Ruoff wieder herausgeschrieben wurde. Im Unterschied zu dort, äußert hier Mamlocks jüdischer Kollege Dr. Hirsch Begehrlichkeiten nach einer Gallen-Operation und nicht die nationalsozialistische Dr. Inge. Gerade Dr. Hirsch spielt eine zentrale Rolle, wenn es darum geht, das Drama in seiner anfänglichen Form zu rekonstruieren. Dies soll im Folgenden exemplarisch anhand der drei jüdischen Figuren geschehen, die gemeinsam mit der Titelfigur die Bandbreite möglicher Haltungen jüdischer Bürger

43 Tel Aviv-Manuskript, S. 2.

44 Lindtberg-Manuskript, S. 2.

45 Wolf-Manuskript, S. 3.

in Deutschland angesichts der nationalsozialistischen Bedrohung repräsentieren.

Dr. Hirsch

Die Figur des Dr. Hirsch hat einen enormen, in den bisherigen Untersuchungen des Dramas wenig beachteten Wandel durchlaufen. Die Tel Aviver Fassung präsentierte dem Zuschauer das Duckmäusertum und den Opportunismus Dr. Hirschs in aller Ausführlichkeit und schuf so ein Gegenmodell zu Mamlocks überzeugtem und standhaftem, wenn auch letztendlich tragischem Glauben an Staat, Demokratie und Verfassung. Besonders stark tritt Dr. Hirschs Wankelmut in seiner direkten Beziehung zu Mamlock zu Tage. Zu Beginn des vierten Aktes stellt er sich noch demonstrativ an dessen Seite:

Hirsch	[...] Im Übrigen, wir hätten unseren Posten so oder so nicht verlassen... Dr. Mannheim und ich.
[...]	
Dietrich	Störe ich, meine Herrschaften? Ich bin doch hier zu Hause! Nu, Kinders, was hatten wir gestern für einen Tag? Erinnern Sie sich, Hirschlein, wie wir ihn zwischen den Massen an lärmenden Kämpfern gesucht haben? Wie wir uns fürchteten, den Namen Mannheim in den Mund zu nehmen, wie wir zitterten...
Hirsch	„Zitterten"?... Wer zitterte?[46]

Als es jedoch um die Entlassung des Krankenpflegers Simon und die Unterzeichnung des Protokolls geht, in dem Mamlocks laut geäußerte, verächtliche Kritik am ‚Arierparagraphen' festgehalten wird, spielt Dr. Hirsch zunächst Simons Bedeutung herunter. Anschließend versucht er, Mamlock zu beschwichtigen und dem NS-Regime in Person des vom Assistenzarzt zum SA-Führer und kommissarischen Klinikleiter ‚beförderten' Dr.

46 Tel Aviv-Manuskript, S. 52-53.

Hellpach zu schmeicheln. Am Ende unterzeichnet Hirsch das Protokoll, sich bei Mamlock entschuldigend.

Großen Raum nehmen im Tel Aviv-Manuskript die in späteren Textfassungen nur teilweise erhaltenen apologetischen Schilderungen von Dr. Hirschs (angeblichen) Kriegserlebnisse ein, mit denen er sich als ‚Frontkämpfer' des ersten Weltkriegs darstellen möchte. Bereits im ersten Akt brüstet er sich vor dem deutlich jüngeren Dr. Hellpach:

Dr. Hirsch	Aber wir, wir, die an der Front waren, wir haben einen Standpunkt!
Dr. Hellpach	Wann und wo war das, an welcher Front, Kollege Hirsch?
Dr. Hirsch	(mit Nachdruck) Früher, früher, Kollege Hellpach, zu der Zeit als Sie den Krieg aus Caesars Buch „De bello gallico" kannten und vom Glockenläuten, vielleicht ...
Dr. Carlsen	Meine Herrschaften, nur keine Politik, hier, im Krankenhaus!
Dr. Hirsch	Verzeihung, alles, alles ist Politik in unseren Zeiten ... Die Schützengräben gehen heute fast mitten durch die Krankenhäuser ...[47]

Im vierten Akt schließlich, als er darum bangt, ob die „Kriegsteilnehmerklausel" des nationalsozialistischen „Gesetzes zur Wiederherstellung des Berufsbeamtentums" auf ihn angewendet wird, breitet er seine ‚Heldentaten' noch einmal in voller Länge aus:

Dietrich	[...] Und Sie bleiben auch, Hirsch?
Hirsch	(verletzt) Warum die Frage?
Dietrich	Ich höre, dass man einen Stammbaum und ordentlich Kriegsnachweise vorbringen muss ...
Hirsch	Na, Langmark, Flandern, oh, das war eine Gewalt-Schlacht ... Bitte, Schwester, meinen Mantel, dort in der obersten Tasche, ja, ja, die Brieftasche, und dort den „Militärpass" (er nimmt ihn zwischen die Zähne, während seine Hände mit der Desinfektion beschäftigt sind, und zeigt seinen Ausweis in dieser

47 Ebd., S. 6.

	Art Dr. Dietrich) Das war kein Zusammenstoß, mein Herr, das war echter Krieg, und was für ein Krieg... Ich sage Ihnen, als die Engländer anfingen, ihre langen „Kugelkästen“ direkt auf unser Depot zu schmeißen und alles anfing zu dröhnen! Meinen Sie, das war ein Spiel? Überhaupt kein Spiel – Krieg! Hundert Prozent Weltkrieg! [...]
Dietrich	Aber das war keine Schlacht!
Hirsch	(empfindlich) Was heißt bei Ihnen „Schlacht“?
Dietrich	Ich meine, eine richtige Schlacht, Angesicht zu Angesicht (Bewegung eines Schwertkampfes), so mit dem Bajonett oder dem Speer – Speer gegen Schild – so ein richtiger Nahkampf, meine ich.
Hirsch	[ausführliche Schilderung eines englischen Luftangriffes]
Dietrich	Das ist alles sehr schön, wirklich schön, aber mir fehlt noch... eine Sache...
Hirsch	(aufgeregt) Sie wollen, dass ich Ihnen noch die Offensive auf Verdun oder den Seekrieg am Skagerrak hinzufüge!
Dietrich	Ich meine, verstehen Sie, die wirkliche Tat, einfach... den „Nahkampf“.
Hirsch	(mit dem restlichen Zorn) „Nahkampf“... einen Flieger gefangen nehmen, ihn aus der feindlichen Maschine ziehen, in der Bomben sind, das ist bei Ihnen nichts! Und wer hat gesagt, dass man sie nicht hätte benutzen können! Bei allem Respekt, den ich für Sie empfinde, Dr. Dietrich – versuchen Sie einen Flieger aus dem feindlichen Lager zu ergreifen, danach reden wir über „Nahkampf“![48]

Im der anschließenden Diskussion mit Dr. Hellpach versucht Dr. Hirsch mit Unterstützung Dietrichs, sich erneut als ehemaliger ‚Frontkämpfer‘ anzubiedern.

Die Absicht, die der Text mit dieser ursprünglichen Konzeption der Figur Dr. Hirsch verfolgte, lässt sich nicht nur aus dem Tel Aviv-Manuskript erahnen, sie ist auch in einem der Briefe des Autors an die Theatre Union festgehalten. Neben Mamlock, den „letzten ‚Ritter‘ unter den demokratischen Juden“ stellte Wolf „den opportunistischen feigen Juden, eine der wi-

[48] Ebd., S. 53-54.

derwärtigsten Erscheinungen, der in Nationalismus macht.“[49] Im weiteren Verlauf der Überarbeitungen wurde die vielschichtige, wenn auch unsympathische Rolle des Dr. Hirsch zugunsten der kommunistischen Rollenbilder reduziert. Ähnlich erging es den beiden anderen jüdischen Figuren.

Simon

Auf die schrittweise Marginalisierung der zionistischen Überzeugung des Krankenpflegers Simon in den verschiedenen Fassungen des Dramas hat Sciacca bereits hingewiesen. Das Tel Aviv-Manuskript erlaubt es nun, den letzten Schritt zurückzugehen und die anfänglichen Dimensionen der Figur zu umreißen. Im dritten Akt, in der zentralen Auseinandersetzung zwischen Simon und Mamlock über die Bedeutung von Zion, d.h. Palästina als jüdischer Heimat, zieht in der Pieck-Fassung Mamlocks Sohn Rolf aus These und Antithese der beiden die Synthese, nämlich dass es sich bei dieser Frage um eine „Klassenfrage“ handele.[50] In der Tel Aviver Fassung hingegen ist Rolf gar nicht auf der Bühne, die Diskussion bleibt ein innerjüdischer Dialog und enthält nicht wenige, offen pro-zionistische Argumente.

Mannheim	Du irrst dich, Simon, Zion und Jerusalem sind für mich nicht mehr als Symbole, heilige Symbole, vielleicht ein Gebet…
Simon	Für Sie Symbole, für uns, jetzt, ein tatsächliches Anliegen. (ausbrechend) Es ist so schade, Herr Professor! Sie sind solch ein ausgezeichneter Mensch und wissen so viele Dinge, aber von ~~Palästina~~ *Eretz Israel* wollen Sie nichts wissen. Sie sitzen hier in solch grauenhafter Situation und wissen nicht einmal, dass dort Juden aus eigener Kraft ein ganzes Land aufbauen, Dörfer, Städte und dort arbeiten Kinder, dort ist eine ganze befreite Generation, die in diesem Land geboren wurde! Dorthin gehen jedes Jahr zehntausende Menschen und bereiten die Heimat für uns alle vor, und vielleicht auch für Sie, Herr Professor!

49 Wolf an die Theatre Union am 1.7.1933 (Wolf, Briefwechsel, S. 254).

50 Vgl. Sciacca, „Mamlock“-Variationen, S. 41f.

Mannheim — Dann bist du dir also mit den Faschisten einig, Simon!

Simon — Was sind uns die Faschisten – ein vorüber ziehender Schatten! […] Wollen wir Kriege?! Wissen Sie, was *unsere zionistischen* Arbeiter dort in Eretz Israel sagen? – „Nicht mit dem Schwert, sondern mit Spaten und Pflug werden wir das Land besiedeln“, und das tun sie wahrhaftig – pflügen, bauen… ist es also verboten, dass auch uns eine Heimat entsteht und wir freien Himmel über unseren Köpfen haben?

Mannheim — Aber unsere Heimat ist Deutschland.

Simon — *Wie Sie wollen.* Meine ist Eretz Israel.

Hirsch — (unterbrechend) Aber meine Herren, vielleicht haben Sie beide Recht: Es gibt eine Heimat in der man geboren wird und eine Heimat, die man wählt.

[…]

Mannheim — Es ist an uns, für ~~dieses Land~~ *Deutschland* zu kämpfen, wie der Bauer um seine Scholle kämpft…

Simon — Aber wo gibt es hier jüdische Bauern?… Sie werden uns hier niemals Land und Arbeit geben. Das werden sie uns nirgends geben! Und deshalb werden wir stets Fremde sein, Gezeichnete, hier und dort, an jedem Ort. Darum müssen wir nach Eretz Israel gehen!

Mannheim — Du redest wie ein Nazi, Simon!

Simon — ~~Sie~~ *Ich* spreche wie ein Jude, Herr Professor.

Mannheim — Gerade als Juden müssen wir das Band der Treue zu Deutschland bewahren…[51]

In dieser Gestalt hat die Szene weder einen klaren Sieger noch eine klare, politische Aussage. Vielmehr präsentiert der Text kommentarlos und unmittelbar zwei zeitgenössische Standpunkte in der Debatte um die jeweilige Gewichtung der beiden Identitätskonstituenten ‚deutsch‘ und ‚jüdisch‘ und die hieraus zu ziehenden praktischen Konsequenzen im Verhältnis zum Geburtsland bzw. zum ‚Gelobten Land‘.

Neben seiner Rolle als Repräsentant der zionistischen Antwort auf die Bedrohung durch die Nationalsozialisten, kommt Simon eine weitere

[51] Ebd., S. 35

wichtige Funktion zu. Er wirkt als Katalysator für Diskussionen über den nationalsozialistischen Rassebegriff. Bereits im ersten Akt wird Simon, der zum wiederholten Mal sein „Makkabäerblut“ spendet, für Professor Mamlock zum Anlass, den scheinheiligen Rassismus der Nationalsozialisten grundsätzlich in Frage zu stellen. Als Dr. Inge Simons jüdische Abstammung ob seiner Kraft und Gesundheit bezweifelt, antwortet Mamlock: „Soll heißen, Sie bezweifeln seine Rassenreinheit nach dem 30jährigen Krieg und nachdem die Heerscharen Napoleons das Land besetzten?“[52] Auf diese sarkastische Bemerkung folgt ein ausführlicher Disput zwischen Hellpach und Mannheim über die Rassenlehre, der durch ein regelrechtes ‚name-dropping‘ zeitgenössischer Forscher einen wissenschaftlichen Anstrich erhält.

Für diese Art der ironisch-rationalen Dekonstruktion der Rassentheorie finden sich im Tel Aviv-Manuskript weitere, teilweise sehr ausführliche Beispiele. Sciacca und auch Müller haben bereits darauf hingewiesen, welchen herausragenden Stellenwert die Entlarvung der nationalsozialistischen Rassenlehre für Friedrich Wolf besaß. Dieses Anliegen ist bereits in zahlreichen Stichwörtern wie „Blutsgebundenheit“, „Rassegespräch“, „Erbmasse“[53] und in drei Seiten Notizen unter der Überschrift „Rassiges“[54] zu erkennen, die sich in Wolfs anfänglichem *Mamlock*-Manuskript finden.

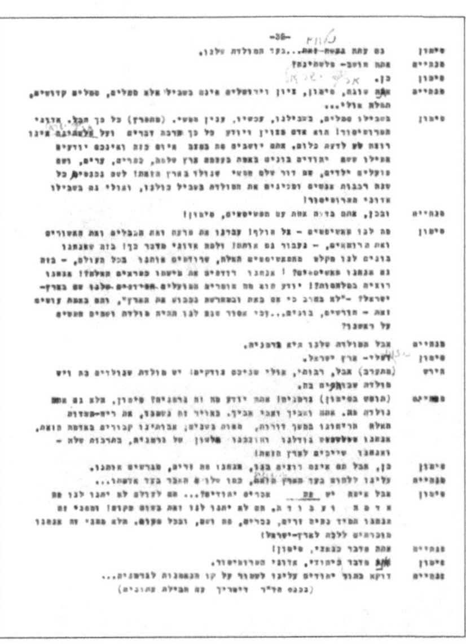

Abb. 2: Seite 35 des hebräischen Manuskripts, die Auseinandersetzung zwischen Simon und Mannheim. Quelle: Archiv des IDCPA.

52 Lindtberg-Manuskript, S. 9.
53 Wolf-Manuskript, S. 28-29.
54 Ebd., S. 125-127.

In der Textfassung von 1946 ist dieser Diskurs gerade noch in Spuren enthalten.

Rolf

Auch Mamlocks Sohn Rolf, der üblicherweise als Repräsentation einer kommunistischen Antwort auf den Nationalsozialismus gelesen wird, im Kontext des Dramas als jüdische Figur zu betrachten, mag zunächst er einmal gewollt erscheinen. Jedoch legt nicht nur die zeitgenössische Rezeption der hebräischen Inszenierung, die von vier jüdischen Typen spricht (mehr dazu im folgenden Abschnitt), sondern auch das Tel Aviv-Manuskript diese Betrachtungsweise nahe. Es wurde bereits darauf hingewiesen, dass Rolf in dieser frühen Fassung des Dramas in die Diskussion über Zion nicht eingreift und somit keine kommunistische Antwort auf die Streitfrage, welches Land die ‚richtige‘ Heimat für einen deutschen Juden sei, anbietet. Auch eine Zwischenszene, in der Rolf als Conférencier verschiedene Nebenfiguren auf die Bühne holt, um die ‚Klassenfrage‘ zu illustrieren, findet sich lediglich in der Pieck-Fassung.[55] Um wie viel weniger eindeutig Rolfs Rolle als kommunistischer Fürsprecher in der Erstfassung des Dramas war, zeigt eine direkte Auseinandersetzung mit Dr. Inge im 3. Akt. Nachdem diese zunächst harsche Kritik am Verhalten der KPD geäußert hat, geht es im An-

Abb. 3: Zvi Ben-Chaim in der Rolle von Mamlocks Sohn Rolf. Quelle: Archiv des IDCPA, Akte 17.2.2.

55 Vgl. Sciacca: „Mamlock“-Variationen, S. 42f.

schluss daran jedoch – im Unterschied zu allen späteren Fassungen – nicht um Rolf als Kommunisten.

Inge	Wirklich schade um Sie…
Rolf	(lachend) Was ist, ein Jude weniger, das ist doch ein Gewinn für Deutschland.
Inge	Sie sind kein Jude!
Rolf	Nanu?
Inge	Sie sind kein Jude; der Jude hat keinen Mut, keine Hingabe und keine Opferbereitschaft. In Ihnen fließt das deutsche Blut Ihrer Mutter, Sie sind kein Jude.
Rolf	Und Sie – sind Sie Deutsche?
Inge	Sind Sie wahnsinnig?
Rolf	Und warum liefern Sie den Flugblattverteilter, den Fremdrassigen, mich, den Juden, nicht dem nächsten SA-Posten aus?
Inge	(schweigt)
Rolf	Ich weiß schon, ich weiß, weil ich eine Ausnahme bin, weil „wenn alle Juden so wären wie Sie…“ Quatsch! Ich bin nicht besser oder schlechter als die Anderen, ich sehe nur klarer, was kommen muss, und weil ich die Dinge sehe, arbeite ich und werde auch in Zukunft weiter arbeiten.[56]

Letzte Worte

Zu den drei Säulen, auf denen die eingangs zitierte sozialistische Lesart von *Professor Mamlock* ruht, gehören neben den Arbeiterszenen und den Szenen Rolfs auch die letzten Worte der Hauptfigur. In allen bisher bekannten *Mamlock*-Variationen galten die letzten Worte des sterbenden Professors seinem Sohn Rolf, der „auf dem anderen Weg“ unterwegs sei und den zu grüßen er Dr. Inge auftrug. Die Moskauer Inszenierung im März 1935 ging sogar so weit, das Drama mit diesen Worten zu beschließen[57] und die Aussage so noch weiter zu ‚vereindeutlichen‘. Für die vorliegende

[56] Tel Aviv-Manuskript, S. 48-49.

[57] Vgl. Else Wolf an Friedrich Wolf (Wolf, Briefwechsel, S. 90).

Untersuchung, die bereits zeigen konnte, dass der fehlende Arbeiter und eine veränderte Figurenkonzeption bei Mamlocks Sohn die ersten beiden Säulen der sozialistischen Lesart wenig belastbar erscheinen lassen, war es dementsprechend von besonderem Interesse, herauszufinden, an wen der Tel Aviver Mamlock welche letzten Worte richtete. Aus dem Manuskript ließen sich dazu keine Schlüsse ziehen, da ausgerechnet die letzte Seite spurlos verschwunden ist. Zum Glück für die hiesige Argumentation war jedoch der Verfasser des Programmheftes so freundlich, Mamlocks letzten Satz für die Nachwelt zu konservieren. Dort steht am Ende der Beschreibung des 4. Aktes:

> Vor seinem Tod wendet sich Mannheim [Mamlock] an Simon und Inge, bittet sie, Rolf zu finden und sagt: „Ich sah für mich keinen anderen Ausweg, vielleicht findet ihr, die junge Generation, einen neuen Weg zu Wahrheit, einen helleren und mutigeren.“[58]

Die Rede von „einem neuen Weg“ weist in eine gänzlich andere Richtung als die bekannte von „dem anderen Weg“. Ein Mamlock, der seine letzten Worte in dieser Weise wählt, lässt letztendlich offen, welcher der Wege, die diese drei Vertreter der jungen Generation repräsentieren (Simon den Zionismus und die Auswanderung nach Palästina, Rolf den Kommunismus aus Überzeugung und Dr. Inge den Widerstand gegen den Faschismus aus einer Binnenperspektive), in seinen Augen der richtige ist. Er lässt zwar einen grundsätzlichen Glauben an Fortschritt und Veränderung erkennen, ergreift aber nicht politisch Partei.

Neben den letzten Worten der Hauptfigur bieten auch die allerletzten Worte, mit denen das Drama schließt, interessante Vergleichsmöglichkeiten. Während sich hierüber mit Blick auf das Tel Aviv-Manuskript leider nichts Genaues sagen lässt, fällt beim Vergleich der verbleibenden drei Fassungen eine entscheidende Änderung auf. In der Pieck-Fassung ist es noch

[58] Professor Mannheim, Programmheft zur Habima-Aufführung (Hebräisch und Englisch), Leopold-Lindberg-Archiv, AdK Berlin, Sign. 1343 (Übersetzung S. Sch.).

Dr. Inge, die letzte Worte der Anklage gegen Hellpach richtet, bevor der Vorhang fällt. In den beiden Druckfassungen von 1935 und 1946 dagegen beschließt ausgerechnet der zionistische Krankenpfleger Simon das Stück mit den Worten: „das werden wir nicht vergessen, bestimmt nicht vergessen, *niemals vergessen*!". Diese mit Nachdruck wiederholte Versicherung gegen das Vergessen eröffnet selbst in den überarbeiteten Fassungen noch einmal einen ‚jüdischen Horizont'. Es handelt sich um nichts anderes als eine Paraphrase des zentralen biblischen Gebotes „Zakhor!" – Gedenke! (z. B. Ex 13:3, Ex 20:7; Jos 1:13). Wenn man berücksichtigt, dass Friedrich Wolf sich immer wieder intensiv mit den Texten der hebräischen Bibel auseinandergesetzt hat, ist diese Assoziation keinesfalls weit hergeholt. Sein *Heldenepos des Alten Bundes* (Leipzig: Deutsche Verlags-Anstalt 1925), eine deutsche Nachdichtung der biblischen Geschichten als „Edda des Alten Testaments" legt davon ebenso Zeugnis ab, wie der unmittelbare Rückgriff auf mythische Helden der jüdischen Geschichte (David, Simson, die Makkabäer) im vorliegenden Text von *Professor Mamlock*. Ganz so eindeutig war die später diagnostizierte Eliminierung der jüdischen Elemente im Laufe der verschiedenen Textfassungen offensichtlich doch nicht.

Abb. 4: Shimon Finkel in der Rolle des Professor Mannheim. Quelle: Archiv des IDCPA.

An dieser Stelle lässt sich festhalten: Aufgrund der erwiesenen textlichen Nähe des Tel Aviv-Manuskriptes zu Friedrich Wolfs frühesten Notizen sowie der völligen Abwesenheit von Szenen und Figuren, die den bereits bekannten Überarbeitungen des Dramas entstammen, darf das hebräische Bühnenmanuskript von *Professor Mannheim* als (nahezu) vollständig erhaltene Erstfassung von Friedrich Wolfs Drama *Professor Mamlock* gelten.

Auf jenen 64 Seiten Seidenpapier voll schwer entzifferbaren Schreibmaschinendurchschlags ist also in der Tat so etwas wie der ‚Ur-Mamlock' konserviert. Dass es sich bei dem Konservierungsmittel ausgerechnet um die wiederbelebte Nationalsprache des jüdischen Volkes handelt, darf angesichts der jahrzehntelangen Vereinnahmung des Dramas durch die sozialistische Literaturwissenschaft als Ironie der Geschichte gelten. Es ist deutlich geworden, dass eine einseitig sozialistische *Mamlock*-Lesart, wie sie Walther Pollatschek formuliert hat, zwar hinsichtlich der Nachkriegsfassung von 1946 eine gewisse Berechtigung haben mag, ihr jedoch jeder Bezug zur anfänglichen Gestalt des Dramas fehlt. Die als Kontrapunkt zu Pollatschek ebenfalls zu Beginn zitierte und nur um Weniges weniger pathetisch-allumfassend formulierte Lesart von Henning Müller ist dagegen hauptsächlich mit Blick auf die Frühfassung(en) des Dramas plausibel. Es ist also nicht notwendigerweise der ideologische oder der zeitliche Abstand von mehr als 40 Jahren, der diese beiden Interpretationen so unvereinbar macht, sondern vielmehr die Wahl grundverschiedener Referenzobjekte. Mit der Formulierung „Diaspora *der* Menschen und *des* Juden" stützt sich Müller in seiner universell-humanistischen Deutung des Dramas zudem unmittelbar auf die zeitgenössische Rezeption der Aufführung des ‚Ur-Mamlock' in Tel Aviv.[59] Ein abschließender Blick auf diese soll das Bild von Professor Mamlocks ‚Exil' in Tel Aviv vervollständigen.

Zeitgenössische Kritik

Kurz nach der Premiere von *Professor Mannheim* schrieb der in Palästina ansässige deutsche Theaterkritiker Manfred Geis für die 1934 noch in Deutschland erscheinende *Jüdische Rundschau*:

> Die letzte Habimah-Premiere war ein großer Erfolg. Am Schluß der Aufführung stand das Publikum wie eine Mauer und applaudierte. Seit Shakespeares

[59] Diese Formulierung, deren Ursprung eine zeitgenössische Theaterkritik sein soll, taucht zuerst bei Frank Stern auf (Vgl. Stern, „Professor Mannheim" 1934 in Tel Aviv, S. 235). Leider gibt es auch dort keine genaueren Angaben zum Verfasser oder zur Veröffentlichung.

„Was ihr wollt“, ja vielleicht seit dem „Dybuk“ [Drama von Salomon An-Ski, das den mythologische Ruhm des Theaters mitbegründete, S. Sch.] hatte Habimah keine solche Resonanz gefunden. [...] Der Versuch der Habimah, „Zeit-Theater“ zu bringen, hat sich bewährt.[60]

Abgesehen von der Begeisterung über den Publikumserfolg (das Stück wurde über zwei Spielzeiten insgesamt 68 Mal aufgeführt[61]), die alle zeitgenössischen Kritiker teilten und der einhelligen Betonung der enormen Bedeutung, die Lindtbergs Produktion für die Entwicklung des hebräischen Theaters besaß, lassen sich in der Interpretation des Dramas selbst grundsätzlich zwei Tendenzen feststellen: eine spezifisch-jüdische Lesart und eine universell-humanistische Lesart. Eine einheitlich sozialistische Lesart ist nicht zu finden.

In der Augustausgabe der hebräischen Theaterzeitschrift *Bama* von 1934 beschreibt ein Kritiker seine Eindrücke von der Generalprobe zu *Professor Mannheim*. Neben einer sehr stimmungsvollen Beschreibung der Probenarbeit gewinnt er dabei dem Stück selbst einen ausschließlich jüdischen Horizont ab. Den Kern des Dramas bilden für ihn

[v]ier jüdische Schicksale. Drei und noch eins. Drei glauben an Deutschland [gemeint sind Mamlock, Hirsch und Rolf, S. Sch.], nur einer glaubt an Eretz Israel. Dieser vierte, der Krankenpfleger Simon, ist, wie es scheint, auf dem richtigen Weg. Obwohl seine Rolle klein ist... Er ist einer von uns und bedarf keiner weiteren Erklärung.[62]

Und wie um den Aktualitätsbezug des Dramas als ‚Zeitstück‘ besonders zu betonen, verknüpft er abschließend das Geschehen auf der Bühne mit der realen Gegenwart in Palästina.

60 Manfred Geis: Großer Erfolg der Habimah, in: Jüdische Rundschau, 10.08.1934, S. 11.

61 Siehe Emanuel Levy, The Habima. Israel's National Theater 1917-1977. A Study of Cultural Nationalism, New York 1979, S. 294.

62 German, „Professor Mannheim. Notizen von der Generalprobe“ (Hebräisch), in: Bama, August 1934, S. 36 (Übersetzung S. Sch.).

> Professor Mannheim ist nicht mehr. Der Vorhang fällt. Dort, in einer Reihe sitzt ein deutscher Jude, der zur Probe eingeladen wurde. Eine von denen, die es geahnt haben... er starrt weiter nach vorn, als sei der Vorhang noch nicht gefallen.[63]

In der englischsprachigen *Palestine Post* sieht Anne Tolkowski zwar ebenfalls das Schicksal der deutschen Juden im Mittelpunkt der Dramenhandlung, findet aber eine darüber hinaus gehende, allgemein menschliche Dimension ausgerechnet in den (bislang und auch in diesem Beitrag viel zu wenig berücksichtigten) weiblichen Figuren des Dramas.

> [T]hey appear in our play, a living protest against a state of mind that reconciles the service of a social ideal with contempt for individual man. None of these women is capable of viewing men as mere signs standing for a race or for a creed: it is the individual that matters to them, to be judged on its own merits and always apt to stir their pity and affection. Even the politically-minded and party-trained Dr. Inge Reinwald, an adept of the Nazis, helps the communist Rolf Mannheim out of difficulties and finally rallies to the cruelly bullied Professor himself. When the workman, Ernst, tracked by the police, intrudes into Professor Mannheim's comfortable home, he is dismissed only after having a substantial meal provided by the gentle Mrs. Mannheim and by her lively daughter.[64]

Auf eine gänzlich universell-humanistische Lesart läuft die Kritik in der hebräischen Gewerkschaftszeitung *Davar* hinaus. Deren Chefkritiker, Eliezer Lubrani, stellt *Professor Mamlock* in eine Reihe mit Werken bekannter gesellschaftskritischer Autoren wie Dickens, Dostojewski und Hauptmann und reagiert damit auf den damals offensichtlich erhobenen Vorwurf, das Stück sei lediglich die Inszenierung einer journalistische Reportage. Gewissermaßen bescheinigt Lubrani damit dem ‚Zeitstück‘ eine überzeitliche literarische Existenzberechtigung. Auch den von Fried-

63 Ebd., S. 37.

64 Anne Tolkowsky, Professor Mannheim: It's Meaning, in: Palestine Post, 15.08.1934, S. 6.

rich Wolf in seinen Briefen selbst bemühten Vergleich mit Cervantes' *Don Quichotte* lässt Lubrani nicht aus. Für ihn geht es in dem Stück um „die Gültigkeit des verzweifelten Glaubens an den Menschen als Menschen."[65] Diesem Gedankengang folgend beendet Lubrani seine Besprechung mit Verweis auf eine Textpassage am Ende des zweiten Aktes. Dort entkräftet Ellen Mamlock in der Diskussion mit Dr. Inge deren Festhalten an einer rassistischen Denkweise mit den Worten „letztendlich ist doch der Mensch die Hauptsache."[66] Lubranis Fazit:

> Ein starkes und bewegendes Stück, eine Vorstellung, die die Sinne des Menschen fesselt und seine Gedanken befreit. Und ein Beweis dafür, dass über den Unterschieden der Religion, der Rasse und der Nationalität vor aller Augen die Hauptsache der Hauptsachen verloren ging – der Mensch. Dieser Jude Simon, dieser halbe Jude Rolf und diese erwachende deutsche Frau sind die eine Garantie dafür, dass sich die Welt dennoch und trotz alledem weiterbewegt – auf dem Weg zur Erlösung des Menschen.[67]

Wie zum Zeichen einer unter politischem Druck geänderten Grundstimmung des Dramas ist eben jene „Hauptsache Mensch", ein Zitat aus Maxim Gorkis *Nachtasyl*,[68] bereits den frühen Überarbeitungen von *Professor Mamlock* anheimgefallen. In den beiden Druckfassungen endet der zweite Akt ohne ein solches humanistisches Bekenntnis von Ellen Mamlock. Dabei hatte Gorkis „kämpferischer Humanismus" für Friedrich Wolf durchaus Vorbildfunktion und kann als ideologische Grundlage auch von *Professor Mamlock* betrachtet werden. In einer Festrede anlässlich des 85. Geburtstags Maxim Gorkis bezieht sich Wolf noch 1953 nicht nur wie-

65 Eliezer Lubrani, Professor Mannheim (Hebräisch), in: Davar, 03.08.1934, S. 7 (Übersetzung S. Sch.).

66 Tel Aviv-Manuskript, S. 29.

67 Lubrani, Professor Mannheim, ebd.

68 SATIN: Der M–ensch! Einfach großartig! So erhaben klingt das! M–men–nsch! [...] Der Mensch ist die Hauptsache! Der Mensch steht höher als der satte Magen!
(Maxim Gorki, Nachtasyl, 4. Akt; Volltext im Projekt Gutenberg: http://gutenberg.spiegel.de/buch/2860/1)

derholt auf Passagen und Figuren aus *Nachtasyl*, sondern beschließt seine Ausführungen zu Gorki mit dessen Worten: „Das Allerheiligste ist der Mensch!“[69]

Schlusswort (anstelle einer Synthese)

Neben der genauen Betrachtung des Tel Aviv-Manuskripts als Zeugnis der frühesten vollständigen Textfassung führt ein zweiter Weg zur Ergründung der Ursachen für die stark divergierenden Interpretationen von *Professor Mamlock* zunächst zum Verfasser selbst zurück. Noch vor der aus den zeitgenössischen Kritiken ersichtlichen und bei Henning Müller wiederzufindenden jüdisch-humanistischen sowie der späteren sozialistischen Lesart des Dramas steht Wolfs Postulat, es handele sich bei dem Drama um ein nur „scheinbar jüdisches, humanitäres Stück“, das oben bereits einmal aus dem entsprechenden Brief an die Theater Union zitiert wurde. In der von Friedrich Wolf damit bereits angedeuteten Mehrdeutigkeit liegt der Schlüssel zum Verständnis des ursprünglichen Konzepts von *Professor Mamlock* und zugleich – neben dem Vorhandensein unterschiedlicher Textfassungen – eine weitere Antwort auf die Frage, wie ein und dasselbe Drama auf derart widersprüchliche Weise interpretiert werden kann.

In Reaktion auf die aus Amerika erhaltenen ‚Verbesserungsvorschläge‘, die hauptsächlich auf eine stärkere Betonung des Politischen setzen, beschreibt und erläutert Wolf in einem seiner Briefe an die *Theatre Union* seine ursprüngliche Vorgehensweise als „indirekte Technik“:

> [W]ir dürfen dem Zuschauer – wenn wir seine Antennen richtig treffen – schon etwas eigenes Denkvermögen zutrauen, wir sollen auf *sokratische* Weise ihn durch indirektes Befragen und Anregen die Dinge/Schlüsse *selbst finden lassen!* Wenn Sie wollen, diese Technik des Indirekten (diese Erziehung zum

[69] Friedrich Wolf, Maxim Gorki. Festrede zum 85. Geburtstag Maxim Gorkis in der Deutschen Akademie der Künste, Berlin, 25. März 1953, in: ders., Aufsätze 1945-1953. Gesammelte Werke, Bd. 16, hrsg. v. Else Wolf und Walther Pollatschek. Berlin u. Weimar 1968, S. 449-471, hier: S. 471.

Selbstfinden und Denken) ist die Methode von Sokrates, Platon und Karl Marx. Dramaturgisch: Man tischt dem Zuschauer nicht alles fertig psychologisch und gesellschaftlich motiviert oben auf der Bühne auf, sondern man zeigt auf der Bühne ganz objektiv These und Antithese und *zwingt den Zuschauer, selbst die Synthese zu vollziehen!*[70]

Von diesen Äußerungen ausgehend, die sich auf die hier anhand des Tel Aviv-Manuskriptes rekonstruierte Erstfassung des *Mamlock* beziehen müssen, stellt sich das Stück als Kombination aus einer jüdischen, humanistischen Oberfläche (auf der Handlungs- und Dialogebene) und einer tiefer liegenden, nicht explizit formulierten, kommunistischen Botschaft dar. Beginnend mit den „Suggestions" der Theatre Union hat Friedrich Wolf das Verhältnis dieser beiden Komponenten im Laufe der Bearbeitungen nahezu umgekehrt. In der allgemein bekannten Endfassung von 1946 wird das jüdisch-humanistische Moment über weite Strecken von der nunmehr stark verdeutlichten politischen Botschaft überlagert. Dass dieser Wandel in der Gestalt eines einzelnen Dramas mit einem Wandel in den grundsätzlichen Ansichten des Autors in Bezug auf besagtes Denkvermögen des Zuschauers einherging, zeigt sich am deutlichsten in Wolfs „Zwiegespräch" mit Bertolt Brecht über die Aufführung von dessen Drama *Mutter Courage* aus dem Jahr 1949. In der Diskussion über „Formprobleme des Theaters aus neuem Inhalt" argumentiert Wolf nun gegen die von ihm 16 Jahre zuvor noch favorisierte und gegenüber der Theatre Union verteidigte Methode der objektiven Darstellung von Tatsachen.

Wollen Sie [Brecht] also mit diesem bewußten Chronikenstil nochmals betonen, daß es Ihnen in erster Linie darauf ankommt, die Tatsachen, die nackten Tatsachen zu den Zuschauern sprechen zu lassen? [...] Grob gesagt: objekti-

[70] Wolf an die Theatre Union vom 21.08.1933 (Wolf, Briefwechsel, S. 262f.; Hervorhebungen im Original).

vierendes Theater gegen psychologisierendes Theater, selbst um den Preis, daß die Tatsachen den Menschen oft nicht verändern.[71]

Wolf sah sich in dieser von ihm aufgestellten Dichotomie also nunmehr nicht länger auf Seiten der nackten Tatsachen sondern als ein Vertreter des psychologisierenden Theaters. Dieser Selbstzuschreibung entspricht auch die Nachkriegsfassung von *Professor Mamlock* mit ihrer an die Oberfläche geholten, expliziten politischen Botschaft.

Letztendlich kann man festhalten, dass eine Synthese der beiden eingangs zitierten Lesarten nicht nur nicht möglich ist, sondern dem Text – unabhängig von seiner Fassung – nicht gerecht würde. Die unterschiedlichen Dimensionen innerhalb derer *Professor Mamlock* über die Jahrzehnte gelesen wurde, waren dem Text von Anfang an eingeschrieben. Das Verhältnis der einzelnen Teile zueinander wurde zwar variiert, nie jedoch zugunsten einer Eindeutigkeit aufgelöst. Möglicherweise liegt gerade in der Beibehaltung dieser nicht auflösbaren Spannung die über den historischen Moment hinausgehende Qualität dieses ‚Zeitstücks‘.

Es dürfte deutlich geworden sein, dass mit dem hebräischen *Mamlock*-Manuskript eine Fassung des Textes erhalten ist, die sich zwischen Wolfs handschriftlichen Notizen und dem im Pieck-Nachlass aufbewahrten Typoskript positioniert. Als nahezu vollständige ‚Ur-Fassung‘ fügt es der bereits dokumentierten Vielschicht- und gesichtigkeit von Wolfs Drama eine weitere Facette hinzu. Durch die im Vergleich zu den späteren Fassungen noch wesentlich ausführlichere Verhandlung jüdischer Belange bietet die hier rekonstruierte Frühfassung zudem interessante Ansatzpunkte für eine vergleichende Betrachtung mit dem wiederholt als Intertext und gewissermaßen als historischem ‚Vorläufer‘ angeführten Drama *Professor Bernhardi* von Arthur Schnitzler.[72]

71 Friedrich Wolf, Formprobleme des Theaters aus neuem Inhalt. Ein Zwiegespräch mit Bertolt Brecht, in: ders., Dramen. Leipzig 1978, S. 472.

72 Vgl. etwa Biechele, Jüdische Intellektuelle und Magdalena Sitarz, A. Schnitzlers Professor Bernhardi und F. Wolfs Professor Mamlock – eine Tragödie der westlichen Demokratie, in: Zeszyty Naukowe UJ Prace Historyczno-literackie, Nr. 82, 1993, S. 49-59.

Sollte eines Tages das sehr zu befürwortende Projekt einer kritischen Ausgabe der Texte von Friedrich Wolf oder auch nur des *Professor Mamlock* in Angriff genommen werden, so sollte dieses Dokument, dessen Existenz mehr als nur ein Kuriosum des deutschsprachigen Künstler-Exils ist, unbedingt Berücksichtigung finden.

Christoph Hesse

Friedrich Wolfs Filmpläne im sowjetischen Exil

Лучше один раз увидеть, чем сто раз услышать.
(Besser, einmal zu sehen, als hundertmal zu hören.)

Russisches Sprichwort

Daß nichts so eintrifft, wie es angesetzt war und man es erwartet – dieser banale Ausdruck für die Wirklichkeit des Lebens kommt hier in jedem Einzelfall so unverbrüchlich und so intensiv zu seinem Recht, daß der russische Fatalismus begreiflich wird.

Walter Benjamin: Moskau

Im Mai 1931 reist Friedrich Wolf zum erstenmal in die Sowjetunion. Kurz vor der weißrussischen Grenzstadt Negoreloje, wo eine Toraufschrift die Ankommenden empfängt mit den Worten: „Seid gegrüßt, Werktätige des Westens", schreibt er an seine Frau Else: „Menilein, mir schlägt tatsächlich das Herz, ich konnte die Nacht nicht schlafen vor Hitze und Erregung. Hier ist drückend heiß, Steppe und in ½ Stunde Rußland! So hab ich mich lange nicht mehr gefreut […]".[1] Wenige Tage später, inzwischen im

[1] Friedrich Wolf: Brief an Else Wolf, 18.5.1931. In: F.W.: Briefwechsel. Eine Auswahl. Hg. v. Else Wolf und Walther Pollatschek. Berlin und Weimar 1968, S. 43.

repräsentablen Hotel Metropol in Moskau einquartiert, berichtet er: „Das ist ein wildes, aber großartiges Leben hier, lauter junge Menschen auf den Straßen, Arbeit, Arbeit, keine Bettler, keine Arbeitslosen, Zuversicht, Tempo, Glauben und dabei auf der andern Seite viel Ruhe; abends viel Musik, Ziehharmonika aus allen Häuserkombinats, Tanz [...]."[2] Ein Traum, scheint es, geht in Erfüllung: „Das Volk erwacht in tollem Tempo zum Lesen, Schreiben, Wohlstand; noch nie und nirgends haben Arbeiter soviel verdient, wie in USSR; unsre Nationalökonomen könnten lernen, hier, wie man die Wirtschaft ‚ankurbelt'."[3]

So euphorisch wird Wolf die Sowjetunion schon wenige Jahre später, nachdem er sich selbst als Schriftsteller und Filmautor dort niedergelassen hat, nicht mehr betrachten, wenngleich er ihr zeitlebens politisch loyal bleibt. Die Erfahrungen, die viele andere Exilanten in den Verhörkellern des NKWD und in Zwangsarbeitslagern fernab von Moskau machen müssen, bleiben ihm glücklicherweise erspart. Die in diesem Verhältnis ganz geringfügigen Enttäuschungen, über die im folgenden berichtet wird, betreffen allein Wolfs Arbeit für den Film. Die sowjetische Filmproduktion, in die er größte Hoffnungen setzt, erweist sich für ihn als nur ausnahmsweise zugängliches Terrain. Schon der eingangs erwähnte Besuch in Moskau, wo er zusammen mit Hans Richter an dem Film *Metall* (dazu später noch ein Wort) arbeiten will, bleibt vor allem ein emotionales Erlebnis, führt jedoch, was seine Mitarbeit betrifft, zu keinem Ergebnis. Insgesamt werden lediglich zwei Drehbücher, an denen er als Mitautor sowie als Verfasser der zugrunde liegenden Theaterstücke gewichtigen Anteil hat, in der Sowjetunion verfilmt: *Professor Mamlock* (1938)[4] und *Der Kampf geht weiter* (1939, nach Wolfs Stück *Das trojanische Pferd*).[5] Tiefer im Dunkeln als der letztgenannte, nur äußerst selten gezeigte Film, der selbst in Ruß-

2 Brief an Else Wolf, 21.5.1931. Ebd., S. 43.

3 Brief an Else Wolf, 29.5.1931. Ebd., S. 46.

4 *Professor Mamlok* (Профессор Мамлок). UdSSR 1938, Lenfilm. Regie: Herbert Rappaport, Adolf Minkin. Drehbuch: Herbert Rappaport, Adolf Minkin, Friedrich Wolf.

5 *Borba prodolshajetsja* (Борьба продолжается). UdSSR 1939, Sojusdetfilm (vormals Meshrabpom-Film). Regie: Wassili Shurawljow. Drehbuch: Alexander Rasumny, Friedrich Wolf.

land bisher nicht auf DVD veröffentlicht worden ist (was in Deutschland auch für *Professor Mamlock* gilt[6]), liegen allerdings die vielen nie verwirklichten Filmpläne, die Wolf während seines sowjetischen Exils entwirft. Von ihnen soll hier die Rede sein. Es handelt sich dabei um Szenarien[7], Exposés und Skizzen.

In der Filmhistoriographie kommen derlei Pläne gewöhnlich nicht vor, oder nur am Rande, sofern sie in engem Zusammenhang mit fertiggestellten Filmen stehen. Die Knospe verschwindet im Hervorbrechen der Blüte, und es ist das gute Recht des Filmhistorikers, daß er sich mit der Blüte und nicht mit der Knospe befaßt, die er so ohne weiteres auch gar nicht zu Gesicht bekommt. Eine Geschichte der Noch-nicht-Filme, die niemals welche geworden sind, scheint ein aussichtsloses Unterfangen. Anders als in der Literatur oder der Malerei, wo auch das Unvollendete, nicht konsequent oder nur rudimentär Ausgeführte legitimerweise als Werk angesehen wird, da es selbst schon im Medium der jeweiligen Gattung gestaltet ist, stößt man dabei in der Filmgeschichte nur im günstigsten Fall tatsächlich auf Filmfragmente; eher hat man es mit Vorarbeiten zum Film zu tun, manchmal mit Zeichnungen oder Photographien, meistens aber mit Texten – nicht mit Blüten, die einen Literaturhistoriker interessieren würden, sondern mit Knospen, Texten nämlich, die geschrieben wurden, um in einem daraus zu entstehenden Film auf Nimmerwiedersehn zu verschwinden. Wie immer man den Status solcher vorfilmischen Entwürfe im allgemeinen bewerten mag, bei der Beurteilung der Filmarbeit deutscher Emigranten im sowjetischen Exil der dreißiger und vierziger Jahre stellen sie eine unverzichtbare Quelle dar. Wenigen realisierten Filmen stehen hier unverhältnismäßig viele Pläne zur Seite, die bestenfalls einmal so weit gedeihen, daß mit den Dreharbeiten überhaupt begonnen wird. Erst die Berücksichtigung dieser in unterschiedlichen Stadien der Produktion steckengebliebenen Vorhaben vermittelt einen zulänglichen Eindruck von

6 Zu kaufen gibt es hierzulande nur die Neuverfilmung von Konrad Wolf (DDR 1961).

7 In sowjetischer Terminologie müßte man genauer von einem literarischen Szenarium sprechen, was etwa einem elaborierten Treatment gleichkommt, im Unterschied zum Regie-Szenarium, dem Drehbuch im herkömmlichen Sinne.

Umfang und Bedeutung des deutschsprachigen Filmexils in der Sowjetunion. Auch die fertiggestellten Filme – neben den beiden oben erwähnten wären vor allem Erwin Piscators *Aufstand der Fischer* (1934)[8] und Gustav von Wangenheims *Kämpfer* (1936)[9] zu nennen – können so in einem weiteren politischen und künstlerischen, auch personellen Zusammenhang begriffen werden. Die Umstände, unter denen ein Film nicht zustande kommt, geben zudem von Fall zu Fall Aufschluß über die Produktionsbedingungen und über die Situation der Exilanten am Rande der sowjetischen Filmproduktion, mithin über die Auswirkungen der wechselnden politischen Direktiven, denen sie untersteht. Friedrich Wolf ist dort nicht der einzige, der Filmpläne entwirft, die statt in Produktionsabteilungen schließlich in Aktenschränken oder im eigenen Manuskriptkoffer landen. Aber er ist derjenige, der es am beharrlichsten weiterverfolgt, nämlich bis in die vierziger Jahre hinein, als keiner der einst bei Meshrabpom-Film untergekommenen Emigranten sich mit solchen Plänen mehr aufhält.

Die Arbeit am Film, ebenso die damit einhergehenden Enttäuschungen und Zurückweisungen, sind Wolf längst vertraut, als er 1934 aus Frankreich in die Sowjetunion übersiedelt. Auch mit der sowjetischen Filmproduktion hat er da bereits einige Erfahrungen gemacht. Ebenfalls im Jahr 1934 wird bei dem von der Internationalen Arbeiterhilfe betriebenen Studio Meshrabpom-Film in Moskau die Filmfabrik Rot-Front eingerichtet. Diese Abteilung soll insbesondere Künstlern aus Deutschland die Möglichkeit bieten, politische, das heißt: antifaschistische Filme zu drehen, wozu sich zu jener Zeit noch kein anderes Land der Welt bereit findet. In der sowjetischen Filmproduktion der frühen dreißiger Jahre ist Deutschland ein häufig bearbeitetes Thema, zunächst aufgrund der Hoffnung auf eine proletarische Revolution im Westen, schließlich wegen der Bedrohung durch den Faschismus, der von Moskau aus als eine an erster

8 *Wosstanije rybakow* (Восстание рыбаков). UdSSR 1934, Meshrabpom-Film. Regie: Erwin Piscator. Drehbuch: Georgi Grebner, Willi Döll (nach der Novelle *Der Aufstand der Fischer von St. Barbara* von Anna Seghers).

9 *Borzy* (Борцы). UdSSR 1936, Meshrabpom-Film. Regie und Drehbuch: Gustav von Wangenheim (nach einer Idee von Alfred Kurella und Joris Ivens).

Stelle gegen die Arbeiterklasse gerichtete Terrorherrschaft betrachtet wird. Anti-Nazi-Filme werden in Westeuropa ebenso wie in den USA erst ab 1939 hergestellt, zu einer Zeit wiederum, da die Produktion solcher Filme in der Sowjetunion infolge des Nichtangriffspakts mit Deutschland bald untersagt, oder genauer, bis zum Sommer 1941 unterbrochen wird.

Deutschland 1920–1933

Wolfs Interesse für den Film rührt nicht ursächlich von seiner politischen Betätigung her, wenngleich er mit seinen Drehbüchern und Filmexposés, die er seit den frühen zwanziger Jahren verfaßt, im weitesten Sinn aufklärerische Ziele verfolgt. Über die künstlerischen Möglichkeiten des Films macht er sich zum erstenmal in dem damals unveröffentlichten Aufsatz „Der Blick um die Ecke oder Der Umdrehungskoeffizient. Ein Beitrag zur Entpuppung des absoluten Films“ aus dem Jahr 1920 Gedanken.[10] Der expressionistisch tönende Titel kommt nicht von ungefähr. Die Begeisterung der Schriftsteller für den Film ist zu jener Zeit weitverbreitet, aus aufrichtigem künstlerischen Interesse einerseits, doch nicht zum letzten auch aus Sorge um den Verbleib des eigenen Publikums: „Aber ich schreibe einen Artikel und schaue mich um: Wo sind meine Leser? Ach, sie sitzen im Kino!“[11] Ebenso verbreitet und vielfach beschrieben sind die Widerstände, die sich Schriftstellern bei ihrem Eintritt in die Filmproduktion entgegensetzen. Wladimir Majakowski, der kaum dazu neigte, seine Kräfte zu unterschätzen, notiert dazu lapidar, „daß bei jeder Bemühung von ‚Literaten‘, ohne enge Fühlung mit dem Aufnahme-Atelier und der Filmproduktion Drehbücher zu schreiben, nichts als Pfusch verschiedenen Grades herauskommt. Darum gedenke ich, mich ab morgen auf dem Atelier-Gelände

[10] Der Text erscheint erstmals in: Beiträge zur Film- und Fernsehwissenschaft (BFF). Schriftenreihe der Hochschule für Film und Fernsehen der DDR „Konrad Wolf“. Jg. 29, Nr. 33 (1988), S. 15–18.

[11] Boris Ėjchenbaum: Ist der Film eine Kunst? (1926) Aus dem Russischen von Annelore Nitschke. In: Wolfgang Beilenhoff (Hg.): Poetika Kino. Theorie und Praxis des Films im russischen Formalismus. Frankfurt a.M. 2005, S. 188.

umzutun, damit ich erst einmal mit dem Filmgeschäft vertraut werde und mich hernach in die Realisierung meiner Szenarien einschalte.“[12] Das Einschalten ist allerdings nur wenigen so vorschriftsmäßig geglückt, jedenfalls nicht Majakowski und auch nicht Friedrich Wolf.

Abb. 1: Friedrich Wolf vor dem Zug nach Sewastopol (vermutlich vor der Abfahrt oder nach der Ankunft auf der Krim im Frühjahr 1941). Quelle: Friedrich Wolf Archiv

Bis zu seiner Flucht aus Deutschland im Frühjahr 1933 schreibt Wolf insgesamt acht Filmentwürfe. Den größten Erfolg im Kino hat er bezeichnenderweise aber nicht mit einem dieser Entwürfe, sondern mit seinem auch auf der Bühne bereits sehr erfolgreichen Theaterstück *Cyankali* (1929), das der Regisseur Hans Tintner 1930 nach eigenem Szenarium verfilmt. Als Mitautor unter dem Pseudonym Christian Baetz ist Wolf bald darauf am Drehbuch zu dem Film *S.O.S. Eisberg* (1933) von Arnold Fanck beteiligt, der angelehnt ist an Wolfs Hörspiel *SOS … rao rao … Foyn* (1929). Von seinen Filmtexten gelangt ansonsten nur ein einziger, zumindest teilweise, ins Kino. *Gymnasten über Euch* (1921)[13], sein erster Entwurf zu einem Kulturfilm, wie man das Genre des populärwissenschaftlichen Dokumentarfilms damals nennt, wird in Auszügen verarbeitet in *Wege zu Kraft und Schönheit* (1925) von Wilhelm Prager und Nicholas Kaufmann. Ein Versuch zum Thema Mensch/Maschine mit dem Titel *Kraftwerk Russelaar* (um 1925)[14] bleibt in

12 Wladimir Majakowski: Über die Filmarbeit (1926). In: ders.: Werke. Hg. v. Leonhard Kossuth. Aus dem Russischen von Hugo Huppert. Frankfurt a.M. 1980. Band V, S. 226.

13 Entwurf von 13 S. im Friedrich-Wolf-Archiv (FWA) der Berliner Akademie der Künste, 53/1.1.

14 Vgl. Friedrich Wolf: Filmerzählungen (= Gesammelte Werke, Band 8). Hg. v. Else Wolf und Walther Pollatschek.. Berlin 1961, S. 5–11. Alternativer Titel: Kraftwerk Rummelsburg (FWA

der Schublade liegen. Mit *Koritke, der Athlet* (1927) tritt Wolf in Verhandlungen mit der UFA, die das Manuskript nach anfänglichem Interesse schließlich ablehnt; auch der Versuch des für die Hauptrolle vorgesehenen Heinrich George, den Film auf eigene Faust zu produzieren, bleibt erfolglos.[15] Auf der Grundlage seines Heilkundebuchs *Die Natur als Arzt und Helfer* (1928) plant Wolf im folgenden Jahr einen weiteren Kulturfilm, läßt die Arbeit jedoch bald fallen.[16] Die Ideologie der Lebensreformbewegung, der er als Mediziner und als ehemaliger Kommunarde vom Barkenhoff in den zwanziger Jahren noch recht nahesteht, wird in seinen künftigen Filmplänen keine Rolle mehr spielen.

1930 beginnt er eine äußerst vielversprechende Zusammenarbeit mit dem avantgardistischen Künstler und Filmemacher Hans Richter, die ihn auch auf dem Gebiet des Films zum erstenmal an die Sowjetunion heranführt. Geplant ist zunächst ein Dokumentarfilm: *Rußland und wir. Das russische Experiment.* Es bleibt bei einem kleinen Entwurf Richters und einem kurzen Briefwechsel[17]; schon was Dramaturgie und ästhetische Konzeption betrifft, kommen Richter und Wolf nicht überein. Sie lassen die Idee fallen und bereiten statt dessen einen Spielfilm über einen Metallarbeiterstreik in Hennigsdorf bei Berlin vor, den die Filmgesellschaft Meshrabpom produzieren soll. Wolf entwirft dazu in Absprache mit Richter ein Exposé, das dieser, anscheinend ohne genaue Abstimmung mit jenem, in der Sowjetunion zu einem Drehbuch weiterverarbeitet, gemeinsam mit Pera Ataschewa, der Assistentin Sergej Eisensteins. Die Dreharbeiten an dem Film *Metall*[18] werden unter Richters Regie – ohne Wolfs Beteiligung – tatsächlich begonnen, doch schon nach wenigen Wochen abgebrochen, wahrscheinlich wegen Unstimmigkeiten mit bzw. innerhalb der Leitung von Meshrabpom-Film; die Gründe liegen noch bis heute weithin im

53/4.2).

15 Briefe dazu aus dem Jahr 1928 in FWA 53/2.1.

16 Manuskripte und Briefwechsel dazu in FWA 53/3.

17 FWA, Mappe 53, 5.

18 Vgl. Friedrich Wolf: Filmerzählungen, S. 79–101; dazu Briefwechsel und Material in FWA 53/6. Ein Brief an Richter vom 7.4.1931 ist abgedruckt in: BFF (Anm. 11), S. 47 f.

Dunkeln.[19] Parallel zu seiner Arbeit mit Richter schreibt Wolf das Film-Treatment *Captain Campell* (1930)[20], das er ebenfalls Meshrabpom-Film anbietet.[21] Als die Verhandlungen zu keinem Ergebnis führen, verarbeitet er den Stoff zu dem Theaterstück *Die Jungens von Mons*. Das letzte noch in Deutschland begonnene Vorhaben, *Familie Schmidt* (1932), das vom Leben einer Arbeiterfamilie im zeitgenössischen Berlin handelt, kommt über einen zweiseitigen Entwurf nicht hinaus.[22]

Sowjetunion 1934–1937

Als Wolf 1934, nach kurzen Exilstationen in der Schweiz und in Frankreich, in der Sowjetunion eintrifft, trägt er bereits ein neues Szenarium bei sich; schon im Dezember des Vorjahres hat er einen Vertrag mit der sowjetischen Filmbehörde Sojuskino geschlossen. Das Thema hat diesmal weder mit Deutschland und dem Faschismus noch mit dem Proletariat zu tun, sondern scheint ganz auf die technologischen Sehnsüchte der Sowjetunion in der Epoche des zweiten Fünfjahrplans zugeschnitten: ein Film über einen Polarflug von Kanada in die UdSSR mit dem Titel *Der Sprung über den Pol*.[23] Damit greift Wolf der realen Geschichte einige Jahre vor. Im Mai 1937 wird der russische Pilot Michail Wodopjanow als erster Mensch mit einem Flugzeug am Nordpol landen. Die von der offiziellen Propaganda geschürte Begeisterung für Flieger und Polarforscher nimmt in der sowjetischen Populärkultur bald einen prominenten Platz ein.[24] Auch 1934

19 Vgl. dazu Heide Schönemann: Hans Richter und Friedrich Wolf im Meshrabpom-Programm. In: Kinemathek. Jg. 40, Nr. 95 (Juli 2003), S. 115–122; Günter Agde: Filmutopien vor der Katastrophe. Friedrich Wolfs Filmprojekte für Meshrabpom-Film Moskau (1931–1933). In: Hermann Haarmann/Christoph Hesse (Hg.): Einspruch. Schriftenreihe der Friedrich-Wolf-Gesellschaft. Nr. 2. Marburg 2010, S. 53–65; Stephen C. Foster: Hans Richter. Activism, Modernism, and the Avant-garde. Cambridge (Mass.) und London 1998, S. 149-152.

20 Vgl. Friedrich Wolf: Filmerzählungen, S. 13–78; dazu Günter Agde: Filmutopien… (Anm. 19).

21 Vgl. Wolfs Briefe an Franceso Misiano, den Geschäftsführer der Meshrabpom-Film in Moskau, vom 20.3. und 4.7.1931 in: BFF (Anm. 11), S. 41–46.

22 FWA 53/7.

23 Vgl. Friedrich Wolf: Filmerzählungen, S. 103–168.

24 „When asked about their heroes, Soviet adolescents named three ‚generic' hero types – aviators, polar explorers, and border guards […]" (Sheila Fitzpatrick: Everyday Stalinism. Ordinary Life

schon zeigen die Filmbehörden Interesse an dem Stoff, und die Vorbereitungen kommen zunächst gut voran. Das Szenarium wird ins Russische übertragen und der Titel ganz im Sinne jener Begeisterung für außergewöhnliche Heldentaten zugespitzt: *Der Weg des Giganten* soll der Film nun heißen.[25] Für die Regie ist Grigori Roschal[26] vorgesehen, mit dem gemeinsam Wolf sich an die Überarbeitung des Szenariums und die Vorbereitung des Drehbuchs setzt. Oder vielmehr, er versucht es. In einem Brief an die Abteilung für Kultur und Propaganda beim ZK der Kommunistischen Partei vom 24. Juli 1934 äußert Wolf seine Unzufriedenheit über den bisherigen Fortgang des Arbeitsprozesses. Während er seinerseits allen vereinbarten Verpflichtungen nachgekommen sei, habe Roschal ihn ein ums andremal im Stich gelassen und sei nun plötzlich mit dem Szenarium nicht mehr einverstanden, ohne seine Gründe im einzelnen darzulegen. Auch von Sojuskino habe er keine Auskunft erhalten. „Ich stelle also fest", so Wolf,

Abb. 2: Einfahrtstor in Negoreloje.

> dass seit meiner Ablieferung des Scenariums am 25.V. jetzt genau 2 Monate verstrichen sind, ohne dass irgend eine wirkliche Kontrolle oder Aussprache über das Manuskript stattfand. Ich nenne dies kein amerikanisches Tempo.

in Extraordinary Times. Soviet Russia in the 1930s. Oxford und New York 1999, S. 73).

25 *Put giganta* (Путь гиганта). Die russische Übersetzung des Szenariums findet sich, zusammen mit dem im folgenden zitierten Brief Wolfs an die Abteilung für Kultur und Propaganda beim ZK der WKP(B) vom 24.7.1934, im Gosfilmofond.

26 Grigori Roschal wird einige Jahre später den Film *Familie Oppenheim* (Семья Оппенгейм, UdSSR 1939) inszenieren, nach dem Roman *Die Geschwister Oppenheim* (späterer Titel: *Die Geschwister Oppermann*) von Lion Feuchtwanger; nach *Professor Mamlock* der zweite sowjetische Film jener Zeit, der sich mit dem Antisemitismus in Deutschland auseinandersetzt.

> Wir wissen, wie hoch Gen. Stalin, dort wo er von dem Leninistischen ‚Arbeitsstil‘ spricht, ‚die amerikanische Sachlichkeit‘ und die Technik des amerikanischen Arbeitsprozesses einschätzt. Ich habe selbst als Dramaturg an 2 amerikanischen Filmen mitgearbeitet, an der Verfilmung meines Dramas ‚Cyankali‘/Fox-Filmproduktion und an ‚S.O.S. Eisberg‘/Universal Pictures [...].

Schon nach kurzem Aufenthalt in Moskau weiß Wolf sehr genau, mit welchen Autoritäten man den notorisch unzuständigen Autoritäten kommen muß. Doch vergebens: mit der Adaption der amerikanischen Arbeitsweise mag die sowjetische Filmproduktion erklärtermaßen höhere Zwecke verfolgen, auf jeden Fall stehen ihr in materieller und personeller Hinsicht weitaus geringere Mittel zur Verfügung. Wolf beläßt es jedoch nicht bei einer höflichen Ermahnung, von der er sich als noch recht unerfahrener Exilant in der Sowjetunion erhoffen mag, daß sie irgend etwas zu seinen Gunsten bewirke; er geht so weit, die zeitgenössische sowjetische Filmproduktion insgesamt in Zweifel zu ziehen:

> Wenn ich nun die letzte Sowjetfilmproduktion betrachte und überlege, welche Filme man im Westen einem internationalem Publikum zeigen könne, um es zu packen und wie einst mit dem „Potemkin“, mit der „Mutter“, mit „Erde“, mit dem „Blauen Express“, ich geriete in grosse Verlegenheit, 1–2 Filme ausgenommen. Inzwischen holt die anglo-amerikanische Filmproduktion mächtig auf und vermag eine ganze Serie von Filmen höchster Qualität, Technik und künstlerischer Formensprache zu zeigen [...]. Freunde, Künstler und Regisseure aus Frankreich, England, Amerika, die ich in der Emigration draussen sprach, alle fragen immer wieder: „Wann kommen endlich wieder die Sowjetspitzenfilme? Was arbeiten jetzt Eure grossen Meister der Filmkunst, deren Filme wir früher bewunderten und als Zeichen der Sowjetkultur ansahen!“ Ich glaube, diese Fragen wird man auch hier in der SU sich ernsthaft zu stellen haben!

Solche offenen Worte, direkt an die oberen Instanzen der Partei gerichtet, sind im Jahr 1934 anscheinend noch akzeptabel; oder sie werden großzügig ignoriert, vielleicht auch aus Rücksicht auf den geschätzten Neuankömmling. Folgenlos bleibt Wolfs Beschwerde allemal. Eine Antwort darauf ist nicht überliefert. Von dem geplanten Film *Der Weg des Giganten* wird man nie wieder etwas hören.

Ähnliches gilt für eine von ferne in Erwägung gezogene Verfilmung des Stücks *Der arme Konrad* (1923). Wolfs Drama über die Bauernkriege soll, wie er mit Bezug auf eine Bemerkung von Engels betont, an die revolutionäre Tradition erinnern, die auch das deutsche Volk durchaus vorzuweisen habe[27]; die Hoffnung auf Widerstand von seiten jenes mythisch beschworenen Volkes wird Wolf, wie die meisten deutschen Kommunisten im Exil, bis zuletzt nicht aufgeben, auch wenn das als im Grunde gut und gerecht imaginierte Volk sich in Deutschland längst als viel unwirklicher erweist als die von den Nazis mit überwältigendem Erfolg hergestellte Volksgemeinschaft. Einer im Filmarchiv Gosfilmofond in Belyje Stolby bei Moskau aufbewahrten russischen Übersetzung des Stücks von Nikolaj Wiljam-Wilmont ist ein dreiseitiges Gutachten von einem T. Krusman vom Dezember 1935 beigefügt, das, vorbehaltlich einiger kleiner Änderungen, eine Verfilmung vorschlägt. Unklar, in wessen Auftrag dieses Gutachten angefertigt worden ist. Dem Vorschlag ist offensichtlich niemand gefolgt, von Wolf selbst dazu keine Stellungnahme überliefert. Nach dem Ende des Zweiten Weltkriegs wird er das Stück als Hörspiel für den Berliner Rundfunk bearbeiten.

Nach dem Scheitern seines Films über den Polarflug widmet sich Wolf in den folgenden Jahren vor allem der Theaterarbeit; 1935 unternimmt er eine Vortragsreise durch die USA und besucht den 1. Schriftstellerkongreß in New York. Das nächste Filmvorhaben, das er 1936 in der Sowjetunion beginnt, gemeinsam mit dem soeben eingetroffenen österreichischen Emigranten Herbert Rappaport, soll sein größter Erfolg werden. *Professor Mamlock* ist nicht nur der bedeutendste Film, an dem Wolf als Schriftsteller mitwirkt, er beschert ihm selbst auch die bisher glücklichste Erfahrung, die er in der Filmproduktion sowohl in Deutschland wie in der Sowjetunion macht. Eine so gute Zusammenarbeit wie die mit dem Regisseur

27 Vgl. Brief an Wilhelm Pieck, 21.4.1943. Briefwechsel, S. 293. Dazu Friedrich Engels: Der deutsche Bauernkrieg (1850). In: Marx-Engels-Werke, Band 7. Berlin 1976, S. 329.

Rappaport wird Wolf im sowjetischen Exil nicht mehr gelingen; auch nicht mit Alexander Rasumny, mit dem er 1938 – per Post aus Frankreich, wo er sich zu jener Zeit aufhält – am Drehbuch zu dem Film *Der Kampf geht weiter* arbeitet.[28] Seinem Freund Wsewolod Wischnewski vertraut er an, er habe „gegen die miserable Umarbeitung [s]eines Scenarios protestiert.“[29] Später, zurück in Deutschland, berichtet Wolf, er habe schon nach den Erfahrungen mit dem Film *Cyankali* beschlossen, sich „nie wieder in den Hexenkessel des Films zu begeben. Es sei denn, ich hätte unwahrscheinlicherweise den adäquaten Regisseur gefunden, um mit ihm von Anfang an das Szenarium zu schreiben. Als 1936 der Regisseur Herbert Rappaport aus Hollywood nach Moskau kam und mich fragte, ob ich mit ihm das Buch zu ‚Professor Mamlock‘ schreiben wolle, da wußte ich, daß Rappaport bereits in Deutschland als Regieassistent am ‚Dreigroschenoper‘-Film gedreht, daß er in Los Angeles meine ‚Matrosen von Cattaro‘ inszeniert hatte. Autor und Regisseur standen auf dem gleichen Boden. Die ideologische und künstlerische Basis war von vornherein vorhanden.“[30]

Frankreich 1937–1941

Zwischen den beiden Filmen *Professor Mamlock* und *Der Kampf geht weiter* bringt Wolf ein weiteres Vorhaben zur Sprache, diesmal jedoch nicht einem Freund oder Kollegen oder einem Filmstudio gegenüber. Er wendet sich damit an Wilhelm Pieck, den Vorsitzenden der KPD. In dieser Funktion ist Pieck nicht nur zuständige Autorität, sondern zugleich auch

[28] Vgl. die Briefe an Alexander Rasumny in: BFF (wie Anm. 11), S. 76–81. Über den Titel des Films besteht während der Arbeit am Drehbuch noch Unklarheit. Auf den unterschiedlichen Fassungen findet man neben *Das trojanische Pferd* auch den Titel *Die Moorsoldaten.* Diesen Vorschlag lehnt Wolf strikt ab (vgl. Brief an Rasumny vom 4.2.1938, S. 76). Ein anderer sowjetischer Film dieses Titels aber, der ebenfalls vom antifaschistischen Widerstand in Deutschland handelt, erscheint im selben Jahr: *Bolotnyje soldaty* (Болотные солдаты, 1938) von Alexander Matscheret.

[29] Brief an Wsewolod Wischnewski, 7.5.1939. Briefwechsel, S. 221.

[30] Friedrich Wolf: Das mangelnde Manuskript oder Der Herzfehler des Films (1949). In: F.W.: Aufsätze (Ausgewählte Werke in Einzelausgaben, Band XIV). Hg. v. Else Wolf und Walther Pollatschek. Berlin 1960, S. 300 f.

Fürsprecher der deutschen Exilanten in der Sowjetunion. In Wolfs Brief vom 22. Juni 1937 geht es im wesentlichen um die „Genehmigung zu einer zweimonatigen Auslandsreise nach Stockholm, Kopenhagen, London, Paris."[31] Als Gründe nennt er künstlerische Verpflichtungen, die seine persönliche Anwesenheit im Westen erforderlich und auch politisch nützlich erscheinen lassen sollen. Neben verschiedenen Theateraufführungen und Rundfunkausstrahlungen sowie einer Arbeit über die westliche Emigration, die er gerade vorbereite, erwähnt er auch folgendes Angebot: „Gestern erhielt ich von dem in die Schweiz emigrierten bekannten früheren Theaterkritiker und Redakteur der Frankfurter Zeitung und des Berliner Tageblatts Dr. Bernhard Diebold eine Aufforderung ein Szenarium für eine englische oder französische Filmproduktion zu schreiben; Dr. Diebold schlägt selbst als Thema vor ‚Die Zigeuner' von Puschkin. Diese Verbindung mit einer Weltproduktion des fortschrittlichen Bürgertums über ein Puschkin-Thema ist von einer ganz außerordentlichen Bedeutung. Ich beabsichtige, mich mit Dr. Diebold in Paris zu treffen."[32]

Fraglich, ob dieses Treffen in Paris jemals stattfindet. Der Film kommt jedenfalls nicht zustande – anders Wolfs Reise in den Westen. Ihm wird erlaubt, nach Spanien zu gehen, um sich dort im Bürgerkrieg als Arzt den Internationalen Brigaden zur Verfügung zu stellen. Nur wird er Spanien nie erreichen; Wolf entschließt sich, im damals noch friedlichen Frankreich zu bleiben. Nach Kriegsausbruch wird er wie viele andere als feindlich angesehene Ausländer, vor allem Emigranten aus Deutschland, in einem Internierungslager gefangengehalten, ehe er 1941 mit sowjetischer Unterstützung nach Moskau zurückkehren kann. Dem im Jahr 1937 entfesselten Terror aber ist er dadurch entkommen.[33] Ob Wolf die Einladung

31 Brief an Wilhelm Pieck, 22.6.1937. In: Russisches Staatsarchiv für Literatur und Kunst, Moskau (RGALI), Bestand 631, Verzeichnis 14, Mappe 421, Bl. 2.

32 Ebd. Eine russische Übersetzung des erwähnten Briefs von Diebold (ohne Datum) befindet sich in derselben Mappe, Bl. 3.

33 Repressionsmaßnahmen unterschiedlichen Ausmaßes gegen tatsächliche oder vermeintliche Oppositionelle sind seit dem auf die Revolution folgenden Bürgerkrieg fester Bestandteil der bolschewistischen „Diktatur des Proletariats". Der sogenannte Große Terror der Jahre 1937/38 übertrifft alles Vorherige jedoch nicht nur quantitativ, was die Zahl der Verhaftungen, Exekutionen und Deportationen in Zwangsarbeitslager anbelangt; er richtet sich erstmals in großem

nach Paris nur als einen weiteren hilfreichen Vorwand benutzt, um die Sowjetunion verlassen zu können, oder tatsächlich an einer solchen Arbeit interessiert ist, mag dahingestellt bleiben. Entwürfe dazu sind nicht überliefert. Die Kominternpolitik der Volksfront, auf die Wolf mit dem Hinweis auf eine „Weltproduktion des fortschrittlichen Bürgertums" anspielt, hat zu jener Zeit schon beträchtlichen Schaden genommen, nicht zuletzt aufgrund der Moskauer Prozesse, die Kommunisten und Liberale gleichermaßen verunsichern. Diebolds Einladung klingt dennoch keineswegs abwegig; im selben Jahr wird übrigens in Frankreich *Pique Dame*[34] unter der Regie des russischen Emigranten Fjodor Ozep verfilmt. In der Sowjetunion selbst wird das Puschkin-Jahr 1937 mit großem Pomp begangen, um einerseits das bürgerliche Kulturerbe, wie es von nun an heißt, zu pflegen und gegen jedweden revolutionären Übermut in Stellung zu bringen, andrerseits einen Klassiker der russischen Nationalliteratur zu etablieren. Auch Bernhard Diebold, zu jener Zeit künstlerischer Leiter des Schweizer Filmvertriebs THEMA, nimmt das hundertste Todesjahr des Dichters zum Anlaß, einen Film nach Alexander Puschkin vorzuschlagen. Interessant, daß ihm dabei gerade *Die Zigeuner* (1824) in den Sinn kommen, ein Poem, das Puschkin selbst als Vertriebener im eigenen Land geschrieben hat, nämlich in den Jahren seiner Verbannung nach Südrußland. Bei Meshrabpom erscheint zwei Jahre zuvor, 1935, ein Film zu einem vordergründig ganz ähnlichen Thema, jedoch ohne Bezug zu Puschkins Poem und bei weitem nicht so bedeutungsvoll wie dieses. Der Film *Das letzte Zigeunerlager*[35] ist hier erwähnenswert vor allem deshalb, weil Alex-

Umfang auch gegen die Partei selbst, zugleich gegen mehrere Personengruppen, die aufgrund ihrer Nationalität oder ihrer gesellschaftlichen Stellung summarisch verfolgt werden. Nach dem Februar-März-Plenum des ZK setzen Massenverhaftungen ein, die bis zum Ende des folgenden Jahres andauern. Im Juli 1937 wird der geheime NKWD-Befehl Nr. 00439 erlassen, der insbesondere auf deutsche Staatsangehörige abzielt, die als solche bereits der Spionage gegen die Sowjetunion verdächtigt werden. Vgl. dazu Nikita Ochotin/Arseni Roginski: Zur Geschichte der „Deutschen Operation" des NKWD 1937–1938. Aus dem Russischen von Wladislaw Hedeler. In: Jahrbuch für historische Kommunismusforschung 2000/2001. Berlin 2001, S. 89–125.

34 *La dame de pique*, Frankreich 1937. Nach der Erzählung *Pikowaja dama* (Пиковая дама, 1834) von Alexander Puschkin.

35 *Poslednij tabor* (Последний табор), UdSSR 1935. Regie: Jewgeni Schneider.

ander Granach darin eine Hauptrolle spielt, die einzige in seiner nur zwei Titel umfassenden sowjetischen Exilfilmographie.

Wenngleich der in Aussicht gestellte Puschkin-Film bald in Vergessenheit gerät, entwirft Wolf auch in Frankreich weitere Filmpläne, motiviert nicht zuletzt durch den Erfolg des *Professor Mamlock*, der dort 1939 die Begeisterung eines Publikums hervorruft, das solch einen Film etwa aus französischer, britischer oder amerikanischer Produktion noch nie zu sehen bekommen hat.[36] Gemeinsam mit dem österreichischen Regisseur Leo Mittler – bekannt vor allem durch sein von der Berliner Prometheus Film, einer Filiale der Meshrabpom, produziertes Werk *Jenseits der Straße* (1929), und inzwischen mit eher bescheidenem Erfolg für die Paramount in Paris tätig – arbeitet Wolf an dem Filmexposé *Das vergessene Schiff*. Seinem Sohn Mischa schreibt er dazu am 21. Januar 1939: „Ich mache jetzt ein neues richtiges großes Szenarium, es heißt: DAS VERGESSENE SCHIFF und behandelt das Schicksal jenes Schiffes, das monatelang mit zweihundert aus Wien Vertriebenen in der Donau lag, in jenem Niemandsland zwischen der deutsch-ungarischen Grenze."[37] Das Manuskript ist verschollen. Die von Wolf überarbeitete Schauspielfassung mit dem Titel *Das Schiff auf der Donau* wird erst postum aus seinem Nachlaß veröffentlicht. Ebenfalls im Jahr 1939 beendet er das Exposé *Der Soldat Gottes*[38], das, nach dem Vorbild Martin Niemöllers, die Entwicklung eines protestantischen Pfarrers zum antifaschistischen Kämpfer schildert. Der Text erscheint unter dem Titel *Pfarrer Wendt* in zwei aufeinanderfolgenden Ausgaben der *Deutschen Volkszeitung*, einer deutschsprachigen Pariser Wochenzeitung.[39] An eine Verfilmung ist da bereits nicht mehr zu denken.

[36] Brief an Wsewolod Wischnewski, 7.5.1939: „Heute abend haben mich ‚Les amis de l'URSS' nach Marseille zur Vorführung des ‚Mamlockfilms' eingeladen, der dort bereits über 1 Woche bei den verschiedenen Organisationen läuft. *Diese Kopie kommt gerade aus Tunis, Marokko, Djibuti (Lybische Grenze)*, wo die Rassefrage natürlich besonders interessiert. Ich freue mich sehr, mit den Kameraden den Film zu sehen. Lion F[euchtwanger] kommt auch mit." (Briefwechsel, S. 221. Hervorhebung im Original.)

[37] Briefwechsel, S. 107.

[38] Vgl. Friedrich Wolf: Filmerzählungen, S. 169–178.

[39] Die entsprechenden Ausschnitte aus der Zeitung vom 16.4. und 23.4.1939 befinden sich in FWA 53/8.1.

Sowjetunion 1941–1945

Als Wolf im Frühjahr 1941, nach seiner Entlassung aus dem Internierungslager Le Vernet, nach Moskau zurückkehrt, ahnt er noch nichts vom bevorstehenden Überfall der Wehrmacht auf die Sowjetunion. Merkwürdig bleibt allerdings, daß dieser Krieg, der das Land in unvorstellbarem Ausmaß verwüstet und auf sowjetischer Seite nach glaubwürdigen Schätzungen mindestens 27 Millionen Menschen das Leben kostet[40], auch in Wolfs künftigen Filmplänen nicht vorkommt. Doch keineswegs deshalb, weil er stets so weit vom Schuß gewesen wäre, daß er von den Greueln des Krieges nichts mitbekommen hätte.[41] Im Gegenteil, als Schriftsteller und Autor für den Rundfunk, als Frontbeauftragter des Nationalkomitees Freies Deutschland und als Referent einer Antifa-Schule für deutsche Kriegsgefangene ist er über das Geschehen ziemlich genau im Bilde. Was indessen seine Filmarbeit betrifft, so scheint es, als habe er Frankreich nie verlassen. Gründe dafür mag man nur vermuten. Ein sehr naheliegender ist, daß Wolf einen Teil der Filmtexte, an denen er nun weiterarbeitet, bereits in Frankreich entworfen hat.

Das gilt sicherlich für das auf das Jahr 1941 datierte Exposé *Der Neger oder Der erste Schuß*.[42] Die Geschichte spielt im Spätsommer 1939 im Quartier latin, dem Studentenviertel von Paris. Im Mittelpunkt steht der Konflikt zwischen dem reichen Studenten Gaston, einem Betrüger, und dem armen Medizinstudenten Pierre, dem „Neger“, der zu spät erkennt, daß man ihm übel mitspielt, und am Ende von Gaston erschossen wird. Wolf selbst schreibt dazu im Exposé in etwas gestelzten Worten von einem „Traumleben über diesem Vulkan“ und von einem „eleganten und rohen

40 Vgl. Christian Hartmann: Unternehmen Barbarossa. Der deutsche Krieg im Osten 1941–1945. München 2011, S. 115 f. Schätzungen einiger russischer Historiker zufolge sei die Zahl der Opfer noch weitaus höher gewesen. Unter Stalin aber wird offiziell von 10 Millionen Toten gesprochen, um dem glorreichen Sieg über Hitlerdeutschland, der nun zu einem „zweiten Gründungsmythos der Sowjetunion“ (Jörg Baberowski: Verbrannte Erde. Stalins Herrschaft der Gewalt. München 2012, S. 506) geworden ist, nichts von seinem Ruhm abspenstig zu machen.

41 Siehe etwa seinen Brief an Else Wolf vom 2.10.1943, worin er von Massakern und zerstörten Städten berichtet, die er in der Ukraine gesehen habe. Briefwechsel, S. 115 f.

42 Exposé von 5 S. in FWA 53/10.

Totentanz", in Anspielung auf den im Spätsommer 1939 bereits drohenden Krieg, von dem man im beschaulichen Quartier latin noch nichts wissen mag. Verhandlungen über eine etwaige Verfilmung in der Sowjetunion finden jedoch nicht statt. Spätestens nach dem Einmarsch der deutschen Truppen kann Wolf dort für solch eine Geschichte niemanden mehr interessieren.

Bessere Aussichten scheint ein anderer Stoff zu haben, den er ebenfalls aus Frankreich mitbringt und während eines Aufenthalts in Jalta schon im Frühjahr 1941 zu einem Exposé ausarbeitet. *Die unsichtbare Brigade*[43] – unter den Filmentwürfen, an denen Wolf nach seiner Rückkehr in die Sowjetunion arbeitet, der einzige, in dem die Sowjetunion selbst als einer der Schauplätze der Handlung vorgesehen ist –, kommt einer möglichen Verfilmung immerhin näher als irgendeine der Filmideen, die Wolf sonst in jenen Jahren zu Papier bringt. Anders als in der Druckfassung ist im Typoskript der Untertitel „Exposé zu einem Film über den Zusammenbruch Frankreichs"[44] vermerkt. Hauptschauplatz ist das Lager Le Vernet am Fuß der Pyrenäen, in dem Wolf nach Kriegsbeginn interniert worden ist. Worum es in dem Film gehen soll, schildert er in einem Brief an Wischnewski:

> Er soll zeigen, wie wir trotz Terror, Deportierungen nach Afrika, Erschießungen u. Abfalls einiger weniger Verräter unsere „unsichtbare Fahne" hoch hielten. In ganz schwierigen Situationen pflegte der Chef unseres illeg. Lagerkomitees zu uns zu sagen, d.h. zu unsern Kadern der Interbrigaden und zu uns Kommunisten: „Genossen, denkt an eins: daß unsre unsichtbare Fahne überall über uns weht! Man hat unsre Interbrigaden zwar zersprengt; sie sind heute über die ganze Welt zerstreut; sie scheinen nicht mehr zu existieren. Und doch unsere *Unsichtbare Brigade* lebt!"

43 Vgl. Friedrich Wolf: Filmerzählungen, S. 179–220. Eine im Jahr 1942 angefertigte russische Übersetzung des Exposés mit dem Titel *Newidimaja brigada* (Невидимая бригада) ist im Gosfilmofond aufbewahrt.

44 FWA 63.

> Wie diese unsichtbare Brigade im Lager der 4000 politischen Gefangenen im Camp du Vernet kämpfte, das Leben und den Kampf organisierte, wie sie sich zu dem Marsch der französ. Panzerdivisionen, die an unserem Lager vorbei in die Maischlacht geworfen wurden, verhielt, wie sie wieder den Flüchtlingsstrom und den Rückzug der zerschlagenen französ. u. belgischen Armee erlebte, wie sie Verbindung aufnahm mit den französ. Soldaten und Arbeitern, wie schließlich der Sowjet-Konsul uns rettete, und wie wir durch den alten gesprengten Tunnel Muncacz-Lavotschni heraustraten in die Schneegebirgslandschaft der Sowjetheimat, wie die Sowjetgrenzschutztruppen vor uns salutierten und wir die Faust am Barett antworteten und vor den Пограничники [Grenzdsoldaten] defilierten, wie wir da noch einmal unsre unsichtbare Fahne über uns spürten, das ist das Thema und das pathetische Finale dieses Filmes. Der Film ist ungeheuer reich an farbigem, selbst erlebtem Material. Wenn ich *einen starken, lebendigen Regisseur* bekomme, kann es eine große Sache werden, die auch in der ganzen Welt interessiert. Ich gebe gleich Pawlenko das Exposé […]“[45]

Mit dem Schriftsteller und Drehbuchautor Pjotr Pawlenko[46] habe Wolf sich, wie er Wischnewski eingangs mitteilt, auch bei der Abfassung des Exposés schon beraten. Was Pawlenko, der durchaus gute Kontakte zu Studios und Filmbehörden unterhält, mit dem Text schließlich anfängt, bleibt fraglich. Es ist anzunehmen, daß die Invasion der Wehrmacht im folgenden Monat sämtliche Pläne zunichte macht. Die sowjetische Filmindustrie wird binnen kurzer Zeit nach Alma-Ata in Kasachstan evakuiert. Ihr folgt auch Friedrich Wolf. Bereits im Dezember desselben Jahres beendet er dort ein neues Exposé mit dem Titel *Rache in den Bergen*.[47] Auch diese Filmidee liegt fernab vom aktuellen Geschehen in der Sowjetunion. Die Handlung spielt in den französischen Alpen nach dem Waffenstillstand zwischen Deutschland und Frankreich im Jahr 1940. Die Menschen dort, heißt es, „leben ‚über der Welt‘, in Frieden, sie haben sich gerettet droben

45 Brief an Wsewolod Wischnewski, 25.5.1941 (Hervorhebung im Original). Briefwechsel, S. 224 f.

46 Pawlenko ist u.a. Co-Autor des Drehbuchs zu Eisensteins *Alexander Newski* (Александр Невский, 1938), später auch an Michail Tschiaurelis Stalin-Filmen *Der Schwur* (Клятва, 1946) und *Der Fall von Berlin* (Падение Берлина, 1950) beteiligt.

47 Exposé von 9 S. in FWA 53/9. Alternativer Titel: *Lena Lyssorskaja*.

in den Frieden der Berge." Bis zum Anrücken der Deutschen ... Das Thema ist abermals der antifaschistische Widerstand, ergänzt um die „Rassenfrage", denn die Protagonistin Lena wird zusätzlich aufgrund ihrer polnischen Herkunft von den Deutschen verächtlich behandelt. Nach mutigem Kampf gelingt es ihr, über die Grenze in die Schweiz zu entkommen. Auch dieses Exposé liegt außerdem in einer leicht gekürzten russischen Fassung vor.[48] Zu einer Verständigung über eine mögliche Verfilmung kommt es anscheinend nicht.

Um die „Rassenfrage" geht es auch in einer kleinen Filmskizze aus dem Jahr 1943, überliefert in verschiedenen Fassungen von jeweils nicht mehr als zwei Seiten mit den variierenden Titeln *Agnes* und *Der Feind*.[49] Im Zentrum der nur rudimentär aufgezeichneten Handlung stehen die Deutsche Agnes und der Pole Jan, der im Krieg nach Deutschland verschleppt worden ist und als eine Art Sklave für ihre Familie arbeitet. „Agnes steht anfangs unter dieser Psychose wie alle anderen Volksgenossen", soll heißen, sie verachtet den Polen als minderwertig. Schließlich aber erkennt sie das Gegenteil: „ihr Gerechtigkeitssinn, ihre Wahrheitsliebe läßt sich nicht länger betrügen; der Umbruch kommt um so stärker. Reaktion!" Den kurzen Beschreibungen der Handlung sind Auszüge aus der Feldpost deutscher Soldaten beigegeben. Ob oder in welcher Form diese Briefe in den Filmplan integriert werden sollen, ist nicht zu erkennen. Das Vorhaben, womöglich nur eine fixe Idee, wird nicht weiterverfolgt. Bemerkenswert ist es vor allem deshalb, weil Wolf hier den Rassismus der Nazis thematisiert, genauer: die Behandlung der sogenannten slawischen Untermenschen. Der Antisemitismus hingegen, den Wolf zehn Jahre zuvor in seinem Stück *Professor Mamlock* bereits erstaunlich scharfsichtig dargestellt hat – scharfsichtiger allemal als in der späteren Verfilmung, in der die Rhetorik der

48 *Mest w gorach* (Месть в горах), 6 S. in FWA 53/9.3.

49 FWA 84/3. Zu dem Thema findet sich in derselben Kladde auch eine lose vierseitige Szenenfolge mit dem Titel *Der Neger („Der Herrenmensch")*; in einer weiteren Kladde (FWA 84/2) noch eine fragmentarische Skizze, anscheinend auch eine Filmidee, mit dem Titel *Maria im Westerwald*.

Volksfront in den Vordergrund rückt[50] – spielt in seinen Filmentwürfen nun keine Rolle mehr. In der offiziellen Historiographie des Landes wird die von den Deutschen betriebene Ermordung von mehr als zwei Millionen sowjetischer Juden schließlich ein Kriegsgreuel neben anderen bleiben.

Ebenfalls im Jahr 1943 setzt Wolf ein umfangreicheres Exposé für eine Tragikomödie auf: *Huggendubbel*.[51] Wieder soll sich die Handlung im Westen abspielen, diesmal in einem Dorf im Elsaß. Hauptperson ist der „Kreisbauernführer und Obersturmführer Huggendubbel", der dorthin kommandiert worden ist, um die „Neue Ordnung" durchzusetzen. Einer damals sehr gebräuchlichen doppelten Charakterisierung gemäß, die man auch aus vielen Anti-Nazi-Filmen Hollywoods kennt, wird Huggendubbel als zugleich bösartiger Schurke und anmaßlicher Trottel dargestellt. Wolf notiert dazu, er sei „der typische Führer im Westentaschenformat." Sein selbstherrlicher und gleichermaßen ungeschickter Versuch, das Elsaß solcherart zu unterwerfen, scheitert am Widerstand der dortigen Bevölkerung, die sich seinen Befehlen bald widersetzt und zudem mit flüchtigen Kriegsgefangenen kooperiert, um die Nazis gemeinsam zu bekämpfen. Vergeblich läßt Huggendubbel das Tragen der Baskenmütze verbieten, die so zu einem „Freiheitssymbol", einem „Kampfsymbol" wird, „einem umgekehrten Symbol wie der Tyrannen-Gesslerhut in Schillers ‚Wilhelm Tell'!" Statt der von ihm erstrebten Ordnung herrscht bald „das wildeste Chaos!" Elsässer „Patrioten", in dieser Eigenschaft wohl mehr Franzosen als Deutsche, beteiligen sich an „Befreiungs- und Fluchtaktionen der gefangenen Polen, Tschechen und Franzosen"; der zusehends paranoid werdende Huggendubbel wird schließlich aufgehängt an einem Baum gefunden, demselben, an dem er zuvor einen jungen Tschechen hat erhängen

[50] Vgl. Christoph Hesse: Professor Mamlock und die „Judenfrage". In: ders. / Hermann Haarmann (Hg.): Einspruch. Schriftenreihe der Friedrich-Wolf-Gesellschaft. Nr. 2: Exil in der Sowjetunion 1933–1945. Marburg 2010, S. 93–120.

[51] Dazu liegen mehrere Entwürfe unterschiedlichen Umfangs vor: Huggendubbel. Eine Tragikomödie, 10 S. (FWA 84/4), Das verbotene Barett (Le baret interdit), 2 S. (FWA 84/6), Die Baskenmütze, 5 S. (FWA 84/8). Ferner weitere Kurzversionen.

lassen. Um seinen Hals ein Schild mit der Aufschrift: „Wie es diesem Huggendubbel ergangen, / So werden noch viele Nazis hangen!"

Die vielen unterschiedlichen, in Einzelheiten abweichenden Versionen dieses Stoffs lassen vermuten, daß Wolf sehr ernsthaft darum bemüht ist, ein Exposé für ein Drehbuch vorzulegen. Die rege Aktivität der sowjetischen Filmindustrie während des Krieges wird ihm nicht entgangen sein. Es ist jedoch nicht ersichtlich, daß er mit irgend jemandem darüber in Verhandlungen getreten wäre oder auch nur von seiner Arbeit daran berichtet hätte. Die Aussichten, selbst eine so durchdachte und strategisch geschickt aufgebaute Story wie diese in der Sowjetunion zu verfilmen, dürften äußerst gering gewesen sein. Wolfs Filmentwürfe sind in einer Welt angesiedelt, die ihm selbst aus eigener Erfahrung einigermaßen vertraut ist, und er ist so aufrichtig, seine Darstellung darauf zu beschränken, statt etwa aus taktischen Erwägungen einen Kriegsschauplatz in der Ukraine zu imaginieren; das können im übrigen die russischen Autoren besser als er. In der sowjetischen Filmindustrie aber stößt er mit Geschichten aus dem Elsaß oder den französischen Alpen auf kein Interesse. Produziert werden dort – abgesehen von leichten Komödien und Musikfilmen, wie sie inzwischen auch Herbert Rappaport mit Erfolg inszeniert[52] – nun vornehmlich solche Filme, die vom Kampf gegen die faschistischen Eroberer in der Sowjetunion handeln. Die Schauspieler Heinrich Greif und Hans Klering, beide schon seit den frühen dreißiger Jahren im sowjetischen Exil, übernehmen als Feinddarsteller in diesen Filmen wichtige Rollen. Ansonsten sind Exilanten an der Herstellung kaum mehr beteiligt. Bis zu seiner Rückkehr nach Deutschland im Sommer 1945 wird Wolf keine Filmtexte mehr schreiben. Mit Beginn des Vormarschs der Roten Armee werden die deutschen Schriftsteller in der Sowjetunion für andere Aufgaben gebraucht.

52 Vgl. Michael Omasta/Barbara Wurm (Hg.): Regie: Rappaport. Ein sowjetischer Filmemacher aus Wien. Wien 2008.

Epilog

Zurück in Deutschland, verfaßt Wolf gemeinsam mit dem aus der Schweiz remigrierten Regisseur Slátan Dudow ein Szenarium für einen halbdokumentarischen Spielfilm. Ort der Handlung ist Berlin während des Krieges, zumeist U-Bahnhöfe, wo Menschen Schutz vor Bombardements suchen. *Kolonne Strupp*[53], so der Titel dieses 1946 abgeschlossenen literarischen Szenariums, wird der soeben gegründeten DEFA vorgelegt. Der österreichische Regisseur und Drehbuchautor Georg C. Klaren, damals Chefdramaturg der DEFA, schreibt dazu ein Gutachten[54]: „Dieses Buch ist von A–Z spannend und als Rohdrehbuch sehr geschickt aufgebaut. Sollte es nur einen spannenden Spielfilm ergeben, so wäre dagegen nichts einzuwenden und der erfahrene Hollywood-Regisseur, der den Krieg und die Belagerung von Berlin aus der Ferne verfolgt hat, hätte das Buch nicht besser gestalten können.“ Was die dokumentarischen Aspekte betrifft, tauge es hingegen wenig. Schon der Titel sei „nicht glücklich gewählt“ und „ganz kulturfilmisch gehalten“, der „Aufbau-Gedanke zu plump“, die Sprache der Berliner Arbeiter unglaubwürdig; es werde „ganz deutlich, daß keiner der beiden Autoren bei den wirklichen Ereignissen zugegen war.“ Unglaubwürdig auch die Darstellung der Nazi-Sabotage. Abermals „wird die Unvertrautheit der Autoren mit den damaligen Verhältnissen ganz offenkundig.“ Die Dialoge „sind z.T. papierne Literatur und wirken dort, wo sie natürlich sein sollen, nicht ungekünstelt, sondern banal.“ Es gebe zuviel Privathandlung, und diese sei „nicht tragfähig genug, um sich gegen die Wucht der Ereignisse zu behaupten. Die gesamte Spielhandlung könnte gegen die schlichte eindeutige Sprache des geschnittenen Bilddokuments nur abfallen.“ Kurzum: „wie weit ein solcher Stoff heute noch überhaupt auf Interesse stößt, soll noch einmal gemeinsam besprochen werden.“

53 Vgl. Friedrich Wolf: Filmerzählungen, S. 221–300.

54 FWA 64/10. Das zur Begutachtung vorliegende Szenarium trägt den Titel: Pulsschlag der Erde. Zwischen gestern und morgen (FWA 64/9).

Friedrich Wolf notiert dazu: „unsachlich, gewissenlos, provokatorisch!" Es wird noch vier Jahre dauern, bis bei der DEFA endlich ein nach seinem Drehbuch entstandener Film erscheint.[55]

[55] *Der Rat der Götter*, DDR 1950. Regie: Kurt Maetzig. Drehbuch: Friedrich Wolf, Philipp Gecht. – Im selben Jahr bringt die DEFA kurz zuvor, nach Wolfs gleichnamigem Stück, den Film *Bürgermeister Anna* heraus (Regie: Hans Müller; Drehbuch: Richard Nicolas).

Christoph Rosenthal

Operation am offenen Herzen

Friedrich Wolfs Mitarbeit am DEFA-Drehbuch *Der Rat der Götter* (1950)

„Im Anfang war, ist und bleibt das Manuskript.“[1] In johanneischem Duktus eröffnet Friedrich Wolf seinen Beitrag zum schmalen Sammelband *Von der Filmidee zum Drehbuch,* der 1949 „allen, die dazu beitragen wollen, den ewigen Stoffhunger des Films zu stillen, als Ratgeber und Wegweiser“[2] dienen soll. Das Drehbuch sei das Herz eines jeden Films; ermangele es eines ausgefeilten Manuskriptes, wie er es bei vielen Trümmerfilmen und Lustspielen der Nachkriegszeit beobachte, so handle es sich „nicht um ein peripheres Leiden, sondern um einen geradezu klassischen Herzfehler“[3], diagnostiziert der Mediziner. Kompromisslos operiert er als Drehbuchautor; entsprechend hoch ist das Frustrationspotenzial auf dem Weg von der Idee über das Drehbuch bis hin zum fertigen Film. „Friedrich Wolf teilte den Schmerz aller Autoren, die je für Kino geschrieben haben: dass ihre literarischen Ambitionen (und das waren bei Friedrich Wolf auch stets politische!) sehr häufig durch Regisseur- oder Produzentenwünsche verändert

[1] Friedrich Wolf, Das mangelnde Manuskript oder der Herzfehler des Films, in: Friedrich Wolf / Helmut Käutner / Georg C. Klaren / Sergej Obraszow / Béla Belázs (Hrsg.), Von der Filmidee zum Drehbuch, Berlin 1949, S. 7.

[2] Bruno Henschel, Vorwort, in: Friedrich Wolf / Helmut Käutner / Georg C. Klaren / Sergej Obraszow / Béla Belázs (Hrsg.), Von der Filmidee zum Drehbuch, Berlin 1949, S. 6.

[3] Wolf, Das mangelnde Manuskript, S. 7.

wurden“[4], fasst Günter Agde zusammen. Wie diese Interessen im Verlauf eines Filmprojektes typischerweise aufeinanderprallen, erzählt Wolf in besagtem Beitrag auf sehr lebendige Weise.

> Ein Zeitgenosse [...] hat eine „Idee“. [...] Er geht mit einem Zeugen zu dem Chefdramaturgen beziehungsweise dem künstlerischen Leiter einer Film AG und erklärt ihm, er habe „den“ Stoff gefunden, auf den sowohl die Köchin wie die künstlerische Elite mit Ungeduld warten. Auf einen müden Wink des Filmchefs läßt nun der Autor die Idee zur Hälfte aus dem Kasten.[5]

Liege nach erfolgreichen Verhandlungen und harter Arbeit des Autoren endlich das Drehbuch vor, gehe dieses sogleich durch eine „doppelte Fleischmaschine“:

> Der Chefdramaturg stellt fest, das Ganze sei viel zu „direkt“, zu „massiv“, zu „wenig transparent“. Der Regisseur dagegen findet es zu locker, zu wenig massiv; er verlangt eine handfeste Story, eine „Plastizität“, mit der Schauspieler und Regisseur bei der Köchin und dem Dienstmädchen „ankommen“. Selbstverständlich können der Chefdramaturg und Regisseur in diesem Spiel auch ihre Rollen tauschen, was aber für den Autor keine entscheidende Bedeutung hat.[6]

Das Veröffentlichungsjahr 1949 lässt darauf schließen, durch welche Produktion diese Zeilen inspiriert sind: Es handelt sich um den Film *Der Rat der Götter,* dessen erstes Treatment im Dezember 1948 bei der DEFA eingeht und sich Anfang 1949 bereits in der „Fleischmaschine“ dreht. Der „Zeitgenosse“ mit der „Idee“ heißt in diesem Falle Philipp Gecht. Der sowjetische Filmemacher hatte aus Archiven und ehemaligen IG-Werken raue Mengen an Unterlagen über die Geschichte der IG Farben zusammengetragen und die Nürnberger Prozesse aufmerksam verfolgt, bevor er sich

4 Günter Agde, Filmutopien vor der Katastrophe. Friedrich Wolfs Filmprojekte für Meshrabpom-Film Moskau (1931–1933), in: Kulturation, 36 (2003), Nr. 16.

5 Wolf, Das mangelnde Manuskript, S. 7f.

6 Ebd., S. 8f.

auf die Suche nach einem Schriftsteller begab, der in diesen Aktenbergen „den“ Stoff erblickte. Gecht erinnert sich: „Ich hatte auch mit dem Dramatiker Friedrich Wolf, mit dem ich seit vielen Jahren befreundet war, darüber gesprochen. Friedrich Wolf war von dem Projekt begeistert. Und wir haben mit der Arbeit begonnen“[7]. Seine Faszination für das Thema erläuterte Wolf 1946 in der *Täglichen Rundschau* der Roten Armee mit einer Variation der berühmten These von Egon Erwin Kisch, derzufolge „die Wirklichkeit des Gestern und des Heute das grandioseste, ergreifendste Thema ist, wie es ein Künstler tragischer, grotesker, apokalyptischer nie erfinden könnte“[8]. Die Ergründung dieser „Wirklichkeit“ war äußerst aufwendig, da Wolf und Gecht geradezu wissenschaftliche Maßstäbe an ihr Quellenstudium anlegten. „Die Sichtung stellte eine Arbeit von Umfang und Qualität dar, wie sie mindestens für eine Dissertation nötig ist“, schreibt Biograph Walter Pollatschek; „Friedrich Wolf hatte dabei die Hilfe einer Gruppe von Studenten, die nach seiner Anweisung und Anleitung arbeiteten.“[9] Die historische Relevanz und Qualität der Dokumente belegt schon die Tatsache, daß der Großteil dieser Unterlagen zur IG Farben dem künstlerischen Nachlass Friedrich Wolfs 1980 entnommen und dem Zentralen Staatsarchiv Potsdam als Bestand „IG-Farben AG“ übergeben wurde.[10] Im Wolf-Archiv verblieben ist eine hellblaue Sammelmappe mit der Aufschrift „Nürnberg“, die einen Eindruck von der Breite der Recherchen geben kann: Sie enthält, sorgfältig sortiert, Zeitungsausschnitte zum Verlauf der Nürnberger Prozesse aus der *Täglichen Rundschau* und der *Berliner Zeitung,* aber auch aus dem *Tagesspiegel,* den ersten Ausgaben des *Ulenspiegels* und dem Organ der Vereinigung der Verfolgten des Nazire-

7 Philipp Gecht in: Filmspiegel, 5. Oktober 1966, S. 23, zit. nach Detlef Kannapin, Antifaschismus im Film der DDR. DEFA-Spielfilme 1945–1955/56, Köln 1997, S. 115.

8 Friedrich Wolf, Die Wahrheit des Lebens gestalten. Tägliche Rundschau vom 4. August 1946, in: Ruth Herlinghaus (Hrsg.), Friedrich Wolf und der Film. Aufsätze und Briefe 1920 – 1953, Potsdam-Babelsberg 1988, S. 113.

9 Walther Pollatschek, Friedrich Wolf. Eine Biographie, Berlin 1963, S. 338.

10 Im Zentralen Staatsarchiv Potsdam wurde die Sammlung als Bestand 80 Ig 1 (IG-Farben AG) geführt; seit der Wiedervereinigung sind die Unterlagen im Bundesarchiv unter BArch R 8128 zu finden.

gimes (VVN).[11] Als ergänzende Quelle kommt das 1947 in New York City erschienene Sachbuch „IG Farben" hinzu, indem der vormalige Chef der US-Finanzkontrolle sowie des Verbindungsbüros zur Finanzabteilung der amerikanischen Militärregierung seine Recherchen zur IG Farben zusammengetragen hatte[12].

Angesichts dieser Multiperspektivität und Materialfülle verwundert es nicht, daß die erste Version des Treatments eine Vielzahl von Handlungssträngen umfasst. *Der Rat der Goetter (oder: Das Goldene Netz),* wie der Entwurf von 1948 betitelt ist, erzählt als Rahmenhandlung die Geschichte des Chemikers Dr. Hans Scholz, dessen gesamte Verwandtschaft an verschiedenen Positionen eines rheinischen Chemiewerks arbeitet. Scholz, als der einzige Akademiker der Familie, erforscht Anfang der 1930er Jahre Chlorverbindungen und träumt davon, durch die Entwicklung synthetischen Benzins zivile Luftfahrt bezahlbar zu machen. Im Verlauf des Krieges erfasst er, daß er nicht nur die wissenschaftliche Verantwortung für die Entwicklung von kriegsnotwendigem Sprengstoff und künstlichem Treibstoff für Wehrmacht und Luftwaffe trägt, sondern sogar das in Auschwitz eingesetzte Giftgas auf seine Forschung zurückgeht. Erst dadurch entwickelt der Forscher ein politisches Bewusstsein. Ein zweiter Handlungsstrang beleuchtet die Verflechtungen der deutschen Industriellen mit den aufstrebenden Nationalsozialisten. Der Verwaltungsrat der IG Farben, der sich selbst in Anlehnung an einen Wandbehang im Tagungsraum mit griechisch-mythologischen Motiven „Der Rat der Götter" nennt, fördert Hitlers Aufstieg und sucht nach immer neuen Wegen, vom Krieg zu profitieren. Dabei schließt er Verträge mit dem deutschen Reich ebenso wie mit der US-amerikanischen Standard Oil, um in jedem Falle Nutznießer des Weltkrieges zu sein. Nach 1945 lassen die Verantwortlichen ihre alten Verbindungen spielen, entgehen einer Verurteilung als Kriegsverbrecher und setzen ihr Geschäftsmodell mit altem Personal an gewohnter Stelle fort.

11 Friedrich Wolf, Nürnberg-Mappe, Friedrich-Wolf-Archiv 67.

12 Richard Sasuly, IG Farben, New York 1947. Die Übersetzung ins Deutsche von Walter Czollek erschien unter demselben Titel 1959 in Berlin (DDR). Bemerkungen zum Autor finden sich darin auf Seite 20.

Das zerstörerische Potenzial dieses opportunistischen Gewinnstrebens verbildlicht eine Explosion des Chemiewerkes: Bald nach Kriegsende läuft übereilt und ohne genügende Sicherheitsvorkehrung die Sprengstoffproduktion wieder an. Nach einem Unfall im Werk fordern die Hinterbliebenen der zahlreichen Todesopfer Aufklärung.

Schon diese holzschnittartige Zusammenfassung mag überfrachtet klingen. Umso verständlicher erscheint die Reaktion der Filmemacher in Babelsberg auf das ausformulierte Treatment von Wolf und Gecht. Die „Fleischmaschine" der Drehbuchüberarbeitung läuft rasch an, wie erste Aktenvermerke der DEFA-Dramaturgie dokumentieren. Direktor Heino Brandes notiert:

> Wenn all das Material, das vom Verfasser zu großen Teil nur angedeutet wird, in der für den Durchschnitts-Filmbesucher notwendigen Ausführung gebracht werden soll, entsteht eine so sinnverwirrende Fülle der Eindrücke, eine solch große Sammlung verschiedenartiger Bilder und Gegensätze, daß darunter die Wirkung, der beabsichtigte Sinn des Films nur leiden kann.[13]

Dramaturgin Marieluise Steinhauer bemängelt hausintern nicht nur die ihrer Ansicht nach blassen Charaktere, sondern stellt Wolfs und Gechts Stil als Ganzes zur Diskussion:

> Die menschliche Handlung, die einzelnen Figuren fesseln nirgends. Die Charaktere sind nicht nur nicht entwickelt. Sondern sie sind auch in Umrissen noch nicht vorhanden. [...] Die geschilderten Ereignisse sind in keiner Weise filmisch erfasst. Es werden immer wieder Unterhaltungen in der Villa des Präsidenten geschildert. Dort werden die entscheidenden Dinge gesprochen aber sie werden nicht durch Handlungen in Bilder sichtbar gemacht.[14]

13 Heino Brandes, Stellungnahme, 19. Januar 1949, BArch DR 117/32481, Teil 1.

14 Marieluise Steinhauer, Vermerk an Wolf von Gordon, [Januar 1940], BArch DR 117/32481, Teil 1.

Damit spricht sie einen empfindlichen Punkt an, der das Verhältnis des Schriftstellers Wolf zum Medium Film bestimmt: Er ist ein Mann des Wortes; der Film verlangt hingegen danach, in Bildern zu denken. Agde bringt das Konfliktpotenzial auf den Punkt:

> Hinter diesem branchen-typischen Dauer-Widerspruch freilich verbirgt sich ein mediales Problem und ästhetisches Charakteristikum eigener Art, dass nämlich Literaten (auch Dramatiker) nur selten wirklich die Adaption eines Lese-Schreibe-Textes in die Visualisierung auf die große Leinwand des Kinos nachvollziehen und tolerieren konnten, zumal, wenn sie nicht über ausreichende Kenntnis der ästhetischen Eigenheiten des Films verfügen.[15]

Wolf hatte schon bei vorangegenen Filmprojekten Kenntnisse über die Notwendigkeiten des Mediums erwerben können – auf die harte Tour[16] – und versuchte dennoch im *Rat der Götter* den Stoff einer ganzen Romanreihe unterzubringen. Schon der Beginn des Filmes deutet die Vielschichtigkeit der Drehbuchkonzeption an. Umrahmt von der hoch gelobten (und hoch vergüteten[17]) Filmmusik Hanns Eislers werden in nur fünf Minuten die Frage nach der Verantwortung des Wissenschaftlers, die Frage nach dem entscheidenden Unterschied zwischen Theorie und Praxis, der Rolle der Arbeiterbewegung in der Weimarer Zeit und die Frage nach der Unterstützung der Schwerindustrie beim Aufstieg der Nationalsozialistischen Partei aufgeworfen – eine umfangreiche Agenda für einen massentauglichen Unterhaltungsfilm. Filmgerechte Handlung und Materialselektion hatten für Wolf geringe Priorität. Er benennt in einem Brief an Coautor Gecht 1948 ein anderes Vorbild: Die Gliederung seines Werkes erinnere ihn selbst an

15 Günter Agde, Filmutopien vor der Katastrophe. Friedrich Wolfs Filmprojekte für Meshrabpom-Film Moskau (1931–1933), in: Kulturation, 36 (2003), Nr. 16.

16 Zahlreiche Beispiele erläutert Wolf in seinem Beitrag *Das mangelnde Manuskript*.

17 Eisler stellte 54.000 DM-Ost in Rechnung, also mehr als doppelt soviel, wie Wolf und Gecht zusammen für das Drehbuch erhielten (24.000 DM-Ost). Vgl. DEFA, BArch DR 117/33495, Teil 1/8.

> Homers ILIAS, natürlich mit neuen Gegenspielern. Aber dennoch die 3 Ebenen: Oben noch die scheinbar unanfechtbaren Olympischen Götter, auf der nächsten tieferen Ebene die mittleren Halbgötter, OKWs, Abteilungsleiter, „Wissenschaftler" und unten die Masse der Ausgebeutet-Kämpfenden, die Millionen, aus denen sich dann Onkel Karl, Katrin, pp loslösen. Dabei ist der Film ein Entlarvungsfilm der IGF, der „Götter", keiner der revoltierenden Arbeiter. Thema: Entlarvung des Geheimnisses des Krieges![18]

Wer mit so hohen Zielen in die Projektarbeit einsteigt, lässt sich durch abwertende Kommentare der beteiligten Dramaturgen nicht entmutigen: Die zweite Fassung des Treatments vom 27. Mai 1949 stellt eher eine Ausziselierung der ersten Fassung vom 3. Dezember 1948 dar, als eine Verkürzung: Eine Übung der Hitlerjungen (unter Teilnahme des Chemikersohnes) erläutert Mechanismen des Nationalsozialismus, bei einer Bootsfahrt wird die Familie von Geheimrat Mauch näher vorgestellt, Dr. Scholz wird eine Karriere in den USA angeboten. Babelsberg beharrt angesichts dessen auf der Kritik: „Es kann sehr leicht die Gefahr entstehen, daß der Durchschnittsbesucher (und für den machen wir doch diesen Film) unter der sinnverwirrenden Fülle der auf ihn einstürmenden Eindrücke gelähmt und erdrückt wird"[19], befürchtet Brandes. Mehrere Stellen im Treatment moniert der künstlerische Direktor Falk Harnack; Bild Nr. 94 auf Seite 47 kommentiert er beispielsweise: „Das ist zuviel Dialog. Lässt sich nicht mehr realistisch inszenieren. Ist Theater."[20] Was für Wolf wie ein Kompliment klingen mag, ist für die DEFA-Dramaturgie Anlaß zur Sorge. Chefdramaturg Wolff von Gordon wird später notieren: „Natürlich ist der Grundfehler des Stoffes, dass über alle Beziehungen, wie auf der Bühne, nur geredet wird, und wir nichts oder wenig direkt zu sehen bekommen, nicht zu beseitigen. Das liegt an der Konzeption von Friedrich Wolf, und wir müssen

18 Friedrich Wolf, Brief an Philipp Gecht, 2. Dezember 1948, Friedrich-Wolf-Archiv 68.

19 Heino Brandes, Protokoll einer Besprechung am 3. Juni 1949, 21. Juni 1949, Kurt-Maetzig-Archiv 134.

20 Falk Harnack, Protokoll einer Besprechung am 3. Juni 1949, 3. Juni 1949, Kurt-Maetzig-Archiv 134, S. 4.

uns damit abfinden."[21] Um den Effekt abzumildern wird nach einer Besprechung im Juni 1949 der Regisseur Kurt Maetzig stärker in die Pflicht genommen: Er soll mit Wolf und Gecht zusammenarbeiten, neudeutsch ein „,team'"[22] bilden, wie Friedrich Wolf selbst es nennt. Als Hauptaufgabe definieren die Teilnehmer der Besprechung: „Der Kampf gegen die imperialistische Kriegsdrohung soll am Schluss des Films so stark wie irgend möglich werden."[23] Die Frage, wie dieser Schluß des Films gestaltet werden soll, bestimmt von da an die Diskussionen um das Drehbuch – innerhalb und außerhalb der DEFA. Im Streit um das Filmende kulminieren einerseits die bereits genannten Konflikte zwischen Regie, Dramaturgie und Autoren; andererseits sind die Schlußszenen Dreh- und Angelpunkt aller Rezeption des Filmes: Presserezensionen und wissenschaftliche Beiträge in Ost und West nehmen diesen Bruch zwischen dem gründlich recherchierten Darstellungsteil und dem anschließenden Kommentar in Form des Filmendes wahr und kommentieren ihn; die SBZ/DDR-Führung bezieht sich auf ihn in seitenlangen Gutachten. Daher soll im Folgenden anhand von Dokumenten aus dem Friedrich-Wolf- und dem Kurt-Maetzig-Archiv der Akademie der Künste, sowie von DEFA-Unterlagen, die im Bundesarchiv einsehbar sind, die Genese des Schlußteils nachgezeichnet werden.

Abb. 1: Friedrich Wolf zusammen mit Else Wolf, Falk Harnack und Karl-Eduard von Schnitzler (v.r.n.l.). Photo: N.N., Friedrich-Wolf-Archiv 73.

Ausgangspunkt ist das erste Treatment, das Wolf und Gecht der DEFA vorlegen. Die Autoren stellen sich hierin das Filmende wie folgt vor: Ehe-

21 Wolff von Gordon, Vermerk an Falk Harnack, 23. September 1949, BArch DR 117/32481, Teil 1.

22 Wolf, Das mangelnde Manuskript, S. 12.

23 Brandes, Protokoll einer Besprechung am 3. Juni 1949.

frau Scholz nimmt sich aus Verzweiflung das Leben; ihr Mann findet – wie sollte es anders sein – ein synthetisches Gift aus dem Hause IG-Farben auf ihrem Nachttisch.

> Überblendung. Später Augustabend. In einer mitteldeutschen Landschaft. Ein Mann mit Rucksack und einem kleinen Handköfferchen geht in Begleitung eines Arbeiters auf der Landstrasse. Der Mann mit dem Rucksack ist Dr. Scholz; er erkundigt sich nach dem Wege nach Bitterfeld.[24]

In der SBZ seien die Chemiewerke auf rein friedliche Nutzung umgestellt worden. Bei einer Besichtigung trifft Dr. Scholz eine Verwandte, und folgender Dialog über den Sozialismus entfaltet sich:

> Hans [...]: Stimmt das denn wirklich alles? – Kathrin [...]: Vielleicht überzeugst Du Dich, Hans, morgen... und übermorgen. – Hans: Dass Ihr die Stärkeren seid? – Kathrin: Und ich denke auch die Glücklicheren. – Hans: Das zu wissen, brauchte man mindestens zwei Monate. – Kathrin: Du kannst auch drei Monate brauchen, Hans. – Hans: Jendenfalls [sic], wissen muss ich's diesmal, [erregt] unbedingt wissen, und wenn ich drei Jahre hier bleiben müsste! – Kathrin lächelt. Dann gehen sie nebeneinander weiter durch die Werkhalle, die in vollen [sic] Tempo arbeitet. ENDE“[25]

Wenn sich Jerzy Toeplitz schon durch die noch zu beschreibende, entschärfte Endfassung des Filmendes „durch das Deklarative und den Schematismus unangenehm“[26] berührt fühlt, wie er in seiner 1991 erschienenen *Geschichte des Films* schreibt, so wäre sein Urteil über Wolfs ursprünglichen Ansatz gewiß nicht milder ausgefallen.

Die genau gegenteilige Wirkung erzielt hingegen die zweite Fassung des Treatments vom Mai 1949. Auf die Bitte der DEFA hin, die entschei-

24 Friedrich Wolf/Philipp Gecht, Treatment 1, 3. Dezember 1948, Friedrich-Wolf-Archiv 68/1, S. 37. Siehe auch: Friedrich-Wolf-Archiv 68/1, Kurz-Maetzig-Archiv 130 und BArch DR 117/10760.

25 Ebd., S. 38.

26 Jerzy Toeplitz, Geschichte des Films. 1945–1953, Berlin 1991, S. 372.

denden Argumente vom Dialogischen ins Visuelle zu übertragen, verlegen Wolf und Gecht die Schlußszene vor die westdeutschen Werkstore und stellen Dr. Scholz als äußerst passiv dar. Der Chemiker legt seine Sicht der Dinge vor den Witwen der Explosionsopfer dar und wird deshalb von der Polizei verfolgt („Wo ist der Hetzer?“). Schützend versammelt sich die Menge der Frauen um den Aufklärer.[27] „Der geschlossene Zug der Frauen zieht vorüber. Man sieht die grosse Straße und auf ihr in der sich entfernenden Kolonne Dr. Scholz im Gehen sprechend mit den Frauen, die auch aus den hinteren Reihen immer wieder nach vorn drängen. Ende“[28]

Zwei erneute Überarbeitungen zum 14. Juni und zum 20. Juli 1949 bescheren dem Strom der Frauen mehr und mehr Aggressivität: Statt Scholz nur zu verteidigen, greift die Meute nun die Polizisten an und verschafft sich Zutritt zum Werksgelände, auf dem die Bergungsarbeiten noch fortgesetzt werden. Schon in der Juni-Fassung können sich die Wachmänner nicht zur Wehr setzen,

> da sich die Karabiner vor der Wucht der Frauenkörper nach unten biegen. […] Die mächtige Welle der Frauen, auch von den von hinten Andrängenden vorwärts getrieben, hat die Sperrkette der Polizei durchbrochen und ergiesst sich wie ein unwiderstehlicher Strom ins Werk; kurz nur tauchen in der vorderen Reihe neben der Mutter Scholz und der jungen Frau die Köpfe von Onkel Karl und Dr. Scholz auf… Ende.[29]

In der Julifassung wird diese Revolte mit Kommentaren der Hauptdarsteller flankiert; Onkel Karl hat das letzte Wort und appelliert:

> Frauen, Ihr müsst erkennen, wer die Drahtzieher sind, wer hinter dem Krieg steht, den diese Verbrecher (er weist auf Mauch) dann ‚Schicksal‘ und

[27] Friedrich Wolf/Philipp Gecht, Treatment 2, 27. Mai 1949, Friedrich-Wolf-Archiv 69/1. Siehe auch: Friedrich-Wolf-Archiv 68/6 (2. Mappe) und Kurt-Maetzig-Archiv 128.

[28] Ebd., S. 52.

[29] Friedrich Wolf/Philipp Gecht, Treatment 3, 14. Juni 1949, Kurt-Maetzig-Archiv 129. Siehe auch: BArch DR 117/10761.

‚Katastrophe' nennen. Ohne Euch kann kein Krieg geführt werden und gegen Euch erst recht nicht.[30]

Abb. 2: Friedrich Wolf auf der Premierenfeier, Photo: DEFA, Friedrich-Wolf-Archiv 73, Abdruck mit freundlicher Genehmigung der DEFA-Stiftung.

Spätestens an dieser Stelle tritt die Handschrift Kurt Maetzigs zutage, der mitsamt seinem Regieassistenten Otto Meyer kräftig an diesen Fassungen des Treatments mitgewirkt hat.[31] Das Ende der Geschichte ist nun, um Wolfs einleitende Anekdote aufzugreifen, „massiv", hat eine in jeder Beziehung „handfeste Story" und zudem „Plastizität"[32] – in anderen Worten: Diese Fassung gefällt weder der Dramaturgie, noch den Drehbuchautoren Wolf und Gecht. An den Seitenrändern des dramaturgischen Handexemplars des Treatments findet sich an etlichen Stellen ein lakonisches „plump"[33]. Am 21. Juli 1949 beruft DEFA-Generaldirektor Alexander N. Andrijewski eine Lesung des Treatments ein; die betroffenen Direktoren, Wolf, Gecht, Maetzig, Vertreter von Produktion und Dramaturgie diskutieren im Anschluß das weitere Vorgehen. Direkt nach der Lesung macht Friedrich Wolf seinem Unmut Luft. Im Protokoll heißt es:

30 Friedrich Wolf/ Philipp Gecht/Kurt Maetzig, Treatment 4, 20. Juli 1949, Kurt-Maetzig-Archiv 127, S. 65.

31 Kurt Maetzig thematisiert seine gefühlte Coautorenschaft zu späterem Zeitpunkt, s.u., Otto Meyer erhält für seine tatkräftige „Mitarbeit an dem Drehbuch von Dr. Maetzig" 1.500 DM-Ost Bonus. Vgl. Wolff von Gordon, Kurzbrief an Falk Harnack, 25. Oktober 1949, BArch DR 117/32481, Teil 1/5.

32 Wolf, Das mangelnde Manuskript, S. 9.

33 Vgl. Wolf et al., Treatment 4, S. 7, 23. Dramaturgisches Handexemplar im BArch DR 117/10762.

Abb. 3: Gegen Ende des Films klagen Dr. Scholz (mi., Fritz Tillmann), Onkel Karl (re., Albert Garbe) und die Hinterbliebenen der Katastrophe vor den Werkstoren den Verwaltungsrat an. Photo: DEFA, Friedrich-Wolf-Archiv 71/4, Abdruck mit freundlicher Genehmigung der DEFA-Stiftung.

> Dr. Wolf [...] protestiert gegen den Schluß dieser Fassung, bei dem man die Figur des Dr. Scholz aus den Augen verliert. In der 3. Fassung war ein Schluß vorgesehen, bei dem der Intellektuelle (Dr. Scholz) den Weg zur Arbeiterschaft findet und gemeinsam mit Onkel Karl in die Auseinandersetzung (Mauch/die Frauen) eingreift. (Scholz = Held daher Konfrontation am Ende nötig)[34]

Offenbar gibt es viel Zuspruch und wenig Raum zur Gegenrede, sodaß Maetzig seine Meinung schriftlich an die „Liebe[n] Genossen Doktor Wolf und Philipp J. Gecht“ schicken muß. Er ist überzeugt von der Notwendigkeit seiner Eingriffe.

34 Heino Brandes, Protokoll über die Sitzung am 21. Juli 1949 (Übergang vom Treatment zum Drehbuch), 22. Juli 1949, Kurt-Maetzig-Archiv 127, S. 2

> Ich setze die Erkenntnis voraus, da die Filmwirklichkeit dem Leben näher steht als die Bühnenwirklichkeit, daß es in einem auf realistischer Fotografie ausgebauten Film – wie z.B. in unserem Film der Fotografie des Chemie-Werkes – keinen „überhöhten Darstellungsstil" geben kann. Die Masse der Frauen, welche, die bewaffnete Polizei überrennend, in den Werkhof eindringt, entspricht aber unter keinen Umständen dieser Wirklichkeit. [...] Wie soll also der Regisseur eine solche Szene inszenieren, um die tatsächliche psychologische und historische Unrichtigkeit zu überdecken? Er kann nicht mehr jenen von Sentimentalität und hohlem Pathos befreiten „Trockenen Stil" anwenden, durch welchen die Sache selbst zu sprechen beginnt.[35]

Zu der besagten Konfliktlinie der wort- versus bildlastigen Inszenierung tritt nun eine zweite Differenz: Wolf bevorzugt eine gewisse Deutlichkeit bei der Äußerung des politischen Appells, während Maetzig jene als zu pathetisch disqualifiziert. Eine Eskalation dieses Streits ist programmiert, denn Maetzigs Kritik berührt eine künstlerische Grundüberzeugung Friedrich Wolfs. Wie Hermann Haarmann in anderem Zusammenhang erläutert, entspringt dieser Stil der

> von Wolf selbst vorgenommenen Wendung hin zu einer Ästhetik, die nicht der Kunst um der Kunst willen frönen, sondern sich der Aufgabe einer historisch-relevanten Aufklärungsarbeit stellen will. Was dem mittleren und späten Wolf am Herzen liegt, sind die kritische Begleitung und Kommentierung der Zeitläufte mit dem Wunsche einer direkten Einflußnahme auf die gesellschaftlichen Verhältnisse.[36]

Auf Kritik an der „Doktrin des Plakativen"[37] reagierte Wolf in einem programmatischen Zeitungsartikel 1946 in der *Täglichen Rundschau,* ohne sich auf eine bestimmte Methode festzulegen.

35 Kurt Maetzig, Brief an Friedrich Wolf und Philipp Gecht, 25. Juli 1949, BArch DR 117/32481, Teil 1, S. 1–4.

36 Hermann Haarmann, „Ver sacrum!" Menschenbild und Gesellschaftsentwurf in den Dramen Friedrich Wolfs, in: ders. (Hrsg.), Einspruch. Schriftenreihe der Friedrich-Wolf-Gesellschaft, Berlin 2007, S. 65.

37 Wolfgang Gersch, Film in der DDR. Die verlorene Alternative, in: Wolfgang Jacobsen / Anton Kaes / Hans-Helmut Prinzler (Hrsg.), Geschichte des deutschen Films, Stuttgart 2004,

> Oft hört man heute auch den Einwand: Wenn man wirklich schon anfangs politische Filme zu drehen wagt, dann aber nur nach der „indirekten“ Methode. Die heutigen Probleme, direkt ausgesprochen und dargestellt, werden den Zuschauer abstoßen. Ist diese Besorgnis berechtigt? [...] Worauf es bei dem politischen Film ankommt, ist nicht die Frage der direkten oder indirekten Methode – die natürlich beide möglich sind –, sondern die Frage der künstlerischen Gestaltung, der künstlerischen Leidenschaft, der künstlerischen Ehrlichkeit und Sauberkeit.[38]

Diese künstlerische Gestaltung ist es jedoch gerade, die Maetzig im vorliegenen Falle möglichst dezent gestalten will, wie er in einem Interview vor der Premiere des Films 1950 betonen wird: Die „Charaktere sollten weder karikiert noch überzeichnet werden – das authentische Material war kraß genug.‘“[39] Je mehr Wolf und Maetzig versuchen, sich in ihren Entwürfen entgegenzukommen, desto mehr spitzt sich der Konflikt zu. Als Höhepunkt kann ein regelrechter Rollentausch angesehen werden: Da sich Autor und Regisseur nicht einigen können, eskalieren sie die Entscheidung und legen der DEFA ein Drehbuch mit zwei alternativen Enden vor. Ironischerweise ist der Entwurf, den Wolf für den „dramaturgisch [...] einzig mögliche[n]“ hält, der „auch filmisch sich ausgezeichnet realisieren lässt“[40], visueller und symbolischer denn je. Seine Idee – sie wird später in die Drehfassung aufgenommen werden – besteht aus einer Umleitung der empörten Frauen vom Werksgelände weg hin zum Verwaltungsgebäude, wo sie Aufklärung reklamieren.

> Plötzlich löst sich die verhaltene Spannung der Frauen; wie ein entfesselter Strom der gegen einen Damm drückt, drängen sie die Treppe hinauf nach; die vordersten oben stemmen sich gegen die Tür. [...] Dr. SCHOLZ (mit Onkel Karl ebenfalls sich anstemmend): „Ihr habt ein Recht, das zu wissen!“ – auf

S. 365.

38 Wolf, Die Wahrheit des Lebens gestalten, S. 115.

39 Kurt Maetzig, Interview mit dem *Nacht-Expreß*, Berlin, 10. Februar 1950, zit. nach Heinz Baumert, Grundfragen der Filmdramaturgie. Analysen von Drehbüchern der DEFA 1946–1953, Heidenau 1956, S. 57.

40 Friedrich Wolf, Brief an Kurt Maetzig, 22. August 1949, Friedrich-Wolf-Archiv 69.

> einem nochmaligen mächtigen Ruck gibt die Tür nach, die schweren Eichenflügel öffenen sich langsam; die Frauen strömen über die Treppe Welle um Welle durch die weitoffene Türe hinein. ENDE.[41]

Maetzig hingegen legt eine hölzerne Schlußrede vor, die die Moral von der Geschicht' in gröbster Form verbalisiert und wird dabei geradezu makaber: „In einem Park in der Nähe der Werkanlagen findet die Beerdigung der Opfer der Explosions-Katastrophe statt. Eine breite Massengruft ist ausgehoben, in der die Särge in Dreierreihen nebeneinander stehen."[42] In diesem Rahmen hebt Dr. Scholz zu einer seitenlangen politischen Rede an:

> Liebe Frauen, liebe Kollegen, ich bin ein ungebetener Gast auf dieser Trauerfeier, aber ich muss zu Euch sprechen, denn ich bin einer von Euch. [...] Wischt die Tränen aus den Augen, damit sie klar werden und erkennen. Denn nach dem Erleiden kommt das Erkennen. [...] Erkennen aber müsst Ihr [...] Eure eigene Kraft, denn ohne Euch kann man nichts aufbauen, ohne Euch keinen Krieg führen und gegen Euch erst recht nicht. [...] Ihr werdet selbst Euer Schicksal sein, Eure Fabriken und Euer Leben in Eure Hand nehmen. [...] Mögen diese Toten uns die Kraft geben, unsere Kräfte für dieses herrliche Ziel zu vereinigen, für eine Menschheit, die sich gegenseitig hilft, anstatt sich zu vernichten, für einen neuen Menschen – für eine bessere Menschheit! Ende.[43]

Einmal mehr ist es Heino Brandes, der nach der Vorlage dieses Alternativendes sagt, was gesagt werden muß:

> [Es] wirkt diese Rede als politisches Plakat, als Holzhammer und Leitartikel, mit dem dem Zuschauer ganz zum Schluß noch einmal gesagt wird, was er

41 Ebd., Anlage.
42 Kurt Maetzig, Drehbuchänderung für den Filmschluß, Kurt-Maetzig-Archiv 134, S. 198.
43 Ebd., S. 198–201.

> in den 90 Minuten eigentlich mitkriegen soll. [...] Die Fassung von Wolf und Gecht ist dramatischer, wuchtiger und filmisch wirksamer.[44]

Was Maetzig stets kritisiert hat, vollführt er nun selbst: die sogenannte ‚direkte‘ Methode anzuwenden. Währenddessen üben sich Wolf und Gecht erfolgreich darin, ihren politischen Appell im Unausgesprochenen zu kommunizieren. Doch statt den stilistischen Chiasmus zu nutzen, um endlich dem Wolf'schen Ideal Rechnung zu tragen, „eine enge kollektive Zusammenarbeit zwischen dem Buchschreiber, dem Szenaristen und dem Regisseur, ja ein ständiges festes Zusammenwirken der ganzen an einem Film arbeitenden Gruppe“[45] zu etablieren, verfestigen beide Seiten ihre gegenseitigen Vorbehalte: Eiszeit herrscht zwischen Babelsberg und Lehnitz. Zwischenzeitlich verkehrt Maetzig nur noch über Dritte mit den Autoren; so schreibt an seiner statt der Produzent Adolf Fischer im Oktober 1949 an Wolf:

> Da Herr Dr. Maetzig in der jetzigen Situation keine Zeit hat, sich nochmals mit dem Schluss des Films zu beschäftitgen, möchten wir sie bitten, noch vor Beginn der Atelieraufnahmen – also vor dem 17.10. – uns eine neue Fassung der Schluss-Szene einzureichen. Hochachtungsvoll! Fischer[46]

Seine eigene Mitwirkung am Drehbuch schätzt Maetzig so hoch ein, daß er den künstlerischen Direktor ersucht, seinen „Namen als Mitautor neben diejenigen der Herren Wolf und Gecht im Titelvorspann und in den Re-

[44] Heino Brandes, Stellungnahme zum Rohdrehbuch, 28. August 1949, BArch DR 117/32481, Teil 1, S. 2.

[45] Wolf, Die Wahrheit des Lebens gestalten, S. 115 f.

[46] Adolf Fischer, Brief an Friedrich Wolf, 5. Oktober 1949, Friedrich-Wolf-Archiv 68/7, S. 1. Retrospektiv beurteilt Maetzig die Zusammenarbeit mit Wolf hingegen als harmonisch: „[W]ider Erwarten verlief die Zusammenarbeit wunderbar. Einer konnte den anderen verstehen, die Gedanken gingen wir Tennisbälle hin und her. [...] Dann habe ich den Film gemacht und ich muss sagen, dass er sich während der ganzen Zeit der Produktion nie eingemischt hat.“ Ein Gespräch zwischen Kurt Maetzig und Markus Wolf, „Die Gedanken gingen wie Tennisbälle hin und her“, aufgezeichnet 2006 von Tatjana Trögel, http://www.friedrichwolf.de/picture/upload/file/Interview_Maetzig.pdf (Letzter Zugriff: 30. November 2013), S. 3.

klameschriften des Films anzugeben“[47]. Zur Begründung gibt er an: „Die bei Friedrich Wolf vorhandene theatralische Situation und die theatermäßigen Dialoge sind in realistische Situationen verwandelt worden. Auch die dramaturgische Führung des gesamten Schlußkomplexes ist neu.“[48] Die Frage wird wenige Monate vor der Premiere auf politischer Ebene entschieden: Anton Ackermann legt fest, daß nur Wolf und Gecht die vertraglich vereinbarten Meriten der Autorenschaft zustehen.[49] Daß derartige Details der Produktion auf Ebene des Parteivorstandes und Zentralsektretariats bzw. ZK der SED beschlossen wurden, demonstriert die politische Relevanz des Filmprojektes: Der Schaffensprozess wird durchgehend von politischen Akteuren begleitet und beeinflußt.

Die erste, schriftlich dokumentierte Einflußnahme ging von der Sowjetischen Militäradministration aus. L. Resnitschenko, über dessen Person sich in der Literatur kaum etwas in Erfahrung bringen lässt[50], verfaßt im September 1949 ein 13-seitiges Gutachten, das die DEFA aus dem Russischen übertragen ließ. Darin äußert er seine Erwartungen an das weitere Vorgehen: Beispielsweise „muss in der weiteren Regiearbeit die Abhängigkeit Hitlers vom Monopolkapital, besonders von der I.G., stärker hervorgehoben werden, desgleichen auch – was am wichtigsten scheint – die Beteiligung Mauchs an der nationalsozialistischen Bewegung.“[51] Resnitschenko argumentiert in seinem Gutachten weitsichtig und behält dabei den Zuschauer im Blick, statt sich auf die Zwistigkeiten zwischen Regie und Buch einzulassen. Seine konstruktive Kritik am Drehbuch umfaßt auch einen Weg aus dem Streit um das Filmende:

> [V]ielleicht geht man unbemerkt zu den Einstellungen über, wo die Frauen gezeigt werden, wie sie während des Weltkongresses in Paris zur Verteidigung

47 Kurt Maetzig, Brief an Falk Harnack, 9. Februar 1950, BArch DR 117/32481, Teil 2.

48 Ebd., Anlage.

49 Falk Harnack, Aktennotiz, 28. Februar 1950, BArch DR 117/32481, Teil 2.

50 Dieses Rechercheergebnis thematisiert auch Kannapin, Antifaschismus im Film der DDR, S. 116, Fn. 2.

51 L. Resnitschenko, Stellungnahme zum Drehbuch, 7. September 1949, Kurt-Maetzig-Archiv 134, S. 3.

> des Friedens aufmarschierten und in Massen mit dem Zeichen des Friedens, der weissen Taube, an den Kongressteilnehmern vorbeiziehen. Das würde dem Stil des Films entsprechen, der mehrfach durch Ausschnitte aus Wochenschauen unterbrochen wird. – Es scheint uns aber, dass auch ein solches Ende nicht recht passen will und man eine andere Lösung suchen sollte.[52]

Obwohl diese Empfehlung ausgesprochen vorsichtig ausfällt, verfehlt sie ihre Wirkung nicht: Das DEFA-Kollektiv setzt die Idee des ‚großen Bruders‘ nahezu wortwörtlich um. Im Endergebnis schließt *der Rat der Götter,* so spottet Wolfgang Gersch, „[w]ie jeder wichtige DEFA-Film dieser Jahre [...] mit einer großen Demonstration“[53]; sogar die erwähnte weiße Taube bekommt ihre Bühne. Die letzte Fassung des Drehbuches, in Wolfs Worten „der zentrale Nerv, das Herz“[54] des Filmes, durchsucht man nach dieser abschließenden Collage vergeblich.[55] Für die Umstellung des Schlußteils reicht das Gutachten aus der Sowjetunion aus; statt die Änderung im Buch zu fixieren, sichert sich Wolf auf deutscher politischer Ebene ab, namentlich bei Ackermann:

> Lieber Anton, Dr. Mätzig bittet mich, Dich zu verständigen, dass ich mich mit ihm nunmehr über den Schluss unsres Films DER RAT DER GOETTER geeinigt habe: [...] so wird ein dynamischer starker Schluss. Nachdem, wie ich höre, nunmehr auch unsre Freunde dem Drehbuch zugestimmt haben, bitten wir auch um Deine Zustimmung, damit nun die Arbeit mit Volldampf beginnen kann.[56]

Die intensive Absprache mit politischen Entscheidungsträgern hat seinen Grund: Der Film tangiert die Grundfeste der in Gründung befindlichen DDR. Wie Detlef Kannapin in seiner Dissertationsschrift betont, ist der Zweck ostdeutscher, antifaschistischer Filme, den „zweiten als den besse-

52 Ebd., S. 4.
53 Wolfgang Gersch, Szenen eines Landes. Die DDR und ihre Filme, Berlin 2006, S. 44.
54 Wolf, Das mangelnde Manuskript, S. 7.
55 Friedrich Wolf/ Philipp Gecht, Drehbuch 2, BArch DR 117/49, S. 217.
56 Friedrich Wolf, Brief an Anton Ackermann, 10. Oktober 1949, Friedrich-Wolf-Archiv 68/7.

ren deutschen Staat darzustellen, in dem die Lehren aus der Geschichte qua eigener Existenz gezogen worden sind."[57] *Der Rat der Götter* nehme hierbei eine Vorreiterrolle ein und werde dadurch

> zu einem Prototypen des ,Ableitungsfilms', da er als erster Film behauptete, die DDR hätte alle Probleme im Umgang mit der NS-Zeit gelöst, wohingegen in der Bundesrepublik die alten Eliten und der alte Ungeist fortlebten. [...] Die Transformation des NS-Themas in die angenommene Realität der Bundesrepublik wurde im DEFA-Film in der Folgezeit zu einer dominierenden Konstante.[58]

Was sich im Rückblick als mit der Parteilinie bündig darstellt, war zum Zeitpunkt der Filmentstehung keineswegs Konsens. Die Zwangsläufigkeit der Entwicklung vom Monopolkapitalismus über den Faschismus hin zum Weltkrieg sei nicht selbsterklärend, findet Chefdramaturg von Gordon: „Die Gleichgesinnten werden uns das glauben, aber das indifferente Publikum nicht. Wir bringen damit gleich am Anfang den grössten Teil unseres Publikums in Oppositions-Stimmung und vermindern so selbst die überzeugende Wirkung unseres Films"[59], befürchtet er. Im Manuskript fällt das Stimmungsbild des IG-Verwaltungsrates nach der Unterredung mit Hitler entsprechend differenziert aus – nicht jeder der Kapitalisten war Kriegsbefürworter. Im Großen und Ganzen folgte die DEFA jedoch eng der Parteilinie und stimmte die Schlüsselszenen detailliert mit der SMAD und später mit der SED-Führung ab. Das gilt insbesondere für den zugrunde liegenden Faschismusbegriff:

> „Das offizielle Antifaschismusverständnis in der SBZ/DDR war das der KPD/SED. Es leitete sich direkt aus der kommunistischen Faschismusauffassung

57 Detlef Kannapin, Dialektik der Bilder. Der Nationalsozialismus im deutschen Film ; ein Ost-West-Vergleich, Berlin 2005, S. 178.

58 Ebd., S. 179f.

59 Wolff von Gordon, Gutachten zur 1. Drehbuch-Fassung, 29. August 1949, BArch DR 117/32481, Teil 1, S. 1.

> ab, wie sie auf dem VII. Weltkongreß der Kommunistischen Internationalen (Komintern) im Jahre 1935 verbindlich für alle kommunistischen Parteien (die damals Sektionen genannt wurden) verkündet worden war.[60]

Dieser Definition folgend gibt Wolf, wie Gersch es ausdrückt,

> eine historische Wahrheit als absolute Wahrheit aus, derzufolge der Kapitalismus zum Faschismus führt. So wurde das Kapitalismusbild der Vergangenheit in die Gegenwart eingespiegelt, indem der Film die Handlung nach Westdeutschland verlängert, wo dann die Gleichen das Gleiche versuchen.[61]

Den Wahrheitsanspruch formuliert im Schlußteil nicht nur der Protagonist Scholz expressis verbis („Das ist die Wahrheit und keiner soll mehr sagen, er habe es nicht gewußt!“), sondern er wird auch filmisch durch die Montage der Wochenschau-Ausschnitte untermauert und fügt sich zusammen zu einem „Lehrstück[] [über] die Verbindungen zwischen internationalem Kapitalismus und deutschem Faschismus“[62].

Die dichte Orientierung an die zum Produktionszeitpunkt aktuelle Parteilinie hat seinen Preis. „Die Partei hat immer Recht“ – so wurde 1950 im Jahr der *Rat-der-Götter*-Premiere zu ersten Mal gesungen. Doch wie sich rasch zeigte, ist das „immer“ keineswegs so zu verstehen, daß man auf die dauerhafte Gültigkeit ausgegebener Direktiven bauen könnte, sondern vielmehr, daß die Partei zu jedem gegebenen Zeitpunkt die Deutungshoheit beansprucht. Wie schnell sich Dogmen ändern können, zeigt die SED-offizielle Bewertung des vorliegenden Filmes. Unmittelbar vor der Premiere stand die Mischung aus Entlarvung des Hitlerfaschismus und Verteufelung des Kapitalismus hoch im Kurs. Die Produktion verschlang

60 Kannapin, Antifaschismus im Film der DDR, S. 22.

61 Wolfgang Gersch, Film in der DDR. Die verlorene Alternative, in: Wolfgang Jacobsen / Anton Kaes / Hans-Helmut Prinzler (Hrsg.), Geschichte des deutschen Films, Stuttgart 2004, S. 365.

62 Sonja M. Schultz, Der Nationalsozialismus im Film. Von „Triumph des Willens“ bis „Inglorious Basterds“, Berlin 2012, S. 52.

fast drei Millionen Ostmark[63]; das Resultat lief mit ungewöhnlich vielen, nämlich 100 Kopien an.[64] 1950 wurden Wolf, Maetzig, Kameramann Friedl Behn-Grund und Szenenbildner Willy Schiller kollektiv mit dem Nationalpreis I. Klasse ausgezeichnet.[65]

Doch schon zwei Jahre später hatte sich der Wind gedreht: Das Politbüro kritisierte im Juli 1952 in seiner Resolution *Für den Aufschwung der fortschrittlichen Filmkunst* – bei aller Wertschätzung für den Film – den Stil des kritischen Realismus. Die frühen DEFA-Klassiker erfüllten

> kaum oder nur sehr ungenügend die Aufgabe der ‚ideellen Umgestaltung, der Erziehung der arbeitenden Massen im Geiste des Sozialismus'. […] So zum Beispiel besitzt in dem großen Film „Der Rat der Götter" der Arbeiterfunktionär wenig Gewicht im Vergleich zu den Vertretern des Monopolkapitals und der Intelligenz. Dies entspricht aber keineswegs der historischen Wahrheit des Kampfes gegen den Hitlerfaschismus, gegen den amerikanischen und wiedererstehenden deutschen Imperialismus, im Kampf um den Frieden, in dem in Wirklichkeit die Arbeiterklasse die entscheidende Rolle spielt.[66]

Maetzig veröffentlicht im Anhang der Resolution ein vergelltes Lob derselben. Zwar seien die Werke von Marx, Engels, Lenin und Stalin ebenso wie die vorliegende Resolution „Erkenntnisquellen" für Künstler und Filmschaffende.

> Allerdings ist das Studium der Schriften des Marxismus allein eine unzureichende Grundlage künstlerischen Schaffens, selbst wenn man die Beherrschung des Künstlerisch-Handwerklichen voraussetzt. Buchwissen allein führt zum Dogmatismus, zu einer schematischen, lebensleeren Kunst, zu langweiligen und konstruierten Filmhandlungen, zu Gestalten, die nicht

63 Toeplitz, Geschichte des Films.

64 Kannapin, Antifaschismus im Film der DDR, S. 130.

65 Vgl. Werner Jehser, Friedrich Wolf. Leben und Werk, Berlin 1982, S. 190.

66 Politbüro des ZK der SED, Für den Aufschwung der fortschrittlichen deutschen Filmkunst. Resolution, Juli 1952, in: Für den Aufschwung der fortschrittlichen deutschen Filmkunst, Berlin 1953.

Abb. 4: Eingang des Berliner Filmtheaters Kastanienalle anläßlich der Uraufführung des Films *Der Rat der Götter*. Photo: Friedrich Wolf, Friedrich-Wolf-Archiv 71/2.

Abb. 5: Am Berliner Filmtheater Kastanienallee weist großflächige Außenwerbung auf den Films *Der Rat der Götter* hin. Photo: Friedrich Wolf, Friedrich-Wolf-Archiv 71/2.

> wirkliche Menschen sind, die lieben und hassen, kämpfen und streben, sondern zu Papierschemen, denen die Spruchbänder zum Halse heraushängen.[67]

Solche Warnungen bleiben ohne Folge; der Formalismusstreit macht auch vor den Ikonen der DEFA nicht Halt. Die Abteilung Kultur des ZK, „die wichtigste Instanz im Bereich der Kulturpolitik der DDR"[68], listet 1953 auf insgesamt sieben eng bedruckten Seiten Defizite des Films *Rat der Götter* auf. Der beauftragte Rezensent Hans Julius Wille fügt sie zu einem Verriß der Produktion. Zunächst fasst er die Ausführungen Georgi M. Malenkows auf dem XIX. Parteitag der KPdSU im Oktober 1952 zusammen, „dass typisch nicht nur das ist, was man am häuftigsten antrifft, sondern das, was am vollständigsten und am schäftsten das Wesen der betreffenden sozialen Kraft zu Ausdruck bringt." Vor diesem Hintergrund sei der *Rat der Götter* „ein Werk des kritischen Realismus und entspricht noch nicht vollauf den Forderungen des sozialistischen Realismus"[69].

> [Das] Fehlen einer Anleitung zur Veränderung unserer Menschenwelt [...] empfinden wir heute als einen Mangel. [...] Nichts gegen die Figur des Dr. Scholz an sich – nur hat es in der Auswahl und in der Akzentuierung dieser Figur an Parteilichkeit gefehlt. [...] [Onkel Karl] ist keineswegs der typische Vertreter der Wiederstand leistenden und revolutionären Arbeiterklasse jener Zeit, wenn er nur fast durchweg [...] [die Handlung als] onkelhafter Kommentator voller Skepsis und mit lediglich pazifistischer Tendenz begleitet. [...] Mit seiner Tochter Kätchen (der einzigen Vertreterin der Arbeiterjugend im Film!) verhält es sich noch ärger... Der Film gibt eine reiche, fast üppige Zeichnung der Figuren im kapitalistischen Lager, aber dieses Arbeiterkind stattet er sehr kümmerlich aus – eine Frage der Parteilichkeit von Drehbuchautoren und Regisseur auch hier![70]

67 Kurt Maetzig, Diskussionsbeitrag, in: Für den Aufschwung der fortschrittlichen deutschen Filmkunst, Berlin 1953, S. 98–99.

68 Vgl. Dagmar Schittly, Zwischen Regie und Regime. Die Filmpolitik der SED im Spiegel der DEFA-Produktionen, Berlin 2002, S. 40.

69 Hans Julius Wille, Filmanalyse „Der Rat der Götter" anhand des Berichts des Genossen G.M. Malenkow zu Fragen der Literatur und Kunst auf dem III. Parteitag der KPdSU (B), insbesondere anhand der Thesen über das Typische, 15. Januar 1953, BArch DY 30-IV 2/9.06/219, S. 7.

70 Ebd., S. 2–4

Kurzum – und damit sind Wolf, Gecht und Maetzig erneut angesprochen – kritisiert der Rezensent, „Überreste bürgerlichen Bewußtseins bei unseren Filmschöpfern“[71], die eine aus seiner Sicht adäquate Darstellung der Arbeiterklasse unterbänden.

Daß zwei Jahre nach der Premiere dem Film zu geringe Deutlichkeit der Botschaft vorgehalten werden würde, das haben sich die damaligen Rezensenten wohl nicht träumen lassen. 1950, nach der Uraufführung des Films, thematisieren Kritiker in Ost und West die Schlagkraft des Finales. „Schon der Gedanke, an den Schluß Aufnahmen von der diesjährigen Mai-Demonstration zu setzen, ist bemerkenswert, und so ist der Streifen bis zum letzten hineingestellt in unseren Friedenskampf“[72], befindet das *Neue Deutschland*. Der Schlußteil entwickelte „eine erschütternde, aufrüttelnde Kraft [...]. Eine Kraft der Friedensdemonstration, die fast die Leinwand sprengt“[73], schreibt die *Berliner Zeitung*. In einer Rundfunkrezension bemerkt Herbert Ihering, das „Finale der ungeheuren Massendemonstraionen für den Frieden erhebt den Schluss des Films auf das Niveau der besten Sowjetrussischen Filme.“[74]

Den Qualitätsunterschied zwischen dem nahezu dokumentarischen Teil des Filmes und den abschlißenenden Massenszenen vernimmt auch die Westpresse, bewertet ihn jedoch in genau gegenteiliger Weise. *Der Tagesspiegel* kritisiert moderat:

> Das wäre ein eindrucksvoller, spannender und duchaus akzeptabler Film, wenn uns die DEFA das letzte Viertel des Streifens erspart hätte. [...] Gute schauspielerische Leistungen [...] werden gegen Schluss durch die (anfänglich nur schwach dosierte) Propaganda entwertet, und die Schauspieler werden kompromittiert. [...] Wenn schließlich die Tendenz des Films in den überle-

71 Ebd., S. 6

72 Herman Müller, „Keiner soll künftig sagen, er habe es nicht gewusst“. Premiere des DEFA-Films „Der Rat der Götter“ von Nationalpreisträger Friedrich Wolf, Philipp Gecht und Nationalpreisträger Kurt Maetzig. In: Neues Deutschland, Berlin (DDR), 13. Mai 1950.

73 N.N., Der Rat der Götter. Uraufführung des neuen DEFA-Films im Babylon und in der Kastanienallee. In: Berliner Zeitung, Berlin (DDR), 14. Mai 1950, Herbert-Ihering-Archiv 6231.

74 Herbert Ihering, Theater und Film[,] aus Anlaß des Films „Rat der Götter“, Rundfunkvortrag [Ts. mit hs. Erg.], 15. Mai 1950, Herbert-Ihering-Archiv 12488, S. 1.

bensgroßen Porträts „volksdemokratischer" Größen und in der Phraseologie der Transparente gipfelt ist die Kunst zu Ende – und im Grunde auch die Politik.[75]

Der Tag aus Berlin übt sich in Kalter-Kriegs-Rhetorik und macht Wolf für die politische Stoßrichtung und dramatische Ausgestaltung verantwortlich:

> Man merkt mit Befremden, daß es diesem ostzonalen Film (Drehbuch: Friedrich Wolf!) offenbar nicht darauf ankommt, die erwiesenen grausigen Tatsachen der Vergangenheit in Wahrhaftigkeit darzustellen, man merkt, daß hier versucht wird, einen Schuß abzufeuern im aktuellen Kalten Krieg: einen Schuß gegen die Amerikaner. [...] Was eindrucksvoll begann, entwickelt sich somit zur filmischen Darstellung des Monopolkapitalismus, wie ihn sich der kleine Moritz in der Sowjetzone vorstellen soll. Das aber ist die harmlosere Seite dieses Filmes. Empörend ist, mit welcher eisigen Spekulation auf die Angst der Menschen vor einem neuen Krieg Wahrheit und Unwahrheit verquickt werden, damit diese Angst zum Haß wird gegen die kriegslüstern dargestellte westliche Welt.[76]

Der Abend, ebenfalls aus Berlin, nimmt hingegen den Regisseur in den Blick: „Mätzig [sic] hat gute Filme gemacht, weil er um die Wirkung des Indirekten weiß, weil er einen Blick für das optische Symbol hat und sich auf Schattierungen in Bild und Buch verstand, jetzt aber kommt auch er mit dem roten Holzhammer."[77] Empörend dabei sei die einseitige Zuschreibung von Rüstungsinteressen an die USA und die Bundesrepublik. „Die andere Seite der Rüstungen, die Seite hinter dem Eisernen Vorhang, wird freilich mit keinem Worte erwähnt. Und die ‚ganze Wahrheit', die dieser Film pathetisch für sich in Anspruch nimmt, ist weniger als die halbe"[78],

[75] Gz., „Rat der Götter" – Kastanienallee. In: Tagesspiegel, Berlin, 14. Mai 1950, Kurt-Maetzig-Archiv 792.

[76] N.N., Kalter Krieg auch im Kino. Der sowjetzonale Propagandafilm „Der Rat der Götter". In: Der Tag, Berlin, 16. Mai 1950, Kurt-Maetzig-Archiv 124.

[77] Ba, Ende eines Regisseurs? In: Der Abend, Berlin, 13. Mai 1950, Kurt-Maetzig-Archiv 125.

[78] k.w., Der Rat der Götter. In: Die Zeit, 25. Mai 1950, Kurt-Maetzig-Archiv 124.

schreibt Die Zeit und beurteilt den Rat der Götter daher als „Tendenzfilm bösartiger coleur"[79]. Die Darstellung Wolfs – in seinem Ursprungsentwurf noch stärker als im letztlich veröffentlichten Film – suggeriere irreführend, so ein Filmkritiker aus Essen, daß in

> Peenemünder V-2-Werken Kartoffelmehl hergestellt, in den Uranbergwerken von Aue Braunkohle gefördert [wird.] [...] Um diesen Mangel wettzumachen, endet dieser dubiöse Film in einer brausenden Aufmarsch- und Fahnenorgie, die die friedliebenden, glücklichen Völker von Ostdeutschland bis China in einer wirbelnden Photomontage zeigt. Die sowjethörige DEFA sollte, ehe sie sich um den Kehrricht vor anderen Türen kümmert, erst einmal vor der eigenen fegen. Mit einem Besen wäre da aber nichts getan; ein Kran hätte schon seine liebe Not, den Schutt aufzuräumen.[80]

Um schon als Zeitgenosse zu erkennen, was vom *Rat der Götter* ‚bleibt und was lohnt' muß man wohl Insulaner sein, der zum Treiben auf dem europäischen Festland kritische Distanz hält: Die britische *The Times* betrachtet den Film 1952 nüchtern:

> In gewissem Sinne ist jeder ernste Film oder wenn Sie wollen, jede ernste intellektuelle Arbeit eine Propaganda entweder für eine bestimmte Sache oder Propaganda aus gefühlsmässigen, subjektiven Gründen. Deshalb wäre es töricht, den Film „Der Rat der Götter" zu verurteilen, der jetzt in privaten Klubs in London gezeigt wird, nur weil er im Ostsektor von Berlin hergestellt wurde und durchweg Propaganda betreibt.[81]

Der anonyme, britische Rezensent arbeitet die Bedeutung des Films heraus, indem er ihn mit den Nachkriegsfilmen des Westens kontrastiert, die alles andere sind als eine Speerspitze der Vergangenheitsbewältigung oder

79 Ebd.

80 G. Pröhl, Wer im Glaushaus sitzt... „Der Rat der Götter"– ein neuer DEFA-Film. NRW, Essen, 19. Mai 1950, Kurt-Maetzig-Archiv 124.

81 N.N., „Der Rat der Götter". Ein ostdeutscher Film [Übersetzung]. In: The Times, London, 20. Februar 1952, Kurt-Maetzig-Archiv 124, S. 1.

gar Forum gesellschaftlicher Visionen. Davon unterscheide sich *Der Rat der Götter* angenehm: „[W]as wichtig scheint, ist, daß der Film für die kommunistische Friedenspropaganda hergestellt wurde und wirksamer ist als alles, was jemals aus dem Westen kam.“[82]

[82] Ebd.

Frank Hörnigk

Zur Wolf-Rezeption in der DDR

Sehr geehrte Damen und Herren,
in Präzisierung meines angekündigten Themas werde ich im folgenden zu einigen Voraussetzungen und Kontexten, zu historischen und ästhetischen Differenzerfahrungen sowie den Perspektiven auf das Werk von Friedrich Wolf – und somit in Sonderheit auch über seine Rezeption bzw. Nichtrezeption in der DDR sprechen: Zwei Sätze und eine Anmerkung.

1. Zu den Kontexten

Der Glaube, nach seiner Vertreibung aus Deutschland und der Entfernung von den deutschen Klassenkämpfen in der Sowjetunion eine neue künstlerische Heimat – und zugleich Schutz für seine Familie gefunden zu haben, war Friedrich Wolfs größte Hoffnung auf Zukunft im November 1933 – nach seiner Ankunft in Moskau.

Als Schriftsteller gerade von hier aus weiter gegen den Faschismus kämpfen zu können, nicht nur als vorübergehend geduldeter Exilant, sondern als Verbündeter unmittelbar an der Seite der sowjetischen Genossen – das war Wolfs Ziel in der festen Überzeugung von der Richtigkeit seiner Wahl Moskau als dem endgültigen Ort dieses Engagements.

Bald ein Jahrzehnt später, nach höchst unterschiedlich verlaufenen Exilerfahrungen, bleibt die Differenz der politischen wie ästhetischen Schlussfolgerungen, die für jeden der vom Faschismus verfolgten Schriftsteller aus der Entscheidung über seinen künftigen Aufenthalt erwuchsen, aufschlussreich: Wolfs fester Glaube an Moskau z.B. gegen Brechts Fluchtbewegung „öfter als die Schuhe die Länder wechselnd"[1] ist paradigmatisch.

Der eine kommt im Mai 1941, nur noch auf der Durchreise nach Moskau, der andere war gerade dorthin wieder endgültig zurückgekehrt, beide fast zeitgleich und in einem Moment, als es neben der Sowjetunion keinen andere Exilmöglichkeit mehr gab als dort zu bleiben – oder Europa überhaupt zu verlassen. Für Wolf schloss sich eine solche Wahlmöglichkeit zu diesem Zeitpunkt praktisch aus. Für ihn gibt es keine denkbare Alternative mehr – (wie noch Jahre zuvor).

Brecht dagegen hatte sich seit längerer Zeit schon für die USA und also gegen die Sowjetunion entscheiden. Wladiwostok, sein letzter Aufenthaltsort auf sowjetischem Territorium vor der Überfahrt, ist dann nur noch ein Transitort persönlicher Trauer auf dem Weg nach Amerika, nachdem ihn die Nachricht vom Tod der in Moskau zurückgelassenen Grete Steffin erreichte: Zu wenig Glaube zu bleiben!

Die „Endstation" Hollywood danach – selbstverständlich alles andere als seine „Endstation Sehnsucht"[2], (später wird er sogar von seinem kulturellen Gefängnis sprechen), wird dennoch ein sicherer Überlebens-Ort für ihn bleiben bis zur Rückkehr nach Europa 1947. Die folgenreichste Konsequenz für sein Werk, scheinbar eine rein ästhetische, äußerlich nur ein kleiner Schritt seitwärts in „ die Allgemeinheit der Parabel" [3] als Preis der Freiheit dieses Überlebens.

Wolfs Jahre in Moskau hingegen sind unter dem zunehmenden Terror der Stalin'schen „Säuberungen" mit dem Brecht'schen Begriff seines „Gefängnisses" U.S.A. auch nicht nur im Ansatz vergleichbar: weder was die Ausmaße des sowjetischen Überwachungssystems noch die Bestrafungspraktiken gegen Tausende seiner vermeintlich inneren Feinde angeht. Ab

1 Bertolt Brecht, An die Nachgeborenen, in: Bertolt Brecht, Gesammelte Werke 9, FfM. 1967, S. 725

2 „Endstation Sehnsucht", Drama von Tennessee Williams

3 Heiner Müller, Fatzer+/-Keuner, in: Heiner Müller, Werke 8, Schriften, FfM. 2005, S. 224

1941 erwuchs dieser Gewaltherrschaft im Namen Stalins angesichts der abwartenden Haltung der westlichen Alliierten zur Eröffnung einer zweiten Front zudem noch der historische Sonderstatus, als letzte Bastion gegen den Hitlerfaschismus und damit entscheidende Kraft eines allein von hier aus noch denkbar möglichen Sieges über die faschistische Barbarei in die Geschichte einzugehen – gleichfalls unter Führung Stalins.

Die Notwendigkeit (oder auch Verzweiflung), vor diesem Hintergrund über dessen Verbrechen schweigen zu müssen, solange Hitler an der Macht war und der Name „Stalin" geradezu symbolisch für die Sowjetunion stand, war insofern historisch ebenso begründbar wie zu rechtfertigen in Abhängigkeit von dem Ort dieses Schweigens. Für Brechts Exil in den USA habe die Übertragung der„Jamben der Iphigenie" auf sein Werk als Form der Wiederentdeckung der „Klassik als Revolutionsersatz"[4] genügt, um dem Verrat seines Schweigens wenigstens ästhetische Autorität zu verleihen, so noch einmal Heiner Müllers sarkastische Notiz.

Friedrich Wolfs Moskauer Schweigen dagegen war nichts weniger als die Bedingung des eigenen Überlebens. Dazu gehören auch die „Auszeiten", die er sich nahm, um mindestens zeitweilig dem wachsenden Druck der inneren Zustände massenhafter Denunziation in der Sowjetunion zu entkommen. Die wichtigsten Stichworte lauten hier Teilnahme am spanischen Bürgerkrieg, die anschließende Flucht nach Frankreich, Internierung in Le Vernet und schließlich die geglückte Rückkehr in sein Moskau/Ithaca. Spuren eines riskanten Lebens!

Es waren „Auszeiten", auch um die eigene Sprache zu unterdrücken vor dem Zwang, ansprechen zu müssen gegen die auch schon ihm gegenüber in Stellung gebrachten Verdächtigungen – und aus Angst, damit zugleich gegen die Linie der Partei zu verstoßen.

„DIE REVOLUTION IST DIE MASKE DES TODES DER TOD IST DIE MASKE DER REVOLUTION... u.s.w."[5] wird Müller Jahrzehnte später die furchtbare Wahrheit dieser Gewalt eines Zusammenhan-

4 ebenda, S. 223
5 Heiner Müller, Der Auftrag, in: Heiner Müller, Werke 5, Die Stücke 3, FfM. 2002, S. 11-42

ges in seinem Stück „Der Auftrag“ als Erinnerung an die Grunderfahrung aller Revolutionen und die Selbstverletzungen der Subjekte in ihr skandieren. Denn die Maske wird sich in diesem Prozess zu einem nicht mehr abnehmbaren zweiten Gesicht verwandeln, das zum eigentlichen Antlitz wird und die Revolution tötet, übrig lassend allein den entstellten Rest, als Wahrheit der Geschichte, auch der Geschichte des späteren Realsozialismus weltweit, ob in der Sowjetunion oder auch in der DDR – nachdem sie beide jeweils die Züge ihres gemeinsamen Feindbildes angenommen hatten/annehmen mussten, um zu überleben – damit aber lange vor ihrem historischen Scheitern schon das Ende des eigenen, künftigen Weges abgebildet hatten. Diese Wahrheit wird auch Friedrich Wolf als tragische Dimension sein Leben lang begleiten.

Gleich Brecht sah auch er deshalb die Gefahr des Niedergangs eines gegen die weltweite Macht des Kapitals angetretenen, historisch aber noch schwachen Sozialismus – und war mit ihm zugleich der festen Überzeugung, dessen Niederlage abwenden zu müssen und zu können, um damit einem – wenn auch in vielfacher Hinsicht noch „schlechten Neuen“[6] – zum endgültigen Durchbruch zu verhelfen, allein schon, weil es trotz allem das allein zukunftsmächtig Neue einer offenen geschichtlichen Bewegung verkörpere – gegen den drohenden Rückfall in die Barbarei.

Dieser historischen Mission eingedenk, waren sie beide, Wolf wie Brecht, mit schwerem künstlerischen Gepäck nach Deutschland zurückgekommen, um sich am Umbau einer ganzen Gesellschaft zu beteiligen. Friedrich Wolf schon frühzeitig, im September 1945, fast drei Jahre vor Brecht und doch, nach eigener Zeitrechnung, entscheidend verspätet. Denn er empfand sich zurückgesetzt, ausgestoßen aus dem Kreis der ersten politischen Reihe. Sein Moskauer Beschwerde-Brief an Stalin vom Juli 1945 ist insofern weit mehr als lediglich ein erhalten gebliebener Beleg persönlicher Kränkung – er ist vielmehr ein Vorspiel nur anhaltender, ver-

6 Bertolt Brecht, „Nicht an das gute Alte anknüpfen, sondern an das schlechte Neue“, zitiert nach Walter Benjamin in: Walter Benjamin, Fragmente, Autobiographische Schriften. Gesammelte Schriften VI, FfM 1991, S. 537 ff.

deckt schwelender Konflikte auch späterhin – weit über die eigene Person hinausreichend.

2. Ankunft

Friedrich Wolf bleiben danach noch acht Jahre, diese Konflikte auszutragen. Er kann das allein vermittels seiner künstlerischen Arbeit, seines persönlichen Engagements als Schriftsteller und zugleich des Bekenntnisses als politisch aktiver Zeitgenosse: Sein Plädoyer für „Zeitnähe! Zeitnahe Kunst! Zeitnahe Literatur!“[7], vorgetragen auf dem Ersten Deutschen Schriftstellerkongress 1947, ist als die programmatische Aufforderung an seine dort erstmals nach dem Krieg wieder versammelten Kollegen zu verstehen, sich den ästhetischen Maßgaben einer neuen deutschen Literatur zu stellen, die in den wirklichen Verhältnissen einer von Grund auf anders verfassten künftigen Gesellschaft aufgehoben bleiben müsse, die sie abbildet. Es ist der Vorgriff, die Projektion einer gedachten/gewünschten Zukunft der späteren Gesellschaft in der DDR, auf dem Gebiet der Literatur in den ersehnten Leitbildern ihres „Neuen Gegenstands“! Friedrich Wolf wird an der Aufgabe, diesen Zusammenhang in seinem Spätwerk literarisch zu bewältigen, letztlich seine Kräfte überfordern – und dafür einen hohen Preis zahlen.

Als Mitglied der Partei ist er zudem von Beginn an führend an der Durchsetzung der kulturpolitischen Linie der SED beteiligt, wenn auch nicht in den von ihm erwarteten herausragenden Funktionen. Aber er ist immerhin Gründungsmitglied der DEFA, ist aktiv im Rundfunk tätig und an der Neuorganisation schriftstellerischer Vereinigungen wie dem deutschen PEN-Zentrum beteiligt; 1948 wird er zum Vorsitzenden des „Bundes Deutscher Volksbühnen“ gewählt und gehört dem Vorstand des Deutschen Schriftstellerverbandes an. Selbstverständlich ist er Gründungs-Mitglied auch der neuen Akademie der Künste in Ostberlin. In al-

[7] Friedrich Wolf, Rede auf dem 1. Deutschen Schriftstellerkongress, zitiert nach: Erster Deutscher Schriftstellerkongreß, Protokoll und Dokumente, Berlin 1997, S. 340-344

len diesen Rollen tritt er als aktiver Propagandist seiner Partei auf. Aber er ist daneben auch der integre und damit glaubwürdige Botschafter des Landes, um die Einladung an viele der noch immer im Ausland lebenden Schriftstellerkollegen zu überbringen, sich an dem im Osten Deutschlands beginnenden Experiment einer nichtkapitalistischen neuen gesellschaftlichen Ordnung zu beteiligen. 1950 wird er zum Ersten und Bevollmächtigten Botschafter der DDR in der VR Polen nach Warschau berufen, eine Auszeichnung, die ihn ebenso ehrt (und von ihm wahrscheinlich auch als eine Form ausgleichender Gerechtigkeit oder sogar eigener Rehabilitierung wahrgenommen wird). Er übernimmt dieses Amt in der schwierigsten Phase deutsch-polnischer Beziehungen angesichts der besonderen historischen Schuld der Deutschen nach dem 2. Weltkrieg, aber ebenso auch der noch immer oder schon wieder erschreckend vorhandenen antisemitischen Vorbehalte auf beiden Seiten (mit denen er sich als Jude selbst auch persönlich konfrontiert sieht) – ein Amt, das ihn auf Dauer zwangsläufig überfordern musste. Denn mit der Erfüllung seiner Aufgaben dort und auch seinen psychischen Belastungen wäre eine endgültige Entscheidung gegen seine Arbeit als Schriftsteller absehbar geworden.

Als solcher aber sah er sich verpflichtet, und zwar sowohl als literarischer Aufklärer als auch an der Erziehung einer neuen Lesergeneration direkt Beteiligter – in gemeinsamer Arbeit an der Beseitigung der durch den Faschismus zurückgelassenen geistigen und materiellen Trümmer.

Er war überzeugt, nur hier am unmittelbarsten und gültig an seine literarischen Vorleistungen auch schon aus der Zeit vor 1933 und dem Exil anknüpfen zu können. Die Stichworte sind vertraut, sie lauten *Matrosen von Cattaro* oder *Cyankali, Der Arme Konrad, Tai Yang erwacht* oder *Kolonne Hund,* die als frühe dramatische Versuche Wolfs schon damals eine beachtliche öffentliche Wirkung v.a. innerhalb einer linken Theaterszene erlangt hatten. Sie sind in diesem Zusammenhang hier nur summarisch und zudem auch nur ganz unvollständig aufzuzählen, wie auch jene einer breiteren Hörerschaft bis dahin fast unbekannt gebliebenen Arbeiten Wolfs für den Rundfunk an dieser Stelle nur andeutungsweise bezeichnet werden können. Tatsächlich aber gehörte Friedrich Wolf ebenso wie

Brecht zu jenen Rundfunk-Pionieren, die sich sehr früh schon auch mit diesem neuen Medium auseinandergesetzt hatten: seine als Hörspiele entworfenen Stücke etwa *Krassin rettet Italia* oder *John D. erobert die Welt* sind Belege eines äußerst wachen, und zudem auch medientheoretischen Interesses, das Wolf im übrigen schon lange vor dem Beginn der eigentlichen Epoche des Rundfunks Mitte der zwanziger Jahre für sich entdeckt hatte – und nun verstärkt wieder für sich reaktivierte.

Von überragender Bedeutung auf den Theaterbühnen Ostdeutschlands und der frühen DDR, später dann aber auch als Film und in verschiedenen Hörspielfassungen, sollte allerdings sein Schauspiel *Professor Mamlock* die vergleichsweise größte Wirkung innerhalb seines Gesamtwerkes erlangen. 1933 in Frankreich geschrieben, gehört es zweifellos bis heute zum Kanon einer bedeutenden deutschen antifaschistischen Literatur und erfuhr auch international große Beachtung; Warschau und Zürich 1934 seien hier nur als erste Stationen erwähnt, schon 1938 wurde das Stück in der Sowjetunion verfilmt. 1961 erfolgte unter der Regie Konrad Wolfs dann eine erneute Verfilmung des Stoffes. In der DDR war das Schauspiel für Generationen von Schülern obligatorische Schullektüre.

In solcher Weise herausgehoben und gleichzeitig aber auch aufgehoben im Gesamtwerk, repräsentierte *Professor Mamlock* dort schon unmittelbar nach 1945 ein Musterbeispiel gelungener marxistischer Erbeaneignung im Selbstverständnis seiner offiziellen Interpreten, auch auf dem Theater. Es war verfügbar als Vorbild menschlich humaner Verhaltensnormen und zugleich ein Warnbild ihres Verlustes bzw. der Gefahr einer zu späten Erkenntnis über den notwendig kämpferischen Einsatz für sie – bei Strafe des eigenen Untergangs. Aus der gleichzeitig angenommenen Perspektive einer gesellschaftlichen Realität, die eben diesen Humanismus für sich schon als gegeben proklamierte, wurde das Werk von Wolf andererseits aber sehr bald schon auch vereinnahmt als Muster einer direkten Übertragungsmöglichkeit politischer Programmatik auf die Literatur und umgekehrt (der fatalen Wiederholung einer Ästhetisierung des Politischen.) Das heißt, aus einer Ästhetik des Widerstands erwuchs so nachträglich ein kathartisches Erziehungsmodell des gesellschaftlich vermeintlich längst als „bekannt“ vorausgesetzten und damit historisch „bewältigten“ Lernfalls.

Das Bekannte ist aber nicht erkannt; es muss immer wieder neu gesehen werden, damit es erkannt werden kann – lautet eine der zentralen Prämissen des Brecht-Theaters! Dessen Premierenauftritt mit seiner ersten Inszenierung in Berlin nach der Rückkehr aus dem Exil steht beispielhaft für diese Haltung einer diametral entgegengesetzten Wirkungsstrategie.

Am 11. Januar 1949 rollt der Planwagen der *Mutter Courage* das erste Mal über die Bühne des Berliner Ensembles, damals noch als Gast des Deutschen Theaters in der Reinhardt-Straße. Und obwohl sie ihre Kinder an den Krieg verloren hat, hat sie aus dem Krieg nichts gelernt (die Geschichte der Auseinandersetzung darüber, über diese Entscheidung Brechts, ist bekannt und muss hier nicht ausgebreitet werden).

Die unterschiedlichen Reaktionen der Kritik auf die dahinter stehende Haltung jedoch werden noch Jahrzehnte später das Denken über modernes Theater in der DDR fundamental prägen.

Und es ist eine vergiftete Diskussion: in ihrem Zentrum zwei Leute, die sich einig sind in dem gemeinsamen Interesse, die Zuschauer zu erreichen und zu erziehen – wenn auch mit unterschiedlichen Mitteln. Mit der Alternative dramatisches oder episches Theater, Wolf vs. Brecht, als Entgegensetzung eines nicht-antagonistischen sozialistischen Theaters/ Kunstdenkens einerseits und eines weiterhin von antagonistischen Widersprüchen ausgehenden, ergo als modernistisch und damit spätbürgerlich kritisierten Theatermodells andererseits, sind die Frontlinien fest zementiert. Auf der einen Seite die kleine Bühne jenes von der Partei ersehnten Staats-Theaters, in dem sich das Theaterdenken Wolfs scheinbar linear auf die Wunschbilder der Ideologie und damit auf die große Bühne der DDR-Gesellschaft projizieren ließ: Erziehung von oben und Harmonisierung der Widersprüche. Auf der anderen Seite, diesem Modell bzw. Stanislawskis darin aufgehobener Theatertheorie eines „Theaters des Erlebens“, der Identifikation gegenüber, Brechts „Theater des Darstellens“ oder der Verfremdung, orientiert an einem Gesellschaftsmodell, das für die Gesellschaft des Realen Sozialismus in der DDR dagegen immer eine Herausforderung blieb, die sie annehmen konnte oder der sie sich verweigern würde – in letzter Konsequenz bis zu ihrem Untergang 1989.

1949 allerdings wog etwas anderes ungleich schwerer als jener zu diesem frühen Zeitpunkt eher abstrakt und scheinbar künstlich herbeigeführte Prinzipienstreit um zwei sich gleichberechtigt verstehende Möglichkeiten, Theater zu denken: Mit dem Begriff „volksfremde Dekadenz"[8] war gezielt das Feindbild einer radikalen Abgrenzung voneinander aufgerufen worden, dessen Verwendung niemand der Beteiligten hätte durchgehen lassen dürfen. Angesichts des Wissens darüber, welcher eigentliche Vorwurf hinter diesem Begriff stand und welche Folgen eine solche nur vordergründig ästhetische Zuweisung sich für die Angeklagten nur wenige Jahre zuvor in der Sowjetunion daraus ergeben hätten, war die Grenze überschritten. Waren doch die meisten der jetzt Beteiligten selbst vielfach als historische Zeugen betroffen gewesen oder sogar als Opfer unter Verdacht und Anklage geraten. Hier kündigte sich, sozusagen auf einer Probebühne an, was wenige Jahre später, 1951, im Zeichen des sogenannten „Formalismusstreits" als strategische Konfrontation zwischen der Kulturpolitik der SED und der gesamten Avantgarde der Kunstschaffenden in der DDR sowohl in der bildenden und darstellenden Kunst als auch der Musik, Literatur oder Architektur sich zu einem nie aufgelösten Interessen-Konflikt ausweiten würde – mit fatalen Auswirkungen bis zum Ende der DDR, immer attestiert und opportunistisch begleitet von einer marxistisch orthodoxen Kunsttheorie, die von Ausnahmen abgesehen, damit den endgültigen ideologischen Bruch mit der ästhetischen Moderne proklamiert hatte.

Friedrich Wolfs historische Rolle in dieser Debatte, aus dem Abstand der Jahre betrachtet, erscheint angesichts seiner Einlassungen in eigener Sache mindestens im höchsten Maße unglücklich. Einerseits bleibt er sich als selbstbestimmter Verteidiger seines ästhetischen Konzepts treu und ist darin authentisch. „Kunst ist Waffe"[9] – die Losung des Jahres 1928 gilt

[8] Vgl. Fritz Erpenbeck, Einige Bemerkungen zu Brechts „Mutter Courage", in: Die Weltbühne, 4. Jg. Nr. 3/1949, S.101-103.

[9] Friedrich Wolf, Kunst ist Waffe, Programmschrift 1928

unverrückbar für ihn mehr denn je und ist andererseits, unter den veränderten Zeitumständen Ende der 40er Jahre, längst von der Partei zu einem demagogischen Argument gegen die Kunst selbst verwandelt geworden. Denn sie allein definiert, was die „richtige“ Kunst, d.h. eine für sie politisch nützliche Waffe ist. Friedrich Wolf steigt vor diesem Hintergrund gewollt oder ungewollt zu einem ihrer führenden Repräsentanten und der Parteilinie treu ergebenen Autoren auf. Er muss sich damit bald schon einer Kunst-Öffentlichkeit innerhalb der DDR gegenübergestellt empfinden, die sich als Generationserfahrung mit so herausragenden Namen wie Bertolt Brecht, Hanns Eisler, Paul Dessau, mit Gustav Seitz, Horst Strempel oder Gret Palucca verbindet, um nur einige wenige der weit mehr durch den Formalismus-Vorwurf Betroffenen zu nennen. In dieser Rollenzuweisung, „er ist unser“ gegen jene, die vermeintlich zurückgeblieben seien, liegt zweifellos neben dem gleichzeitigen Gefühl einer späten gesellschaftlichen Anerkennung ein zutiefst tragisches Moment für Wolf: denn er spürt ja diesen Widerspruch in sich selbst – und in seinem persönlichen Engagement zum Beispiel für Gret Palucca u. a. tritt er ja auch genau für jene Offenheit und Freiheit künstlerischer Selbstbestimmung ein, die von der SED auch unter Berufung auf seine persönliche und künstlerische Autorität offiziell bekämpft wurde.

Darüberhinaus erfährt er zugleich, wie sehr seine eigene, ja ebenfalls im Zeichen einer ästhetischen Moderne über Jahrzehnte entwickelte poetische Position des Widerstands umgedeutet wird in eine Affirmation des Bestehenden: als sich verfügbar gemachte Feier selbsternannter Sieger der Geschichte. Die symbolischen Zeichen der Wertschätzung auf dieser Ebene sind unübersehbar: das Theater der ersten „sozialistischen Stadt auf deutschem Boden“, Stalinstadt, erhält 1955 den Namen „Friedrich Wolf“; Schulen, Polikliniken und Straßen, selbst ein Luxusfahrgastschiff der Berliner „Weissen Flotte“ werden nach ihm benannt, Ehrungen, die er in nicht wenigen Fällen schon zu Lebzeiten in der DDR erfährt. Zugleich muss er mit ansehen, wie ausgerechnet seine neueren Versuche, für das Theater zu schreiben, dort nur zögernd angenommen werden. Eine schöne Ausnahme sind seine Märchen-Dichtungen, darunter vor allem Die Weihnachtsgans Auguste; jene wunderbare Geschichte für Kinder und Erwachsene geschrieben 1946 – und weit mehr nur als ein ironisch liebevolles Apercu zu seinem sonstigen Werk!

Bürgermeister Anna dagegen, die kurz danach (1949) entstandene Komödie, entworfen als große Feier der sich rasch emanzipierenden Geschlechterverhältnisse unter den neuen Besitzverhältnissen gerade auf dem Lande, wird selbst von der Kritik des *Neuen Deutschland* als dramaturgisch „veraltet" abgeführt[10], nachdem der schnell verfilmte Stoff in die Kinos gelangt war. Sofort sagen mehrere Theater die schon angekündigten Premieren ab; die Uraufführung wird unter Druck von oben dann erst Monate später am Staatstheater Dresden durchgesetzt. Stück und Theaterwirkung bleiben auch in den nachfolgenden, nur noch wenigen Inszenierungen der nächsten Jahre bedeutungslos.

Und auch Wolfs letztes großes Werk, sein Schauspiel *Thomas Münzer.* Der Mann mit der Regenbogenfahne, gerät mit seiner ausschließlichen und ausschließenden Perspektive auf Thomas Müntzer als dem zu früh gekommenen revolutionären Helden des Deutschen Bauernkrieges unmittelbar nach seinem Erscheinen zwischen die Fronten heftiger politischer Auseinandersetzungen. Es wird zum künstlerischen Gegenmodell stilisiert zu Hanns Eislers *Johann Faustus*-Dichtung und der dahinter stehenden eigentlichen Debatte um Erbe und die Tradition der deutschen Geschichte und die darin aufgehobenen großen Persönlichkeiten, etwa auch Martin Luthers als des historischen Gegenspielers Müntzers. In der Faustus-Debatte selbst verhält Friedrich Wolf sich öffentlich eher zurückhaltend, in den internen Debatten der Akademie der Künste wird seine Distanz zu der Pro-Eisler-Gruppe um Brecht, Huchel oder Ernst Fischer und deren Positionen allerdings deutlich. Unmittelbar nach Wolfs Tod im Dezember 1953 gelangt sein Münzer am Deutschen Theater zur Uraufführung, gleichsam vermächtnishaft, und wird dort als die klassenmäßige Antwort auf die angebliche „Miserekonzeption" Hanns Eislers gefeiert; das Stück steht danach bis 1955 auf dem Spielplan. Wolfgang Langhoff, der Intendant,

10 Erna Fischer, Kritik in kritischer Beleuchtung, in: Neues Deutschland, 14.4. 1950.

ist als einer seiner größten Fürsprecher zugleich der Hauptdarsteller dieser Inszenierung. Außer in einem 1956 fertiggestellten DEFA-Film wird das Stück danach keine wirklich weiterweisenden Spuren einer literatur- bzw. theatergeschichtlichen Rezeption mehr hinterlassen. Andererseits: Was für ein Ausweichen vor der notwendigen, kritischen Debatte!

Nachsatz

Friedrich Wolfs Erbe heute, wo er nicht als Klassiker verklärt, sondern als Kämpfer in „finsteren Zeiten“ geehrt wird, ist lebendig: in vieler Hinsicht. Seine frühen Stücke, als „Bajonette der Revolution tragen sie die Spuren der Kämpfe“[11], ist für mich ein gültig gebliebenes Bild des Widerspruchs. Ich lese die Formulierung Heiner Müllers, schon aus dem Jahr 1956, als Verbeugung vor einem bedeutenden Werk. Moskau und die Sowjetunion, später die DDR, das war mein Ausgangs- und Anknüpfungspunkt zugleich, tragen in sich die Dimensionen des Erschreckens wie der Ermutigung. Es kommt darauf an, die zwischen diesen Polen aufgehobene Tragödie des Sozialismus im 20. Jahrhundert auch in der Tragödienstruktur eines Werkes wieder zu entdecken, selbst da noch, wo es vergessen und also gescheitert erscheint. Auch in der „Blindheit einer Erfahrung“[12], der persönlichen Tragödie des Dichters Friedrich Wolf, der an den objektiven Fortschrittsverlauf der Geschichte glaubte, ist seine Größe auszumachen – bis heute – und immer wieder aufs Neue! Warum soll also in Abwandlung nicht auch für ihn gelten, was Müller über Brecht sagte: „Friedrich Wolf gebrauchen, ohne ihn zu kritisieren, ist Verrat!“[13]

11 Heiner Müller, Neues und Altes, Rezension zum neu erschienenen 5. Band von Wolfs Dramen 1956, a.a.O. S. 121.

12 ders. A.a.O. Verweis auf Kafka: „Die Blindheit von Kafkas Erfahrung ist der Ausweis ihrer Authentizität“, S. 224.

13 ebenda, S. 231.

Rezensionen

David King: Roter Stern über Russland. Eine visuelle Geschichte der Sowjetunion von 1917 bis zum Tode Stalins. Plakate, Fotografien und Zeichnungen aus der David-King-Sammlung. Aus dem Englischen von Peter Sondershausen, Essen: Mehring Verlag 2010, 352 Seiten, € 39,90

Selbst einer sehr, sehr Spätgeborenen, die, wie die Rezensentin, unter dem Schutz der „Gnade der späten Geburt" (Helmut Kohl) aufgewachsen ist, wird beim Durchblättern dieses fulminanten Bilderbuch sofort des Identitätsbruchs gewahr, den die russische Oktoberrevolution durch ihre Verflachung, Regression und Brutalisierung mit dem Stalinismus auf allen gesellschaftlichen, politischen wie kulturellen Ebenen erfahren mußte. Die Euphorie, mit der im zaristischen Rußland das umstürzlerischen Aufbegehren von Zustimmung in der sich erst langsam entwickelnden Arbeiterschaft, den wenigen Berufsrevolutionären und Künstlern begleitet wurde, findet ihren Ausdruck in einer radikalen Neustimmung politischer Kommunikation – insbesondere auf den Feldern von Kunst und Politik. Das Antlitz der Revolution und der Folgejahre (mit den katastrophischen stalinistischen Verbrechen) zeigt sich dem Leser in diesem Buch offen, schonungslos und als sehr gewalttätig, denn mit der Erringung der Macht durch die Bolschewiki und der Zuweisung der tragenden Rolle im neuen Staat an die Arbeiterklasse und ihre Partei ging nicht nur die physische und psychische Liquidierung des Zarismus einher in all seinen Facetten und überkommenen Strukturen. Mit anderen Worten: Die Oktoberrevolution war immer schon doppelgesichtig in ihrer Anlage und in ihrer Verfestigung. Und dabei darf nicht übersehen werden, daß schon früh Konflikte innerhalb der unterschiedlichen Parteiungen der sich erst organisierenden Arbeitklasse aufbrachen. Der oben angesprochene „Identitätsbruch" allerdings wird mehr als offensichtlich mit Beginn der sog. Stalinistischen Prozesse. Die sachlich-kalten und deshalb um so erschütternderen Polizeiphotos ehemals angesehener und verehrter Mitglieder aus der Führungsriege um Lenin (um nur die zu erwähnen) fordern die endgültige Abkehr von jeder unkritischen Parteinahme für den ersten Versuch, eine sozialistische Gesellschaft in der UdSSR aufzubauen. Die Unmenschlichkeit, die Verachtung und Brutalität, die mit Stalin und seiner persönlichen Verantwortung für Verfolgung und Ermordung in den eigenen Reihen statthatten, sind so offensichtlich und zugleich so banal in ihrer Boshaftigkeit (aus Machtkalkül, Mißgunst und Neid), daß dem heutigen Betrachter der Bilder der Atem stocken muß. Müßte! Denn den Druck verringern, heute vom sowjetischen Experiment sich endlich zu verabschieden und in Verleugnung der Realgeschichte der Sowjetunion weiterhin zum Guten zu reden, könnte einzig die Dokumentation über das Durchhaltevermögen und die Leiden des russischem Volks und den Einsatz der sowjetischen Armee im Großen Vaterländischen Krieg. Auch in diesen Fall sind die Dokumente einzigartig. So paradox es klingen mag: Die deutsche Armee und ihr totaler Krieg gegen die Sowjetunion verkleinern im Nachhinein die stalinistischen Verbrechen.

Der reichhaltige Bestand an Zeichnungen, Plakaten und Photos aus der Privatsammlung von David King, des ehemaligen art directors des Sunday Times Magzins, liefert die Grundlage für die (drucktechnisch sehr sorgfältigen) Reproduktionen der historisch bedeutsamen Dokumente. Die Geschichte selbst steht gleichsam im Zentrum des Buchs und des Autors Interesses. Mit dem Tod Stalins, jener nach Lenin und Trotzki wichtigsten und umstrittensten Figur in der kurzen Geschichte des „Sozialismus in einem Lande" (Stalin) schließt der Bildband.

Die Gestaltung folgt dem Prinzip des Kontrasts, das auf die Aufmerksamkeit des Lesers rechnen kann, zumal bislang einer größeren Leserschaft unbekanntes Material Eingang in die Dokumentation findet. Die Einführung und die Kommentare zu den Abbildungen sind historisch informativ und geben erste, wichtige Anhaltspunkte für eine weitere Beschäftigung mit dem Thema. Was jedoch über jede Kritik – von welcher Seite auch immer – erhaben ist, ist die vorzügliche Zusammenstellung und Präsentation unschätzbarer Dokumente zur Geschichte der Sowjetunion von der Oktoberrevolution bis zum Tod des Diktators Stalin. Auf der letzten des Buchs findet sich – sozusagen als kleiner Ausblick – ein Photo von Nikita Chruschtschow 1959 während eines Empfangs von Holiday on Ice in Moskau, 3 Jahre nach dem XX. Parteitag der KPdSU, auf dem Chruschtschow in seiner Geheimrede das Zentralkomitee über die stalinistischen Verbrechen informierte.

Julie Lindemann (Bremen)

Manuela Gerlof: Tonspuren. Erinnerungen an den Holocaust im Hörspiel der DDR (1945 – 1989). Berlin/New York: De Gruyter 2010, 396 Seiten, € 109,95

In Tonspuren, ihrer mit dem Tiburtius-Preis der Berliner Hochschulen ausgezeichneten Dissertation, behandelt Manuela Gerlof die Rolle des DDR- Hörspiels als kollektives Gedächtnismedium. Im Vergleich zur bereits häufig untersuchten Darstellung des Holocaust in Film, Fernsehen oder Literatur rückt Gerlof das etwas vernachlässigte Hörspiel in den Fokus ihrer Studie. So werden querschnittartig 45 Jahre (ost-)deutscher Rundfunkgeschichte in Bezug auf die Holocaust-Erinnerung im Hörspiel der DDR betrachtet: angefangen mit der frühen Entwicklung des Rundfunks in der SBZ, werden exemplarisch für die Holocaust-Thematik im Hörspielprogramm einzelne bekannte Hörspiele der DDR auf ihre Entstehung, Verwendung bzw. Instrumentalisierung im ostdeutschen Rundfunk, Ästhetik und heutige Interpretation hin untersucht. Hieraus leitet die Autorin unterschiedliche Phasen der Holocaust-Erinnerung im DDR-Hörspiel ab. Beispielhaft für die Zeit nach 1945 und die 1950er Jahre wird die kulturpolitische Relevanz der Hörspiele Professor Mamlock (Friedrich Wolf) und Woher kennen wir uns bloß? (Wolfgang Weyrauch) herausgearbeitet. Gerlof zeigt in ihrer Analyse, inwieweit die Hörspiele Raum zur Identifikation mit der Figur des Juden – Mamlock als bürgerlicher Humanist – und damit die Chance zur Aufarbeitung der persönlichen Schuld am Holocaust boten. Die Besonderheiten der Erinnerungskultur im Hörfunk zwischen 1959-1970, geprägt von der Instrumentalisierung des Holocaust im Kalten Krieg, macht die Autorin an den Hörspielen Aussage unter Eid (Günter de Bruyn) und Die Ermittlung (Peter Weiss) deutlich. Diese Gerichtshörspiele, beeinflusst von den realen Kriegsverbrecherprozessen, konfrontieren das deutsche Publikum nun ungeschönt mit den Fakten der nationalsozialistischen Judenvernichtung und sensibilisieren die Hörer in besonderem Maße für die Leiden der jüdischen Bevölkerung. Dabei wird jedoch nach wie vor die Verantwortung der ostdeutschen Bevölkerung am Holocaust nicht weiter thematisiert.

Schließlich untersucht Gerlof für die 1970 er und 1980er Jahre drei weitere exemplarische Hörspiele: Jakob der Lügner (Jurek Becker), Bruder Eichmann (Heinar Kipphardt) und Knöpfe (Ilse Aichinger). So lässt sich für die letzten zwei Jahrzehnte der DDR unter Honecker z.T. eine politische Liberalisierung festhalten. Im Zuge der Konkurrenz des DDR-Fernsehens und des Rundfunkprogramms der BRD bescheinigt Gerlof dem zunehmend unbeachteten Hörspiel der DDR eine „Freiheit der Nische", die dem Hörspielprogramm der DDR eine größere ästhetische und thematische Vielfalt im Umgang mit der Holocaust-Thematik beschert. Dennoch war das Hörspiel der DDR nach wie vor gesteuertes Massenmedium, dem Grenzen gesetzt waren.

Darüber hinaus erforscht Gerlof in ihrer Studie das auditive Zeichensystem im Gedächtnismedium der DDR und kommt zu dem Schluss, dass der Darstellung des Holocaust im Hörspiel eine auditive Signatur des Holocaust bescheinigt werden kann.

Die große Stärke der Studie ist die Betrachtung der verschiedenen Hörspiele im politischkulturellen und historischen Kontext: Analyse und Interpretation der herausragenden Hörspiele werden durch Exkurse zu Politik, Theater und Film ergänzt. Weiterhin findet sich als Beilage eine Audio-CD mit klug ausgewählten Hörzitaten, welche die künstlerische und hörspielgeschichtliche Bedeutung der behandelten Stücke gut verdeutlichen. Eine Übersicht zu allen SBZ/DDR-Hörspielen, die den Holocaust thematisieren, zeigt am Ende die Relevanz des Themas Holocaust im Hörspiel der DDR und ermutigt den Leser, sich weiter im Thema zu vertiefen.

Bernd Schöneberg (Berlin)

Dirk Kemper: Heinrich Mann und Walter Ulbricht: Das Scheitern der Volksfront. Briefwechsel und Materialien, München 2013, 266 Seiten, € 34,90

Kann man sich unterschiedlichere Charaktere bzw. Physiognomien (s. dazu das Titelcover, das Aus-schnitte aus zwei DDR-Briefmarken mit geschönten Darstellung verwendet) vorstellen als die des Homme de Lettres Heinrich Mann und des KPD-Funktionärs Walter Ulbricht? Wohl kaum! Welten liegen zwischen ihnen, und doch sind sie durch eine unfreiwillige Zwangsgemeinschaft während der Volksfront im Pariser Exil 1935 – 1937 miteinander verbunden. Der politische Widerstand gegen das faschistische Deutschland im Exil fordert strategisches Zusammengehen, um ein möglichst großes Anti-Hitler-Bündnis zu schmieden. Heinrich Mann allerdings macht sich schon sehr bald nicht vor; von Alfred Kantorowicz, damals Sekretär von Heinrich Mann, ist dessen bitter-ironische Kommentar zu Ulbricht überliefert: „Sehen Sie, ich kann mich nicht mit einem Mann an einen Tisch setzen, der plötzlich behauptet, der Tisch, an dem wir sitzen, sei kein Tisch, sondern ein Ententeich, und der mich zwingen will, dem zuzustimmen."

Verf. widmet sich auf der Grundlage neuerer Ar-chivfunde aus Moskauer Archiven (u.a. Beute-kunst), die er im Anhang dem interessierten Leser auch zur Kenntnis gibt, der nun durch bislang unbekanntes Material (in Sonderheit von Rudolf Breitscheid) Geschichte der Volksfront. In Grund-zügen ist sie längst bekannt u.a. durch die diversen Studien von Ursula Langkau-Alex, und trotzdem liefert Kemper einige neue Detailseinsichten, die allerdings am Gesamtbild wenig ändern, dieses allerdings durch die neuen Dokumente bestätigen und einmal mehr beglaubigen können. Daß die DDR-Sicht auf die Volksfrontpolitik ein weiteres Mal revidiert werden muß (vgl. dazu das Kapitel „3. Zur Bedeutung des Moskauer Aktenbestandes: Wiederlegung der SED-Parteigeschichtsschreibung", S. 121ff.), versteht sich fast von selbst. Inwieweit Ulbricht in Erinnerung an alte Animositäten, besser: Feindschaften zwischen den beiden Arbeiterparteien während der Weimarer Republik und als willfähriger Helfershelfer stali-nistischen Außenpolitik für das „Scheitern der Volksfront" verantwortlich ist, während Mann der Illusion eines gemeinsamen Kampfs gegen Hitler nachhängt und damit die Volksfront letztlich nicht befördern kann – auch das ist nicht neu und wird in der breiten Sekundärliteratur seit langem zustimmend wie kontrovers diskutiert. Das Ver-dienst des Buches ist und bleibt so die Präsentation der Archivalien, die etwas mehr als die Hälfte seines Umfangs einnimmt. Die vorangestellten Ausführungen und Kommentare dokumentieren die historische Bildung und Sorgfalt von Dirk Kemper, wobei eine gewisse Redundanz im Text und (oftmals penetrante) Selbstdarstellung des Autors nicht zu übersehen sind.

Hermann Haarmann (Berlin)

Tim B. Müller: Krieger und Gelehrte. Herbert Marcuse und die Denksysteme im Kalten Krieg, Hamburger Edition 2010, 736 Seiten, € 35,00

Ein wirklich beeindruckendes Dokument stupender Forschungstätigkeit und Gelehrsamkeit: Tim B. Müller, inzwischen Mitarbeiter am Hamburger Institut für Sozialforschung, legt eine voluminöse Monographie zu Herbert Marcuse (1898 – 1979) vor, die dessen Teilhabe und Wirken im Auftrage der amerikanischen Geheimdienste minutiös – ich wiederhole: minutiös, und ergänze: umfangreich, d. h. an anhand von bislang ungehobenen (Archiv-)Material – darstellt. Herbert Marcuse, Mitglied der Frankfurter Schule, einer der Heroen der sogen. 68er-Generation in Berlin und noch als Siebzigjähriger „einer der Lieblingsintellektuellen der amerikanischen Medien“ (S. 629), wird nun nicht als Agent des amerikanischen Imperialismus vorgeführt; es wird allerdings seine Rolle (Verstrickung?) nachgezeichnet, die ihm folgerichtig seit seinem amerikanischen Exil zugefallen mußte. „Zugefallen mußte“? Ja! Denn historisch betrachtet, ist es sozusagen eine indirekte Verpflichtung, sich im Gegenzug zur Rettung (Flucht aus Deutschland, Flucht aus Europa) seines Lebens dem Gastland sich anzudienen. Damit ist er nicht allein. Viele seiner Mitstreiter, um nur Theodor W. Adorno oder Leo Löwenthal zu nennen, verdingen sich, um schon während des Exils auf ihre Weise mitzumachen im Kampf gegen den deutschen Faschismus. Allein es geht historisch inzwischen um die Epoche des Kalten Kriegs, jene Phase der zunehmenden und aggressiven Konfrontation zwischen den ehemaligen Partnern UdSSR und USA in der sogen. Anti-Hitler-Koalition. Denn mit dem Wegfall des gemeinsamen Gegners Adolf Hitler treten sogleich die Widersprüchlichkeiten der so unterschiedlichen sozialen Systeme (Kapitalismus – Sozialismus) wieder in den strategischen und politischen Vordergrund. Von der ideologischen Komponente in diesem Konflikt zu schweigen.

Angesichts der Komplexität der geschichtlichen Prozesse, die im Gefolge des ‚Sozialismus in einem Lande‘, des darin mitbegründeten Stalinismus und dem Scheitern des amerikanisch-sowjetischen Bündnis gegen Hitler statthaben, erstaunt nicht eigentlich die Fülle des präsentierten Materials, wohl aber die nicht enden wollenden Anstrengung Müllers, dieses wissenschaftlich darzustellen und zu werten. Es kristallisiert sich an der Referenzfigur des Herbert Marcuse eine amerikanisch-europäische (und im Ge-folge: deutsche) Gesamtschau heraus, die die politisch-ideologische Gemengelage zwischen den Blöcken Ost/ West nachvollziehbar werden läßt. Wahrlich eine Sisyphusarbeit, die nur zu bewundern ist. Es scheint, daß jede Verästelung, jeder Seitenweg (in der Weltgeschichte sozusagen) bedacht wird, so daß die Aufnahmekapazität des Lesers (fast) an ihre Grenze kommt. Die vorliegende Schrift ist das Magnus Opus seines Autors.

P.S. Die Veröffentlichung gibt auch einen wichtigen mentalitätsgeschichtlichen Einblick in das Verhältnis von Amerika und Europa. Vieles ließe sich lernen aus diesem Buch. Nicht zuletzt von den verantwortlichen Politikern, die heute ganz aktuell gefordert sind, Amerika und Europa in ihren unterschiedlichen Denksystemen ernst zu nehmen und zueinander zu bringen. Diese Entwicklungsgeschichte einer durch die Geschichte beglaubigten transatlantischen Allianz bedarf des intensiven Studiums – u.a. durch die Lektüre dieses volominösem Buchs.

Hermann Haarmann (Berlin)

Boaz Neumann: Die Weltanschauung des Nazismus. Raum – Körper – Sprache. Göttingen: Wallstein 2010, 270 Seiten, € 29,00

Nähme man die Zielsetzung des Autors, „die nationalsozialistische Weltanschauung […] zu verstehen“, indem sie „zum Klingen“ gebracht werde, sowie sein philosophisches Selbstverständnis, das er in der Tradition Ernst Noltes und Martin Heideggers sieht, beim Wort, so müßte man sich fragen, warum man einem solch dubiosen Vorhaben die Ehre einer Rezension zuteil werden lassen sollte. Doch muß Neumann – zumindest teilweise – vor seinem eigenen Anspruch in Schutz genommen werden.

So durchschaut der Autor selbst, wie im Epilog deutlich wird, die Fragwürdigkeit und Anmaßung, die von seiner Methode ausgeht, Sprache und Duktus der Nationalsozialisten „von innen“, d.h. in ihrer Unmittelbarkeit zu beschreiben, um sie frei von ethischen, gesellschaftstheoretischen, psychologischen oder sonstwie abstrahierenden Überlegungen nachzuvollziehen. Die notwendige Kritik, deren seine Darstellung bedarf, nimmt er damit bereits in Ansätzen vorweg, jedoch nicht konsequent – sonst hätte er wohl ein anderes Buch geschrieben.

Daß nämlich eine Analyse des Nationalsozialismus, die sich solcherart mit ihrem Gegenstand identisch zu machen versucht, sich zum einen über die Voraussetzungen des eigenen Denkens betrügt und zum anderen Gefahr läuft, in eine affirmative Imitation der Tätersprache abzugleiten, darin liegt die konzeptionelle Schwäche des gesamten Buches.

So mutet die Beschreibung der Situation der Opfer der Shoah oftmals zynisch an, gerade bei den zahlreichen Photographien, die mit knappen Untertitelungen versehen sind, welche keinen Hinweis auf Entstehungsbedingungen und -gründe, jedoch markante Schlagwörter enthalten, die offensichtlich Neumanns Hypothesen veranschaulichen sollen. Bilder, wie jenes unerträgliche, mit dem Kommentar „Humanökologie 2 – Leichen vergaster Häftlinge werden verbrannt" versehene versteinern nicht nur, wie solche in Schulbüchern, die einem, indem sie suggerieren, das Ausmaß des Leids ein für alle Mal begreifbar gemacht zu haben, den Vorwand liefern, es schnell wieder zu verdrängen. Mehr noch, Kommentar und Bild schneiden jede Vermittlung, zu der sich Neumann inkonsequenterweise erfreulich oft hinreißen läßt, ab und reproduzieren zynisch den Täterblick. Jeder, der beim ersten Durchblättern hierauf stößt und das Buch angewidert weglegt, hat damit durchaus recht.

Dennoch gibt es Gründe, es trotzdem zu lesen. So hat seine Kritik an der üblichen Geschichtswissenschaft, die sich, zugespitzt, so charakterisieren ließe, daß diese sich dem Gegenstand – der Vernichtung – nicht wirklich stelle, dem Objekt sich nicht überlasse, indem sie es durch Abstraktion oder Einfühlung zukleistert, durchaus etwas Wahres. Tatsächlich findet – oder sucht jedenfalls – Neumann einen Weg, sich dem Thema sachlich zu stellen, etwa indem er sich von nichtssagenden moralisierenden Attributen wie abscheulich oder erschreckend fernhält und den Text nicht durch distanzierende Anführungszeichen an Stellen, wo eine Distanzierung selbstverständlich ist, verunstaltet. Statt dessen läßt er, durch die präzise Auswahl von Quellen und eine treffende Gegenüberstellung von Täter- und Opferaussagen, den Leser selbst im Nachvollzug auf eine Einsicht in die Zusammenhänge der Ideologie stoßen, die Emotionen zwar unvermeidlich evoziert, aber zugleich Distanz ermöglicht. In solchen starken Momenten verbindet er die Klarheit Raul Hilbergs mit der analytischen Strenge Sartres in den „Überlegungen zur Judenfrage". Letzterer unternimmt ja über weite Strecken einen ganz ähnlichen Versuch: den Antisemiten selbst zum Gegenstand der Analyse zu machen, indem er dessen eigenen Vorstellungen stringent in aller Widersprüchlichkeit vorführt, wodurch Rückschlüsse auf die dahinterliegende Ideologie sich im Nachvollzug selbst ableiten, ohne sie vorab dem Gegenstand aufzupfropfen.

Von der Askese eines Hilberg unterscheidet sich die Neumanns in anderer Hinsicht jedoch sehr gründlich, und dafür muß man wohl vor allem dessen Anlehnung an Heideggers Ontologie verantwortlich machen. Hilbergs Kargheit hinsichtlich der offenen Anteilnahme für die Opfer bekommt deshalb keinen höhnischen Anklang, weil ihr anzumerken ist, daß bei ihm sachliche Darstellung und Zurückhaltung in der Wertung dem Versuch geschuldet sind, sich spröde gegen Sinngebungsversuche zu machen. Die Empathie mit dem Opfer drückt sich gerade darin aus, daß Hilberg sich stets der Gefahr der theoretischen Vereinnahmung von dessen Leid bewußt ist. Seine Askese ist ein Ausdruck der Erkenntnis, daß die Gründe für die Shoah nicht unmittelbar zu begreifen sind, kein Weg in die historische Tat selbst zurückführt. Seine Antwort auf Emil Fackenheims Frage, warum die Nazis die Juden ermordet haben, steht paradigmatisch für diese Bescheidenheit vor seinem Gegenstand: „They did it because they wanted to do it". – Bei Neumann hingegen, der in seiner Darstellung teilweise ähnlich spröde erscheint, schlägt dieses Vorgehen immer dann in Sinngebung um, wenn er den tastenden Widerstand, der sich auch bei ihm beim Nachvollzug der nationalsozialistischen Weltanschauung erhebt, fahren läßt und den Täterblick selbst zum ontologischen Wesen des Nationalsozialismus aufbläht. Die Banalität der Tatsache, daß Menschen sich in bestimmten Situationen so und nicht anders zu handeln entschieden haben, wird dadurch mit Bedeutung anzureichern versucht.

So wird an ebenjenen Stellen, wo der Autor sich der Grenzen einer derartigen „Sachlichkeit“ nicht bewußt ist bzw. sie zugunsten der konsequenten phänomenologischen Methodik verdrängt, die Hilflosigkeit seines Vorhabens – nämlich frei von ethischen Erwägungen die Tätersprache von „innen“ zu analysieren – deutlich: Das Ausmaß der Tat und des durch sie hervorgebrachten Leids duldet keine ethische Enthaltung. Sich zur ethischen Enthaltsamkeit zu bekennen, bricht sie gleichsam, da sie ein ethisches Urteil bereits ist.

Miriam Mettler (Berlin)

Jochen Voit: Er rührte an den Schlaf der Welt. Ernst Busch. Die Biographie. Berlin: Aufbau Verlag 2010, 515 Seiten, € 24,95

Gleich der ersteSatz macht Jochen Voits Absicht mit seiner Ernst Busch-Biographie deutlich: „Dies ist die Geschichte einer Versteinerung.“ Und der zweite spannt Buschs Lebensdaten über die entscheidenden Zeitmarken: Beginn „in einem Gefängnis“ und Ende „in einer Nervenklinik“. Der dritte Satz nennt das Eröffnungsdatum: 27. April 1945. Rotarmisten stoßen die Zellentüren des Zuchthauses Brandenburg-Görden auf, und für Busch ist es nichts weniger als seine – so die Überschrift des 1. Kapitels – „Wiedergeburt“ (11). Voit versteht dies sogleich eindringlich präsent zu machen – als beschwerlich-risikobeladenes Durchschlagen nach und allmähliches Wieder-Fußfassen in Berlin. Er kommt dabei nicht umhin, auf schon mehrfach Gesagtes, nichtsdestotrotz Unverzichtbares zurückzugreifen – Versatzstücke der Ernst Busch-Legende. So die Episode mit dem von Busch auf russisch angestimmten Refrain des Einheitsfrontliedes, wo sie sich (er und sein Häftlingskamerad) vor einem mißtrauischen Trupp von Rotarmisten (Nazis und Reste der Wehrmacht waren ebenfalls unterwegs) ausweisen müssen – und ein Offizier erinnert sich des Konzerts vom Dezember 1936 im Moskauer Kolonnensaal als Dabeigewesener und fällt in den Text ein. Oder das unerhoffte Wiedertreffen Buschs mit seiner früheren Frau Eva vor der Haustür ihrer ehemals gemeinsamen Wohnung am Laubenheimer Platz (sie war mit ihm ins Exil gegangen, eine bekannte Sängerin geworden, dann in Paris verhaftet und nach Deutschland in das Frauenkonzentrationslager Ravensbrück gebracht worden). Die Fotografin Eva Kemlein hat diesen Augenblick festgehalten – mit ihr sprach der Autor. Sie hat auch Buschs halbseitige Gesichtslähmung dokumentiert, erlitten während des angloamerikanischen Bombardements auf Berlin, denen die Häftlinge im Untersuchungsgefängnis Moabit, wo Busch zunächst einsaß, schutzlos ausgesetzt waren. Von da her rühren seine Ängste und Selbstzweifel, jemals wieder auftreten zu können. Büroarbeit als Kulturdezernent vermag er aber nur kurzfristig auszuhalten. Schließlich der von ihm und Eva Busch gemeinsam bestrittene große Konzert-Auftritt im Berliner Rundfunk, wobei er es seinen Landsleuten auch nicht ersparen zu können glaubt, auf ihre Mitverantwortung für den Nationalsozialismus hinzuweisen. Das aber im Busch'schen Sinne zur Programmleitlinie künftiger Radio-Sendungen zu machen, geht den hierfür Verantwortlichen zu weit. Und so muß er denn sein eigener Musikverlags- und Schallplatten-Unternehmer werden. Nicht ohne vorher mit seinem KPD-Beitritt die organisatorischen Konsequenzen seiner bislang nur ideologisch-propagandistischen Parteinahme gezogen zu haben. Voit arbeitet diesen Wendepunkt im Leben Buschs als einen Moment des Innehaltens und Neufindens der Perspektiven heraus – und fixiert damit die Erzählstruktur des ganzes Buches. Er hat ein Davor und Danach zu liefern. Ersteres wird in einem Komplex von Buschs frühem Engagement an der Piscatorbühne über die Zeit der Weimarer Republik, die Exilstationen Niederlande und Sowjetunion, den Einsatz im republikanischen Spanien, die Rückkehr in die Niederlande und die mit Kriegsbeginn erfolgte Internierung in Saint-Cyprien und Gurs, bis hin zur mißglückten Flucht und Auslieferung durch die französischen Grenzbehörden an das faschistische Deutschland mit Untersuchungshaft in Berlin-Moabit, Hochverratsprozeß und Einlieferung in das Zuchthaus Brandenburg-Görden abgehandelt. Dann erst nimmt Voit seine Busch-Story vom Eröffnungskapitel aus wieder auf und führt sie bis auf den noch fälligen Rückblick auf Kindheit und Jugend sowie die ersten Schritte als Schauspieler in Kiel, Frankfurt/Oder und den Pommerschen Landesbühnen kontinuierlich zu Ende. Für eben diese Reminiszenz findet er in der Begegnung Buschs mit dem um eine Neufundierung der Geschichtswissenschaft nach 1945 verdienten Historiker Alfred Meusel im DDR-Regierungskrankenhaus – beide stammten aus Kiel und hatten mit dem Wechsel von der SPD zur USPD und dem Erlebnis der Novemberrevolution eine nahezu parallele Sozialisation – einen idealen Einstiegspunkt. Doch nicht nur hier – in der synthetischen Montage-Struktur des Ganzen erweist sich das erzählerische Vermögen Voits, sondern auch und vor allem, wie er sich je nach Situation differenziert der Handlungs- und Verhaltensspielräume Buschs anzunehmen weiß. Da schlüpft er auch schon mal in die „Ich“-Rolle Buschs, was mitunter ein wenig fiktiv-spekulativ erscheinen mag, doch meist realistisch zu verantworten ist. Um so lebendiger gerät der Erzählstrom; im Unterschied zur in aller Regel anstrengenden Dokumenten-Lektüre wird man wie von einem Sog erfaßt und mitgerissen.

Materialmäßig kann sich Voit dabei auf sehr umfangreiche Vorleistungen stützen – so die Tonbandaufzeichnungen der Gespräche, die Konrad Wolf und sein Team für den von ihnen beabsichtigten Busch-Film mit diesem selbst noch führen durften (dessen baldiger Tod dann aber die Umstellung auf eine mehrteilige Filmessay-Reihe erforderte: „Busch singt. Sechs Filme über die erste Hälfte des 20. Jahrhunderts“); weiterhin die 1987 erschienene biographische Collage „Ernst Busch“ von Ludwig Hoffmann und Karl Siebig und in jüngster Zeit erst, 2006, „Dichtung und Wahrheit. Die Legendenbildung um Ernst Busch“ von Carola Schramm und Jürgen Elsner.

Besonders letztere Publikation ist als stoffliche Vorlage für Voit kaum wegzudenken. Sind es doch hauptsächlich jene Konfliktfelder, auf denen Busch und die Vertreter der neuen Staatsmacht in DDR aneinander geraten, die hier einer gründlichen Analyse unterzogen werden. So die Überführung des von ihm mit Hilfe der sowjetischen Militäradministration 1947 gegründeten Schallplattenfirma „Lied der Zeit“ in Volkseigentum, die zwar von ihm gewollt war, sich dann aber unter dem Diktat der seinerzeit berüchtigten Kunstkommission in einer Art und Weise vollzog, die ihm jegliche weitere Mitsprache verwehrte und auch als Sänger keinerlei Möglichkeiten mehr bot. Nicht nur die Amiga-Abteilung seiner Firma, die mit ihren hohen Verkaufszahlen von Tanz- und Schlagermusik die nicht gerade marktgängige politische Lied-Produktion erst ermöglichte, geriet wegen westlicher Titel und der politisch motivierten Ächtung des Jazz ins Kreuzfeuer, sondern sogar Busch selbst, der sich dem Vorwurf des Proletkults ausgesetzt sah. Buschs undiplomatisch-grobe Art, seinem Verdruß freien Lauf zu lassen, hatte darüber hinaus zu einer Verstimmung mit dem Zentralrat der Freien Deutschen Jugend geführt, was ihm die besondere „Vorliebe“ des damaligen Vorsitzenden Erich Honecker eintrug. Dem sollte sich sogar Brecht beugen und den Namen Buschs aus seinem „Herrnburger Bericht“ tilgen. All das und vieles mehr lag Busch am Herzen, um bei der von der Partei 1951 anberaumten Mitglieder-Überprüfung in ein offenes „Gespräch auf Augenhöhe“ (246) zu kommen. Da er hierfür bei den verantwortlichen Partei-Beauftragten bis in die höchsten Gremien hinauf keine Basis fand, verfiel er seinerseits in stur-starre Verweigerungshaltung. Ruhende Parteimitgliedschaft war die spätere Umschreibung eines eigentlich Nicht-mehr-Dazugehörens, bis ihm schließlich 1973 anstatt seines ungültigen und von ihm in zwei Hälften zerrissenen alten Parteimitgliedsbuches ein neues überreicht wurde. „Totalschadenpartei“

(273) soll er auf einen im Nachlaß befindlichen Notizzettel geschrieben haben. Dass Voit dies im Unterschied zu einem offen erklärten „Austritt aus der SED“ als eine „irgendwie schrullige Variante des Protests“ (243) einordnet, wird der Haltung Buschs freilich nicht ganz gerecht. Es ist genau der Punkt, den Voit aus der Sicht derer, die die DDR nur von ihrem zu Recht unrühmlichen Ende her kennengelernt haben, einnimmt, und der sie nicht bzw. zu wenig differenziert erkennen läßt, daß es vielfach ein dialektisches „Sowohl – als auch“ gab, ein Pro im Sinne eines unumgänglich einzufordernden Erneuerungsprozesses, der nicht die Idee und Ideale des Sozialismus preisgeben wollte, und ein Contra gegen die Verhinderer dessen, die dogmatische Parteiführung und -bürokratie.

Im Sinne seines Eingangssatzes: der „Geschichte einer Versteinerung“, geht es Voit aber nicht schlechthin nur um eine biographische Aufarbeitung, sondern vielmehr auch um eine übergeordnete analytische Fragestellung: das „Auseinanderdriften der real existierenden und der medial konstruierten Person Ernst Busch“ (173). Damit bringt er eine neue, spezifische Sichtweise in die Literatur über und um Ernst Busch ein, die zugleich Bestandteil von DDR-Geschichtsforschung ist. Zunächst ist da die Ausgangsposition von 1946, die Busch kraft seiner Vita und künstlerischen Ausstrahlung zum personifizierten Träger der von den Siegermächten der Antihitlerkoalition erhobenen Forderung der „Umerziehung der Deutschen“ (173) erscheinen läßt. Dies erkannten vor allem die sowjetischen Kulturoffiziere, für die er ohnehin von seinem zeitweiligen Exil in ihrem Land in lebhafter Erinnerung geblieben war. Sie statteten ihn sozusagen mit der materiellen Basis hierfür aus: Gesellschafter und künstlerische Leitungsvollmacht der neu ins Leben gerufenen Schallplattenfirma „Lied der Zeit“, die schon bald darauf „Monopolstatus“ (187) erlangen sollte. Im „Jahr 1950“ befindet sich Busch, so Voit, „auf den Zenit seiner Doppelkarriere als Plattenproduzent und singender Repräsentant der Partei“ (216). Sein Liederbuch und Plattenalbum zum 70. Geburtstag Stalins, aber auch die als „Neue deutsche Volkslieder“ etikettierten Johannes R. Becher-Gedichte (Musik Hanns Eisler) – ihnen entlehnte Voit u.a. im Doppelsinn von Lenin und Busch seinen Buchtitel: „Er rührte an den Schlaf der Welt“ – sowie Louis Fürnbergs „Lied der Partei“ (es versperrt bedauerlicherweise im heutigen Kontext der Systemabrechnung den Blick auf das zum Teil höchst beachtliche lyrische Gesamtwerk des Dichters) gehören in diesen Umkreis. Nur wenige der neueren Lieder schlagen so ein wie das anläßlich der Weltjugendfestspiele 1951 in Berlin (Ost) entstandene „Ami, go home“ (Busch/Eisler), das sowohl einer breiten politischen Stimmung Ausdruck verlieh, als auch wegen seiner offiziell inzwischen mehr und mehr verpönten Jazz-Anklänge gemocht wurde. 1953 zeichnet sich jedoch eine völlig neue Situation ab. De facto kein Mitglied der Partei mehr, entfernt aus dem Betrieb, den er selbst aufgebaut hatte und in welchem er noch ein letztes Mal mit einer groß angelegten Vernichtungsaktion von angeblich qualitativ unbrauchbaren Platten und Bändern für Aufruhr sorgte, hält sich Busch gemeinsam mit Eisler am 17. Juni umsonst bereit, um– einem Vorschlag Brechts folgend – mit politischen Kampfliedern über den Rundfunk zu agitieren. „Sänger, Komponist und Dichter werden mit diesem Tag künftig vor allem das Gefühl der eigenen Ohnmacht verbinden“ (259), resümiert Voit. Busch verweigert sich seinerseits demonstrativ als Sänger – und das bis in die frühen 60er Jahre hinein. „Erst durch sein Schweigen“, bekundet auch Voit ihm seinen Respekt, „gewann die unantastbare Heldenfigur, die Busch zu verkörpern schien, wieder menschliche Züge und Facetten“ (264).

Fortan widmete er sich nur noch seiner schauspielerischen Arbeit. Als Sänger sollte Busch diese Jahre als „verlorene“ (263) bezeichnen – für das Theater indes brachten sie allerhöchsten Gewinn. Er konnte sowohl am Deutschen Theater in Stanislawskischer Identifikations- als auch am Berliner Ensemble in Brechtscher Verfremdungstechnik brillieren. Nun, da er sich mit seinen exzellenten Bühnendarstellungen – Voit reflektiert vorwiegend den Galilei – wieder den Ruf eines Ausnahmekünstlers von internationalem Format erworben hatte, drängte sich die Frage: Warum singt er nicht wieder?, um so nachdrücklicher auf. Voit schildert, wie sogar der damalige DDR-Kulturminister Bentzien Busch in dessen Haus aufsuchte und stundenlang mit ihm debattierte. „Aber wer benutzt hier eigentlich wen?", fragt er als Autor. Und gibt die dialektische Antwort: „Busch ist, wie so oft in seinem Leben, Produkt und Akteur zugleich" (277). Die neue Situation der DDR, ihre mit dem Mauerbau vollzogene Selbstisolierung läßt nach Voit um so stärker nach „den wenigen lebenden Symbolfiguren des Sozialismus von Rang" suchen, „über die" man noch „verfügt." Insofern sei es nur „konsequent, dass ausgerechnet im Jahr 1961" Buschs „25 Jahre alter Plan einer klingenden Kulturgeschichte zur ministeriellen Chefsache erklärt wird." Zumal sich auch die „kulturpolitischen Prioritäten" verändert haben und „proletarische Traditionen aus der Weimarer Republik ... plötzlich kein Tabu mehr" sind (277). „Das Comeback vollzieht sich in kleinen Schritten" (278) – über eine vielbeachtete Kurt Tucholsky- und Brecht-Matinée, den beiden großen „Säulenheiligen" des Busch-Œuvres, über die in die Aufführung des sowjetischen Bürgerkriegs-Stückes „Sturm" von Bill-Bjelozerkowski eingebauten Majakowski-Lieder (Musik Hanns Eisler), der Selbstinszenierung seines 60. Geburtstages in der Akademie der Künste der DDR usw. usf. bis hin zu seinem nunmehr der Nachwelt überlieferten monumentalen Aurora-Schallplatten-Projekt. Mit Dichter-Namen „wie Wedekind, Majakowski, Becher, Tucholsky, Mühsam und Klabund, Weinert und Brecht" und „Themen" wie „dem Spanischen Bürgerkrieg, der SU, der 1848er Revolution" (337).

Glänzend geschrieben ist der Sowjetunion-Spanien-Komplex. Der um sich greifende stalinistische Staatsterror bestimmt auch das Lebensgefühl der Emigranten in Moskau. „Der Wettkampf läuft verbissener, eifersüchtiger und misstrauischer als zuvor in Berlin, konkurriert wird zusätzlich um Wohnraum, Behördenstatus und das Wohlwollen der Kaderabteilung des EKKI" (Exekutivkomitee der Kommunistischen Internationale) (102). Gerade dort wird nicht das Beste über Busch und seine Freunde berichtet. Es setzt sich bis nach Spanien fort und konterkariert für den Leser den aufopferungsvollen Einsatz Buschs als Truppenbetreuer und Plattenproduzent unter Kriegsbedingungen. Unter den vielsprachig gesungenen Lieder wird unter anderem eines sein, mit dem „der Sänger" – so Voit – „zeitlebens identifiziert werden" (142) wird – „Spaniens Himmel breitet seine Sterne ..." (Kabisch/Dessau). Am Schicksal Maria Ostens, mit der Busch in Liebe und Arbeit eng verbunden ist, und das Voit auch über das Ende ihrer Beziehung weiter verfolgt, offenbart sich die mörderische Gewalt jenes Repressionssystems besonders eindringlich. Hier wie an vielen anderen Stellen wird deutlich, dass der Autor eine heutige Sicht einbringt, diktiert vom neuesten Erkenntnisstand der gesellschaftswissenschaftlichen Forschung nach dem Zusammenbruch des real existierenden Sozialismus, das über das Wissen der Figur, die er beschreibt, weit hinausreicht. Von daher läge die Versuchung nahe, auch so manche Entscheidung Buschs anders zu begründen, als er seinerzeit selbst dazu in der Lage gewesen war – etwa sein Weggang aus der Sowjetunion nach Spanien, der dann eindeutig als bewusste Fluchtmöglichkeit ausgelegt werden könnte. Voit widersteht glücklicherweise solchen vordergründig aktualisierten Interpretationsmustern, nicht ohne sie allerdings als denk- und nachvollziehbar zu erwägen. Als auktorialer Erzähler kann er sich ohnehin über den jeweiligen Gang der Zeit hinweg erheben – zum Beispiel wenn er darüber räsoniert, in welche Schwierigkeiten ehemalige Sowjetunion-Emigranten wie Busch später in der DDR gerieten, wenn sie über ihr früheres Gastland berichten sollten. „Sich öffentlich über den Terror zu äußern war tabu" – also griff man „zu einer Drei-Sprachen-Strategie, die das alte, vom NKWD pervers durchexerzierte Freund-Feind-Schema zwar nicht bloßstellte, aber zumindest andeutungsweise hinterfragte" (101).

Voit vermag vor allem da zu punkten, wo es um die nach heutigen Begriffen mediale Wirksamkeit Buschs sowie dessen unterschiedliche Rezeption in der DDR und BRD sowie internationalen Politsong-Bewegung geht. Was seine künstlerische Besonderheit, Unverwechselbarkeit ausmachte, fällt indes doch etwas zu verkürzt aus. Gewiß wird da grundsätzlich richtig vermerkt, daß er „eine Form des Sprechsingens mit einfachsten Mitteln“ kultivierte, „ihm der Text das Wichtigste“ war und er „sich den Songs als ein Schauspieler mit politischem Sendungsbewusstsein“ näherte sowie nach Grigori Schneerson „nicht nur ein Wort, nicht nur eine Silbe, sondern auch einzelne Buchstaben, darunter nicht nur Vokale, sondern auch Konsonanten, auszusingen“ vermochte (S. 52), doch erschöpft sich darin wohl nicht sein gestalterisches Potential. Da hätte der Einzelanalyse, zumindest bei den für Busch programmatischen Titeln, überhaupt ein Platz eingeräumt werden müssen. Offensichtlich befürchtete hier der Autor, daß dies seinen mehr dynamischen Erzählstil – und den handhabt er ja durchaus bewundernswert – zu sehr ausbremst. Und so ist es vielleicht auch ein überzogenes Ansinnen seitens des Rezensenten, beides miteinander in Einklang gebracht wissen zu wollen. Noch stärker vermißt man das, und sei es auch nur stenogrammartig angerissen, bei vielen seiner Theaterrollen – mit Ausnahme von Schureks „Kamrad Kasper“ (Volksbühne 1932), Ardreys „Leuchtfeuer“ (Hebbel-Theater 1945) und Brechts „Leben des Galilei“ (Berliner Ensemble 1957), wo Voit wenigstens etwas ausführlicher wird. Wie darüber hinaus im Kapitel „Barrikadentauber“ Brechts „Dreigroschenoper“, „Die Maßnahme“ und „Die Mutter“ so gar nicht in ihrem Stellenwert für die Herausbildung des epischen Theaters gewürdigt werden, scheint ebenfalls zu „ausgedünnt“.

Alles in allem meistert Voit jedoch auf überzeugende Weise den schwierigen Parcours zwischen Realität und politisch gesteuerter Legendenbildung um seinen „Helden“ als die an sich selbst gestellte besondere biographische Herausforderung. Es spricht nicht gegen seine Absicht, sondern für die Art und Weise seines Herangehens, wenn die von ihm gleich eingangs apostrophierte „Geschichte einer Versteinerung“ zugleich die einer Wieder-Vermenschlichung geworden ist, und zwar die der kantig-kraftvollen Jahrhundertgestalt des politischen Sängers Ernst Busch.

Peter Diezel (Berlin)

Frank Grüner: Patrioten und Kosmopoliten. Juden im Sowjetstaat 1941–1953, Köln: Böhlau 2008, 559 Seiten, € 66,90

Mit dem Überfall auf die Sowjetunion am 22. Juni 1941 gerieten Millionen sowjetischer Juden in den Machtbereich des Nationalsozialismus und waren damit dem antisemitischen Vernichtungsprogramm ausgesetzt. Das Schicksal der sowjetischen Juden hatte sich vom einen auf den anderen Tag schlagartig geändert. Kein anderes Ereignis sollte ihre Beziehung zum bolschewistischen Staat so nachhaltig prägen wie die massenhafte Vernichtung durch das Dritte Reich.

Am Ende des Jahres 1942, als die deutschen „Einsatzgruppen“ und ihre Kollaborateure bereits Zehntausende von Juden ermordet hatten, schlug Albert Einstein in seiner Funktion als Leiter des Amerikanischen Komitees jüdischer Schriftsteller, Künstler und Wissenschaftler dem Jüdisch-Antifaschistischen Komitee (JAK) in der Sowjetunion vor, ein Buch zu veröffentlichen, um anhand von Originaldokumenten die Welt über die Vernichtung der Juden durch das nationalsozialistische Deutschland aufmerksam zu machen. Unter der Leitung der prominenten sowjetischen Juden Wassili Grossman und Ilja Ehrenburg sollten Dokumente, aber auch Tagebücher und Briefe gesammelt werden, und in mehreren Sprachen veröffentlicht, unter anderem auch in den USA.

Allen Beteiligten war von vornherein bewußt, daß ein solches Unterfangen großes Konfliktpotential besaß. Der Konflikt, den die für das „Schwarzbuch“ Verantwortlichen zunächst mit den Staats- und Parteiorganen und in der Folge untereinander austragen mußten, steht paradigmatisch für das Verhältnis zwischen den sowjetischen Juden und dem stalinistischen Regime. Die Unterdrückung des Schwarzbuch-Projektes und, entscheidender, die Liquidierung des JAK erschütterten die Treue vieler bis dahin überzeugter sowjetischer Juden nachhaltig, so die auch die Wassili Grossmans, dessen Roman „Leben und Schicksal“ über die Schlacht von Stalingrad aus ähnlichen Gründen wie das Schwarzbuch in der UdSSR nicht erscheinen durfte.

Bei dem Konflikt, den v.a. Grossman und Ehrenburg miteinander austrugen, ging es um die einfache Frage, wie oft und an welchen Stellen das russische Wort für Jude (evrej) im „Schwarzbuch“ auftauchen sollte. Käme es zu oft vor, darüber waren sich die Verantwortlichen im klaren, würde das Projekt scheitern, da die Propaganda den Krieg zwischen dem Dritten Reich und der Sowjetunion nicht explizit als Vernichtungskrieg gegen das Judentum interpretierte, sondern als einen Krieg, der sich gleichermaßen gegen alle Völker der Sowjetunion richtete. Es galt, einen unmöglichen Kompromiß zu finden. Einerseits sollte die Singularität des Verbrechens, das an den Juden begangen wurde, herausgestellt werden, andererseits wußte man, daß man sich des „Chauvinismus“ und „jüdischen Nationalismus“ verdächtig machte, wenn man das Judentum als Opfer des Nationalsozialismus explizit heraushob.

Diese Episode ist geradezu programmatisch für die Beziehung der sowjetischen Juden zu Staat und Partei, die Frank Grüner in seinem Buch „Patrioten und Kosmopoliten“ untersucht. Anhand von Briefen sowjetischer Juden an das JAK gelingt es ihm, die jüdische Perspektive zum stalinistischen Regime zu erörtern.

In einer beeindruckend detaillierten Studie schafft er es, die komplizierte Dynamik zwischen der sich durch die Erfahrungen der Shoah wieder zunehmend als explizit jüdisch wahrnehmenden sowjetischen Juden und der offiziellen bolschewistischen Deutung der „jüdischen Frage“ darzustellen, die davon ausging, daß mit Abschaffung des Kapitalismus sich auch diese Frage beantwortet hätte, seien die Juden doch keine Nation, sondern ein „anachronistisches Volk“ (Stalin). Die Juden galten dem Bolschewismus nicht, wie Martin Buber es definiert, als „eigentümliche dynamische Verbindung“, die durch ihr historisches Schicksal zusammengeschweißt wird. Grüner gelingt es, den Widerspruch, dem die sowjetischen Juden ausgesetzt waren, nämlich sich einerseits als Sowjetbürger und andererseits, angesichts des Antisemitismus, sich als Juden wahrnehmen zu müssen, aus unterschiedlichen Perspektiven sehr genau darzustellen. An der Geschichte des JAK, insbesondere an der Biografie eines seiner prominentesten Vertreter, Ilja Ehrenburg, schildert Grüner eindrücklich, wie schwierig es für die sowjetischen Juden war, sich selbst als sowjetisch und zugleich jüdisch zu begreifen. Anhand von Briefen, die sowjetische Juden nach 1945 an Ehrenburg schrieben, der sich immer als Bolschewik verstanden und das auch öffentlich kundgetan hat, wird deutlich, wie groß das Bedürfnis nach politischer Repräsentation unter den Juden war. Ehrenburg fungierte für viele Juden als eine Art Identitätsstifter, wenn nicht gar als neuerlicher Religionsstifter, indem er durch sein Engagement, das Wissen um den Holocaust als Verbrechen an den Juden in die Öffentlichkeit zu tragen, vielen Überlebenden wieder den Anschluß an die jüdische Kultur ermöglichte. Der Holocaust, so Grüner, habe dazu geführt, daß die in der Sowjetunion zuvor durchaus erfolgreiche Assimilation der Juden in die sowjetische Gesellschaft mit einem Schlag widerrufen wurde, und, so makaber es klingt, schließlich auch zum Erstarken eines jüdischen Selbstbewußtseins in der Sowjetunion. Die Juden stellten bei Ausbruch des Krieges das modernste Element der sowjetischen Bevölkerung dar. Sie repräsentierten, wie Grüner sagt, den „Homo Sovieticus“. Bei Kriegsende war auf schrecklichste Weise deutlich geworden, daß der sowjetische Sozialismus nicht in der Lage gewesen war, sein antifaschistisches Versprechen einzulösen. Die Juden, im Hitler-Stalin-Pakt verraten, von Teilen der Bevölkerung des sogenannten Brudervolkes der Ukraine in Kollaboration mit den Deutschen ermordet, wurden nach 1945 in doppelter Weise wieder zu Juden gemacht. Die dem Massenmord entgangen waren, wurden nach dem Krieg abermals aus der sowjetischen Gesellschaft ausgegrenzt. Sie durften nicht einmal ihrer Opfer als Juden gedenken, sondern mußten sich der offiziellen

Darstellung des „Großen Vaterländischen Krieges“ beugen, wollten sie sich nicht Repressalien des Regimes aussetzen. Es wurde deutlich, daß die Assimilation nur eine oberflächliche gewesen sein konnte, die zwar für die zweite Generation der sowjetischen Juden enorme Fortschritte bedeutet hat: „vom Schtetl in die Städte“. Doch der Jude wird, wie es bei Sartre heißt, vom Antisemiten geschaffen. Das heißt, trotz des Willens zur Assimilation wurden sie wieder als Juden identifiziert – auch in der Sowjetunion, wie Grüner anhand der vordergründig „antizionistischen“ Kampagnen der späten vierziger Jahre zeigt. Der Bolschewismus stalinistischer Prägung bekämpfte den Antisemitismus nach 1945 nicht, trotz des Wissens um die Verbrechen des Dritten Reiches, sondern duldete und förderte ihn sogar.

Als nach dem Ende des Krieges für kurze Zeit die überlebenden sowjetischen Juden Stalin und die Sowjetunion noch als Beschützer des Judentums vor dem Faschismus wahrnahmen, und damit das Vertrauen, das der Hitler-Stalin-Pakt gebrochen hatte, wieder hergestellt schien, wandelte sich das Verhältnis noch einmal drastisch, als das Regime seine Kampagnen gegen den den „Kosmopolitismus“ lostrat. Der Vorwurf, die Juden in der Sowjetunion – die als Überlebende des antisemitischen Massenmordes sich nun zunehmend als eigenes Volk wahrnahmen und sich mit den Juden weltweit solidarisch fühlten, v.a. mit dem neu gegründeten Staat Israel, wie Grüner anhand zahlreicher Briefe an das JAK und an Ehrenburg dokumentiert – könnten keine wirklichen sowjetischen Patrioten sein, da sie eben unzuverlässige Kosmopoliten seien, variiert im Jargon des Bolschewismus das alte Ressentiment vom vermeintlich heimatlosen, zu keiner wahren Vaterlandsliebe fähigen wandernden Juden.

Grüners Studie zeigt sehr überzeugend – und mit einer der Thematik angemessenen Sensibilität – wie sich das Verhältnis zwischen sowjetischen Juden und sowjetischem Staat in der düstersten Epoche ihrer gemeinsamem Geschichte gestaltet und innerhalb von zehn Jahren grundlegend gewandelt hat.

Anselm Meyer (Berlin)

Hanns Eisler: Briefe 1907–1943 (Gesamtausgabe. Serie IX. Schriften, Band 4.1). Hrsg. v. Jürgen Schebera und Maren Köster. Wiesbaden: Breitkopf & Härtel 2010, 532 Seiten, € 39,80

— : Briefe 1944–1951 (Gesamtausgabe. Serie IX. Schriften, Band 4.2). Hrsg. v. Jürgen Schebera und Maren Köster. Wiesbaden: Breitkopf & Härtel 2013, 487 Seiten, € 39,80

Der Komponist Hanns Eisler war für die kommunistische Bewegung ein Glücksfall. Nicht nur der vielen gerngesungenen Lieder wegen, die er ihr vermacht hat, sondern weil er ihr allen Widrigkeiten und Unzumutbarkeiten zum Trotz stets loyal blieb und seine Kunst ganz bewußt in den Dienst der großen Sache stellte, ohne sie darum den wechselnden Forderungen des Tages auszuliefern. Mit seiner avancierten Kompositionstechnik konnte die Partei selbst noch renommieren, als sie neben der Klassik am liebsten Marschmusik hören mochte. Das Glück, das Eisler seinerseits dadurch zuteil wurde, bestand – abgesehen von dem bald sicheren, bald tröstlichen Gefühl der Verbundenheit mit einer Bewegung, die nichts weniger verhieß als die Emanzipation der Menschheit – zunächst darin, daß kommunistische Künstler, Institutionen und Organisationen ihm manche Auftragsarbeit zutrugen, auf deren Honorar er dringend angewiesen war, zumal in den Jahren des Exils. Wobei keineswegs all die Arbeiten, die ihm politisch sympathisch oder nützlich gewesen sein mochten, ihn auch als Musiker und Komponisten zu seinem Recht kommen ließen. Angewiesen blieb er darauf nicht zuletzt deshalb, weil er als Kommunist auf der Flucht, teils aus eigener Überzeugung, teils aufgrund der daraus gefaßten Abneigung anderer, die oft schwerer wog als die Wertschätzung seiner künstlerischen Fähigkeiten, zusehen mußte, wo er Fuß fassen konnte. Eisler blieb, nachdem er Berlin im Frühjahr 1933 hatte verlassen müssen, ein Umhergetriebener. Er ging nach Wien, Paris, London, arbeitete zwischendurch in Moskau, Prag, New York, Straßburg, Brüssel,

Madrid und zog 1938 nach Amerika, zunächst wiederum nach New York, über Zwischenstationen u.a. in Mexiko nach Hollywood. Als man ihn nach einer Anhörung vor dem House Committee on Un-American Activities des Landes verwies, kehrte er 1948 zurück nach Wien. Im Sommer 1949 übersiedelte er schließlich nach Berlin, bald Hauptstadt der DDR.

Den hier knapp umrissenen Zeitraum füllen die beiden bisher vorliegenden Bände mit Briefen Hanns Eislers (zwei weitere für die Jahre 1952–1956 und 1957–1962 sind geplant). Neben den anderweitig vorhandenen Texten zu dessen Leben und Werk stellen sie eine Art Autobiographie in Originalzeugnissen dar, eine Biographie also, die im Vergleich zu den nachträglich in aller Ruhe niedergeschriebenen Werken äußerst lebhaft und unvermeidlich sprunghaft verläuft, indessen die Momente, die aus welchem Anlaß auch immer darin aufgezeichnet wurden, in roher Authentizität festhält.

Die historisch-kritische Hanns-Eisler-Gesamtausgabe, zu der die beiden angezeigten Bände gehören, umfaßt hauptsächlich musikalische Arbeiten; erst die letzte der neun Abteilungen ist Schriften, Briefen, Gesprächen reserviert, wofür jedoch immerhin elf Bände in Aussicht stehen. Daß es neben dem berühmten Komponisten auch einen Gelegenheitsschriftsteller Eisler gibt, der sich etwa über „Musik-Analphabetismus" oder die „Dummheit in der Musik" Gedanken macht, ist weithin schon bekannt. Wer diesen Eisler kennt, wird sich erinnern, daß der zuweilen ähnlich bittere Töne anschlägt wie der Komponist. Seinem Lehrer Arnold Schönberg, dem „hochverehrten Meister", wie er ihn förmlich anredet, schreibt er postum hinterher: „Verfall und Niedergang des Bürgertums: gewiß. Aber was für eine Abendröte!" Dank der vorliegenden, äußerst sorgfältigen und ausführlich kommentierten Edition lernt man nun endlich auch den Briefschreiber Eisler kennen, und der allerdings kann auch ganz ohne Ehrfurcht und vornehme Ironie ins Schimpfen geraten. Über die Querelen des Exillebens gibt nichts so unverblümt Auskunft wie persönliche Notizen und Briefe an Freunde, die gerade darum so wertvoll sind, weil sie schroff einseitig und launisch, oft unbedacht und ohne jedwede Rücksichtnahme die Wut des Augenblicks dokumentieren. Wer Musik, mit Adorno zu reden, verantwortlich hören kann – und deren gibt es wohl nicht allzu viele –, dem mögen enttäuschte Hoffnungen sich schon aus manchen Kompositionen Eislers vertraulich mitteilen. Aus manchen Briefen hingegen platzt der Ärger geradewegs heraus.

Ein Beispiel: Unterwegs von Amerika zurück nach Europa schreibt Eisler am 9. Mai 1935 einen „Extra Brief betreffend Pis. und George Grosz" an Brecht. Er teilt mit, der gemeinsame Freund Erwin Piscator, der sich damals noch in der Sowjetunion aufhält, solle ruhig nach New York kommen. „Aber keinenfalls mit einer Schweyk Inszenierung. (Auch mit einem Wolf Stück nicht, der in New York als Idiot entlarvt wurde.) Aber Pis. hat mir depeschiert, daß er Schweyk und Wolf machen will und daß ich (betreffs Bühnenmusik) meine Bedingungen stellen soll." Dazu sei er, Eisler, durchaus bereit, „aber dann auf keinen Fall Schweyk oder irgend ein Mist von diesem Idioten Wolf." Friedrich Wolf war selbst kurz zuvor bei einer Veranstaltung in New York aufgetreten und hatte dort seine Zuversicht zum Ausdruck gebracht, daß der Widerstand gegen Hitler zunehme und er hoffentlich bald nach Deutschland zurückkehren könne. Bemerkenswert die Formulierung, Wolf sei „als Idiot entlarvt" worden, habe sich nicht etwa nur bei dieser Gelegenheit als solcher aufgeführt. Als Vertreter einer traditionellen, in Brechts Worten: aristotelischen Dramatik stand Wolf, den Eisler im übrigen eher für naiv als etwa für feindselig hielt, den künstlerischen Absichten der beiden entgegen; wenngleich er in der Auseinandersetzung, die darüber unter den kommunistischen Emigranten in den folgenden Jahren geführt werden sollte, selbst nie gegen Brecht oder Eisler Stellung bezog. Spätestens die von Stalin veranlaßte Denunziation der Schostakowitsch-Oper „Die Lady Macbeth von Mzensk" im Januar 1936 bewies, daß die zunächst für die Literatur erhobene Forderung nach Klassizität und Volkstümlichkeit selbstverständlich auch die Muik betraf. In der sogenannten Expressionismusdebatte, in der es, wie Georg Lukács feststellte, eigentlich um den Realismus ging, nämlich um den schon 1934 offiziell verkündeten sozialistischen Realismus, repräsentierten Künstler wie Eisler, Brecht und auch Piscator die Überbleibsel einer fortan als formalistisch und dekadent verrufenen Avantgarde.

Zu ihr zählte auch der Maler George Grosz, ebenfalls ein Freund der Genannten, den Eisler in New York wiedergetroffen hatte. Grosz aber war, aus Abscheu vor dem autoritären Getöse der kommunistischen Parteien, inzwischen auf Distanz gegangen, und das wiederum mochte Eisler noch weniger dulden als die vermeinte Idiotie eines sonst ganz verläßlichen Genossen. Eine Position jenseits von Sozialismus (d.h. Parteinahme für die Sowjetunion) und Kapitalismus (d.h. Spießbürgerei bis hin zur Duldung des Faschismus) konnte es nicht geben. „Dieser Mann ist anti-sozialist geworden“, berichtet er Brecht. „Er hat für sich den Kapitalismus als höchst bequeme Lebensform entdeckt. Den Sozialismus kennt er nur in der Form des Cafe des Westens, oder a la Wieland Herzfelde, Toller etc. [...] Aber er hat bis jetzt noch nicht Notiz genommen von der Tatsache, daß es seit ca 80 Jahren einen wissenschaftlichen Sozialismus gibt. Er hat sich ein bißchen anarchistischen Schmutz aufgelegt. Kratzt man den ab, so kommt ein ganz abscheulicher, platter Spießbürger zum Vorschein.“ Brecht solle gefälligst „versuchen ihn von seinen Blödheiten zu kurieren. Er hat keine faktischen Differenzen mit uns, wie etwa die Trotzkisten, sondern ‚weltanschauliche‘, dieser Plattkopf!!! Schade um ihn; vielleicht kann man das reparieren. Ironisiere ihn, denn er ist enorm stolz darauf, daß er ein ‚Ketzer‘ ist. Führe den Beweis daß solche ‚Ketzerei‘ einfache Unwissenheit und Spießbürgerei ist, dann kannst Du ihn beeinflussen.“ Das sei dringend geboten, sonst könne er „zum Feind werden und das wäre tragisch, denn er ist ein ganz großer Maler, wie es auch seine letzten Arbeiten beweisen. Also: Alarm!, der Grosz will unter die Hunde gehen!!“

Bei der Lektüre solcher Briefe kann sich einer den vom Whisky beschwingten, zu ruppigen Scherzen aufgelegten Eisler, den Brecht in seinem Journal geschildert hat, sehr schön ausmalen. Auch Stalin hatte bekanntlich ein Faible für derbe Späße. Zwischen dem Zynismus der Mächtigen und dem Sarkasmus der Ohnmächtigen besteht allerdings ein Unterschied ums Ganze. Über Eislers Beschimpfung kann man guten Gewissens schmunzeln, denn es handelt sich dabei nicht im entferntesten um die Bloßstellung eines Feindes; im Gegenteil spricht daraus die aufrichtige, sei es auch unberechtigte Sorge um einen Freund. Gerade Grosz wäre der letzte, der das mißverstanden hätte. Kaum zwei Wochen später schrieb er seinerseits einen Brief an Brecht, in dem er Eisler einen „gut verkleideten Idealisten“ nannte, der „hauptsächlich chinesisch“ gesprochen habe. Die abgrundtiefe Tragik hinter diesen komischen Scharmützeln liegt vielmehr in der Geschichte eines Kommunismus, der seinen Anhängern bei Strafe des Untergangs die scheußlichsten Rituale abverlangte; der Künstler wie Grosz verprellte und selbst solche wie Eisler nur argwöhnisch duldete.

So offen wie in dem zitierten Brief vertraut sich Eisler freilich nur wenigen an, nämlich engen Freunden wie Brecht und, allen voran, seiner Frau Louise, geb. Jolesch. In Briefen an entferntere Personen oder Institutionen, die seine Arbeit oder den Aufenthalt an einem bestimmten Ort betreffen, kommt parallel dazu der sozusagen dienstliche Eisler zum Einsatz, der mal als gewiefter Stratege und mal als Mitorganisator seines werdenden Ruhms, häufig auch als Bittsteller in der Not auftritt. Auffällig ist, daß einschneidende historische Ereignisse wie etwa die Machtübernahme der Nazis, die Moskauer Prozesse, der deutsch-sowjetische Nichtangriffspakt, der Beginn und das Ende des Krieges usw. dabei nie explizit angesprochen werden. Das gilt auch für den Antisemitismus. Wie um seine eigene, ihm ansonsten gleichgültige jüdische Herkunft nicht hervortreten zu lassen, verliert Eisler darüber in seinen Briefen kaum ein Wort. Sofern es nicht um die nächstliegenden Dinge des eigenen Lebens geht – die jedoch in jenen Jahren mit der großen Weltpolitik oft unverhofft zusammenhängen –, beschränkt sich die Korrespondenz vornehmlich auf die künstlerische Arbeit und daraus sich ergebende Möglichkeiten oder Schwierigkeiten.

Ein Dilemma, das Eisler zeitlebens begleitet, und zwar ein in seinem Fall sehr produktives Dilemma, kommt bereits in einem kleinen Disput mit seinem Lehrer Schönberg aus dem Jahr 1926 zur Sprache. Konfrontiert mit einem Vorfall, bei dem er sich abschätzig über den Ästhetizismus der modernen Musik geäußert haben soll, rechtfertigt sich Eisler sogleich in aller gebotenen Demut. Doch der Widerspruch bleibt bestehen: die Autonomie der Kunst verträgt sich nicht mit ihrer politischen Indienstnahme. Die Größe der Eislerschen Kompositionen erweist sich nicht zuletzt daran, daß sie aus diesem ungelösten Widerspruch ihre Kraft schöpfen. Mit der Edition der Briefe stellt die vielgelobte historisch-kritische Gesamtausgabe den Kompositionen ihr autobiographisches Libretto zur Seite.

Christoph Hesse (Berlin)

Autoren

Walter Fähnders, Jg. 1944, außerplanmäßiger Prof. für Germanistik: Neuere deutsche Literatur an der Universität Osnabrück. Promotion 1974 an der FU mit einer Arbeit zur proletarisch-revolutionären Literatur der Weimarer Republik, Habilitation 1984 an der Universität Osnabrück mit einer Arbeit über Anarchismus und Literatur. Lehrtätigkeit an den Universitäten Bielefeld, Karlsruhe, Klagenfurt und Osnabrück. Arbeitsschwerpunkte: Literatur und Kultur sozialer Bewegungen; Avantgarde und Moderne; Literatur der Weimarer Republik.

Hermann Haarmann Jg. 1946, Univ.-Prof. Dr. phil., Professor für Kommunikationsgeschichte mit dem Schwerpunkt Exil, Direktor des Instituts für Kommunikationsgeschichte und angewandte Kulturwissenschaften an der FU Berlin. Arbeitsschwerpunkte: Deutsche Publizistik und Literatur des 18. bis zum 21. Jahrhunderts; Exilliteratur und -publizistik 1933–1945; Drama und Theater der Neuzeit; Kulturtheorie der Moderne.

Christoph Hesse, Jg. 1972, Dr. phil., Studium der Film- und Fernsehwissenschaft, Germanistik und Philosophie in Bochum, Promotion 2003 über formalistische Filmtheorie. Seit 2007 Mitarbeiter des IKK und des Bereichs Kommunikationsgeschichte/Medienkulturen am Institut für Publizistik- und Kommunikationswissenschaft der FU Berlin; er arbeitet dort an einem von der DFG geförderten Forschungsprojekt zum Filmexil Moskau der 1930er und 40er Jahre. 2013 als Visiting Scholar an der School of Visual Arts in New York.

Frank Hörnigk, Jg. 1944, Univ.-Prof. Dr., Emeritus der Humboldt-Universität zu Berlin seit 2008; Studium der Germanistik und Kunstgeschichte ebenda zwischen 1964 und 1969. Davor Berufsausbildung zum Stahlwerker. Promotion 1973, Habilitation 1981; Hochschuldozent 1984, a. o. Prof. 1988; o. Prof. 1990 bis 2008; zahlreiche Publikationen zur Literatur des 18. bis 20. Jahrhunderts; u.a. Herausgeber der Werke Heiner Müllers. Mitglied des Deutschen P.E.N.

John Littlejohn, Jg. 1971, Ph.D., Studium der Germanistik an der University of Kansas, Promotion 2008. Dozent für Deutsch an der Coastal Carolina University. Arbeitsschwerpunkte: Popmusik; Film; Literatur und Kultur des 20. und 21. Jahrhunderts. Herausgeber (mit Michael T. Putnam): Rammstein on Fire, New Perspectives on the Music and Performances, Jefferson NC 2013.

Christoph Rosenthal, Jg. 1987, M.A., ist Doktorand am Institut für Kommunikationsgeschichte und angewandte Kulturwissenschaften an der Freien Universität Berlin. Studium der Publizistik- und Kommunikationswissenschaft, kath. Theologie und Politikwissenschaft an der FU Berlin und der University of Kansas. Er ist seit 2009 für die Redaktion des Einspruch zuständig.

Sebastian Schirrmeister, Jg. 1984, M.A., forscht und lehrt als Wissenschaftlicher Mitarbeiter am Institut für Germanistik II der Universität Hamburg. Dort ist er u.a. an der Walter A. Berendsohn Forschungsstelle für deutsche Exilliteratur tätig. Er studierte Jüdische Studien, Literaturwissenschaft und Deutsch als Fremdsprache in Potsdam und Haifa. Zuletzt erschien: Das Gastspiel. Friedrich Lobe und das hebräische Theater 1933–1950. Berlin 2012.

Frank Stern, Jg. 1944, Univ.-Prof. Dr., seit 2004 Leiter des Schwerpunkts Visuelle Zeit- und Kulturgeschichte am Institut für Zeitgeschichte, Historisch-kulturwissenschaftliche Fakultät an der Universität Wien. Zahlreiche Gastprofessuren u.a. an der Columbia University in New York, der Georgetown University in Washington, am Moses-Mendelssohn-Zentrum Potsdam und zuletzt im Frühjahr/Sommer 2013 Franz-Rosenzweig-Gastprofessur an der Universität Kassel. Arbeitsschwerpunkte: Jüdische Kulturgeschichte, Israelische Kultur und Geschichte, Visuelle Zeit- und Kulturgeschichte, deutschsprachiges Filmexil und jüdischer Film heute. Vorstand des Jüdischen Filmclubs Wien.

Namenregister

kommunikation & kultur

Eine Schriftenreihe des Instituts
für Kommunikationsgeschichte und angewandte Kulturwissenschaften
der Freien Universität Berlin, hrsg. von Hermann Haarmann und Falko Schmieder

kommunikation & kultur signalisiert schon im Titel, worum es gehen soll: Die Schriftenreihe möchte die wissenschaftstheoretischen wie -historischen Debatten zu den verschiedensten Aspekten der Verschränkung von Kommunikation und Kultur diskutieren und befördern. Sie zielt auf die Öffnung der Kommunikationswissenschaft für Fragestellungen und Methoden der Kulturwissenschaften, ihrer Wissenschafts- und Wissensgeschichte.

„Ein beachtlicher Beginn dieser neuen Reihe. Der Verlag hat das Buch, in dem ich bereits mit Spannung und Zustimmung gelesen habe, so leserfreundlich gestaltet, dass man es immer wieder gerne in die Hand nimmt. Über die wenigen programmatischen Worte zur Einleitung in die Reihe habe ich mich gefreut, da kaum ein Ereignis die Kultur stärker bestimmt als der rasante Medienwandel unserer Zeit."
Prof. Dr. Dr. h.c. mult. Wolfgang Frühwald

Band 1: „An den Grenzen des Geistes". Tagung zum 100. Geburtstag von Jean Améry

Hrsg. von Birte Hewera und Miriam Mettler
196 Seiten, Hardcover, Format 14,8 x 21 cm, 34,95 €
ISBN 978-3-8288-3218-3

Der Eröffnungsband der Schriftenreihe *kommunikation & kultur* versammelt die Beiträge eines internationalen Kongresses, der in der Berliner Akademie der Künste am 17. November 2012 zu Ehren des Schriftstellers, Publizisten und Holocaust-Überlebenden Jean Améry (1912–1978) stattfand. Unter den Referenten befinden sich Jürgen Doll, Gerhard Scheit, Irmela von der Lühe, Irene Heidelberger-Leonard und Christoph Hesse.

Band 2: Vom Begriff zum Bild. Medienkultur nach Vilém Flusser

Hrsg. von Michael Hanke und Steffi Winkler
274 Seiten, Hardcover, Format 14,8 x 21 cm, 34,95 €
ISBN 978-3-8288-3272-5

Im Dezember 2012 diskutierten in Brasilien, an der Universidade Federal Rio Grande do Norte, Natal, renommierte Medien- und Kommunikationswissenschaftler über Vilém Flusser (1920–1991), vormaliger Professor für Kommunikationsphilosophie in São Paulo, und seine Bedeutung für die Medienkultur heute. Band 2 dokumentiert die dort vorgetragenen Referate erstmals und in deutscher Sprache.

Band 3: „Teleologie ohne Endzweck" Walter Benjamins Ent-stellung des Messianischen.

Von Sami R. Khatib
646 Seiten, Hardcover, Format 14,8 x 21 cm, 49,95 €
ISBN 978-3-8288-3290-9

Kapitalismus als Religion lautet der Titel eines zuletzt viel beachteten Fragments von Walter Benjamin aus dem Jahr 1921. Im Rückgriff auf Marx, Nietzsche und Freud radikalisiert der Autor diese Diagnose der Moderne und fragt, inwiefern unter kapitalistisch-religiösen Bedingungen mit und über Benjamin hinaus von einer Aktualität des Messianischen gesprochen werden kann.

Biegenstraße 4 | 35037 Marburg
Tel.: 0 64 21/48 15 23 | Fax: 0 64 21/4 34 70
email@tectum-verlag.de
www.tectum-verlag.de
www.facebook.com/Tectum.Verlag

Zeitfracht Medien GmbH
Ferdinand-Jühlke-Straße 7
99095 Erfurt, Deutschland
produktsicherheit@kolibri360.de